無敗営業

「3つの質問」と「4つの力」

高橋浩一

無敗営業　「3つの質問」と「4つの力」

序章：人見知りの少年が「無敗営業」になったきっかけ

一部上場企業を中心として、これまで、3万人以上の営業パーソンに対して、コンサルティングや研修、講演を実施してきました。

また、300人近い講演の席も数日で埋まり、コンサルティングや研修にはリピート・紹介が絶えず、一年中、朝から晩まで全国を飛び回っています。

何よりの励みは、核心をつかんで成果を上げた方々から寄せられる喜びの声です。

「研修の翌日に、学んだことを活用して、狙っていた提案を受注しました！」

「営業をやっていて、初めて、こんなにお客さまから褒められました！」

「数百人の営業が、前年比で平均25％売上アップしました!!」

「全国の販売会社でうちだけずっと未達成だったのが、7年ぶりに目標達成しました!!」

当社も営業組織を持っておりますが、今でも時折、私が自ら提案・プレゼンすることがあります。他社とのコンペでは私自身、8年間負け無しの状態が続いています。

また、当社に入社してくる業界未経験・営業未経験のメンバーも、私の「無敗営業」を体系化したトレーニングに加え、徹底した営業の仕組み化を行っているため、新規開拓しながらも、会社全体で8割の受注率を維持しています。

ただし、気合や根性、土日出勤、強烈な目標達成プレッシャーなどといった組織運営をしているわけではありません。

「営業力は技術だから、誰でも身につけられる」という信念のもと、営業未経験から業界トップレベルに至るまでのステップを、ひたすら具体的に体系化したことによる成果です。

私は、今でこそ、こうした営業のエッセンスを年間200回近く人前でお話ししていますが、実は、幼稚園の頃から高校生まで、極端な人見知りでした。人見知りというより、もはや対人恐怖症レベルです。そんな私が「無敗営業」となり、3万人以上の営業パーソンを支援するまでになったのは、いろいろな仕事を通して、営業の楽しさや、営業のプロとして成長する喜びに気づいたからでした。

小学校1年生のときに見ていた風景は、今でもありありと思い出されます。

クラスメートから話しかけられると頭が真っ白、顔が真っ赤になってしまうので、あだ名は「モモちゃん」でした。隣りの席の女の子ともろくに会話ができず、よくからかわれていました。

消しゴムを忘れると、もう大変です。貸してほしいと言って断られたらどうしよう……と、一日中思い悩み、とうとう下校時間まで「消しゴムを貸して」の一言が言えず、間違えて書いたノートのページの端っこを折って、家に帰ってから消していました。

このまま大人になったらどうなるのか。思春期を迎えた私には、真っ暗な将来しか頭に浮かばず、なんとか自分を変えたいと思いました。一番苦手なことで自分を追い込んででも、人見知りを克服しなければと考えて、私が選んだ「人生初めての仕事」は、完全成果給の飛び込み営業でした。

飛び込み営業は大変な仕事というイメージをお持ちの方も多いでしょう。しかし、当時の私にとっては「いくらでも人と話す練習ができるなんて、すごい仕事と巡り合った！」という感覚でした。なにしろ、学校でクラスメートに話しかけて失態でも犯してしまったら、明日から学校に行けないほどの大事件ですが、飛び込み営業なら、失敗しても、どんどん隣りのビルに行けばいいのです。

最初は、何回も人と話す練習ができて、長年の悩みがやわらいでいく感じでしたが、やり続けるうち、「受注を増やすためには、こういうエリアを回った方がいい」とか、「提案のとき、こういう話をしてみよう」などと、工夫することが楽しくなりました。

アルバイトの内容は、店舗の許可をとって、英会話学校のポスターを貼らせてもらえたら、一枚ごとにXXX円が支払われるというものでした。最初は「おっ、1時間で3枚貼ってもらえれば、他のアルバイトの時給と同じぐらいか……ってことは、たくさん貼ってもらえれば……」と皮算用していました。

ところが、店舗を回れども、回れども、まったく許可がもらえませんでした。

なにしろ、ポスターを貼らせること自体、店舗側にメリットはほとんどありません。営業が来て仕事の邪魔をされるのでうっとうしいですし、ポスターを貼ったからといって、来客が増えるわけでもないのです。

英会話学校のポスターにはタレントの顔写真が大きく出ているので、たくさん回っていると、「俺、このタレントさん、好きなんだよね」という店長が現れました。

「なるほど、タレントさんを前面に出すと、OKをもらえるかも！」と思った私は、次から、お店に飛び込むたび、「すみません、タレントさんのポスターを配らせていただいておりまして」と言うようになりました。

すると、何人かの店長から、「あっ、このタレントさんね。お店には貼らせないけど、家に貼るから、ポスターはちょうだい」と言われました。タレント作戦は見事に撃沈です。

落胆した私は、代替案が見つからず、また同じように飛び込み始めましたが、あるお店の方から、こう言われました。

「あ～、ポスターね。ちょうど、古くなって汚れていたから、貼り替えてよ」

そこにあったのは、私がバイトしていた英会話学校とは別の学校のポスターでした。

衝撃が走りました。

それまで、ほかの英会話学校のポスターが貼ってあるお店は、いわば「他社で成約済」だからターゲット外だろう、と勝手に思い込んでいました。そのため、「他社成約済」のお店は優先順位を下げて、まだどこのポスターも貼っていないお店から回っていました。

しかし、「新しくポスターを貼らせてください」と言うより、「貼ってある古いポスターを取り換えませんか」と伝えた方が、許可をもらいやすいことに気づいたのです。

タレントを前面に出して、まだ許可を出したことのないお店を狙い続けるとは、何というズレたことをしていたのか……。

当初は、「お客さまにとってメリットを感じない（と思い込んでいた）商材を、なんとか他の特徴で覆い隠して契約してもらおう」と考えていました。しかし、「メリットを感じるような状況にあるお客さまをどう探すか」のように発想を転換させたのです。

私は、ターゲットを変更しました。今まで優先順位を下げていた「他の英会話学校のポスターが貼ってあるお店」こそ、真っ先に行くべきだと考え直しました。そして、ポスターが古くなっていないかを確認して、少し古びたポスターを見つけたら、「店長さん、あのポスター、古くなっていますよ。よろしければ、新しいものと取り換えませんか」と提案しました。

いきなり、受注率が飛躍的に上がりました。ターゲットも、やるべき行動も明確になったからです。完全成果給なので、アルバイト代もどんどん上がっていきました。

自信がつくと、見える世界が変わりました。

これまで、まわりの人はすべて〝怖い存在〟だったのですが、人と話すのが、いつの間にか平気になっていたのです。

「自信がつく」というのは、人を大きく変えます。もともと人見知りで何事にも及び腰だった私は、部活のスポーツや勉強においても、意欲的に取り組むようになりました。

その結果、運動神経にコンプレックスのあった自分が、大会で表彰されるようになったり、過酷な受験勉強で結果を出すことにつながりました。

調子に乗った私は、大学生のとき、テレアポのアルバイトに応募しました。

壁には、各メンバーのアポ獲得件数を目立つように棒グラフで書いた紙が貼ってあり、一日の終わりにアポ獲得件数を書き足していく、いわば「誰が成果を上げているのか」が一目瞭然の仕組みになっていました。

初日、とりあえず朝から夕方までずっとコールしていましたが、結果は0件でした。

困った私は、ふと壁を眺めました。

壁に貼ってあるグラフを見ると、圧倒的なアポ獲得件数を上げているアルバイトが三人いました。棒グラフが誇らしげに、大きく上に伸びています。ちょうどそこに、件数トップの人が、マジックでグラフを書き足しに来ました。

翌朝、そのトップの人を見つけると、隣りに座り、電話をかけるふりをして、横でトークを聴いてみました。

「なるほど、こうやってアポを取るのか!!」

ランチ後、私はそれとなく席を移動し、トップの人をそっくりまねしてコールしてみました。結果、アポが取れました。

翌日、今度は件数2位の人の隣りに行って、同じように、電話をかけるふりをして、午前中はずっと横でトークを聴きました。午後はもちろん、席を替えて、「まねっこトーク」です。1位の人と2位の人、少しやり方が違っていたので、両方のアプローチをかわるがわる試してみました。

さらに、アポの件数が増えました。

その翌日、今度は3位の人の横に行って、同じことをしました。

すると、トップ3の人たちには、アプローチに少しの違いはありましたが、いくつかの共通点もあることがわかりました。

たとえば3人とも、電話口でサービス紹介は長々とせず、端的に特徴だけ伝えたらすぐ「もしお会いいただけるとしたら、月曜日と火曜日とでは、どちらのご都合がよろしいですか」のように、日程の選択肢を出していたのです。この共通点は、初日の私に欠けていたものでした。

初日の私は、電話口でサービスの特徴を長々と熱弁したあげく、もう電話を切りたいとお客さまの気持ちが萎えかけたタイミングで「アポをいただけませんか。いつ頃ですと、ご都合よろしいですか」と、日程候補の提示もせず、アポの打診をしていました。

お客さまからすれば、顔も見たことのない人間から電話口でサービスの特徴を説明されても、まったく聞く気になりませんし、わざわざ空いている日程を探して伝えるのは、心理的に負担もかかります。

こんなにズレたことをしていたのですから、まったくアポが取れなくて当然です。

こういったことを学生時代に体感できたのは、その後の自分にとって、非常に大きな糧となりました。

私がアルバイトから学んだことは、次のようにまとめられます。

●営業は自分で気づかないうちに、お客さまとズレた行動をしがちである。

●成果を上げている営業は、個性の違いはあっても、お客さまとの間にズレを発生させないというポイントを押さえている。

●ズレに気づいて解消し続けていくと、誰でも成果が上がる。

ここで、本書のテーマについてお伝えします。本書は、特に法人向けの営業パーソンや、営業マネジャーの方々にお勧めしたい本です。また、いわゆるフリーランスや個人事業主の方々にとっても、営業力アップのヒントになればという思いをこめて書きました。「営業の仕事に苦手意識を持っている」という方も、少なくないと思います。「自分なりにやっているが、なかなか営業の成果が出ない」と悩みながら、具体的なアドバイスをもらえない環境の方もいらっしゃるでしょう。

世の中に出ている営業本のほとんどは、天才的な営業パーソンが「自分がこうやってうまくいったから、そのやり方をご紹介します」というものです。しかし、個人的な体験談にとどまったものは、エピソード自体は面白いものの、読者がご自身に当てはめるのは難しかったりします。

本書は、そういった本とは趣向を変えて、「営業とお客さまは、どこでズレてしまうのか」「ズレを生んでしまう営業とそうでない営業は、どこが違うのか」といった構造から考えていきます。不満に思ったお客さまは、営業にわざわざ親切に教えてくれるわけではないので、営業が自分で気づくのは困難です。ズレは「気づいたもの勝ち」ですから、気づいて改善する仕組みを自分にインストールできれば、成果は飛躍的に上がります。

営業の個性や商材による違いはいろいろあれども、営業とお客さまとの間に生じるズレというのは普遍的かつ本質的です。「ズレに気づいて解消する営業力」は、日々の現場における営業活動だけでなく、仕事や人生のいろいろな場面で自分を助けてくれる強力な武器になります。そして、営業力は技術なので、ポイントを的確に捉えれば、誰でも身につけることができるのです。

私はよく、「8年間も他社とのコンペで負けないなんて、すごいですね」と言われます。私自身は凄腕営業パーソンのようなオーラもなければ、テッパンで笑いを取れるトーク力もありません。華々しいルックスもなく、アニメ顔や動物顔と言われます。さらに、普段の私はボソボソと話す人間で、家では妻から「もしも～し。何て言ったか聞こえないから、もう一回！」と頻繁に聞き返される始末です。

そんな私が、なぜコンペに負けなくなったかというと、ズレを解消して成果を上げることに対して、尋常ならざる熱意を注ぎ、ひたすら研究と実践をくり返してきたからです。

「ズレの発見」というのは、人と話すことすら恐怖だった私の人生を大きく変えてくれた希望の光でした。


読者の皆さんにとっても、本書の内容を実践していただくことが、お客さまから選ばれる営業の喜びや楽しさにつながっていくことを確信しています。

「本当に、誰でも、ズレを解消して売れるようになるの？」と思われる方がいらっしゃるかもしれません。それは、今の皆さんと私との間に発生しているズレです。

本書を読み終わる頃には、そのズレも、解消されているはずです。

▼
14

第3章

お客さまとのズレを解消する「4つの力」

第1章

営業とお客さまの「ズレ」は、情報ギャップから生まれる

我が家にやってきた勝率8割の営業パーソン

以前、こんなことがありました。

プライベートで引っ越しをしたとき、一括見積もりサイトからいくつかの会社を選び、最終的には、3社からそれぞれ見積もりをもらうことにしました。一括見積もりサイトというのがあるくらいなので、利用するユーザーは「なるべく安く済ませたい」という方々なのでしょう。ご多分に漏れず、私自身もそうでした。

約束した日曜の朝、一社目の引っ越し会社の方が来ました。黒いかばんを持ち、スーツをびしっと着こなした、いかにも営業という雰囲気の方でした。「おはようございます」のあいさつのあと、荷物の数はどのくらいか、いつ、どこへ引っ越すのかといった簡単な質問をして、10分もしないうちに見積もりが出てきました。

次に二社目の方が来て、同じようにいくつかの質問をしてこられ、荷物の数、場所、日付を伝えると、こちらも手際よく、すぐに見積もりが出てきました。

金額を比べると、価格設定は会社によって違うようで、二社目はとても安い価格でした。

私は「一括見積もりサイトがあるのだから、たくさん見積もりをもらって、比べたうえで、安いところに頼むのがよいのだろう」と考えました。

昼食後、三社目の営業パーソンであるAさんが現れました。Aさんは、前の二人とは異なり、スーツではなく作業現場の服装でした。私は、他の会社と同様に荷物の数、場所、日付といったことを聞かれ、すぐに見積もりが出てくるのだろうと思いました。

Aさんとのアポイントは、今の会社にいつ入社したとか、最近はこんなタイプの引っ越しが多いとか、ちょっとした雑談からスタートしました。そして、雰囲気がなごんだあとに飛んできた質問は、私の予想を覆すものでした。

「ちなみに、当社は何番目ですか」

Aさんの質問は、他の二社とは全く異なる角度から飛んできました。

「……そうですね、御社は三社目です」

私は思わず、家では使わないような「御社」という言葉を使って答えていました。

続いて、Aさんは「他の会社からは、見積もりをもらいましたか」と尋ねてきました。

「はい、他の会社さんからは、すでに見積もりをいただきました」

そう答えた私に対して、Aさんはさらに聞いてきます。

「見積もりをご覧になってみて、いかがでしたか」

Ａさんは踏み込んで質問してきますが、そこに威圧的な雰囲気は一切なく、あまりにも自然な聞き方だったので、私は正直に答えてしまいました。

「引っ越し会社によって、金額はかなり違うんだなと思いました。さっきの会社さんはすごく安かったです」

「なるほど、確かに価格は異なるでしょうね……ちなみに、このあと、他の会社さんもこられますか」

「いえ、御社が最後です」

私の返答に対して、Ａさんはかすかな笑みを浮かべました。

さて、ここでＡさんが他の二社と同じように、荷物の数、場所、日付を聞いてこられたら、私は価格で決めていたと思います。

しかし、次の質問も、また私の予想を裏切るものでした。

「家のなかを見せていただくことは可能でしょうか」

前の二社はそんなこと言ってくれなかったなと思いつつ、「大丈夫ですよ。どうぞ」と答えて、妻とふたりで、家のなかを引っ越し会社の方と一緒に歩いて回りました。

Ａさんは「この部屋はどういうふうに使われていたんですか」「どなたがどう生活されていたんですか」などと質問してくるので、そこで、いろいろと会話が生まれます。

「妻が趣味でこういうことやっていまして……」

「おー、それはすてきなご趣味ですね」

「えっ、そんな……ありがとうございます」

気がつくと、妻も会話に巻き込まれていました。前の二社のときは、引っ越し会社の方とのやり取りをただ横で見ていただけなのに。

キッチンのあたりで、Aさんはこう言いました。

「なるほど、食器棚は、奥さまのお母さまからの大事ないただきものなんですね。そうしましたら、食器は、万が一のことがないよう、専用の段ボールで運びましょう」

冷静に考えれば、食器専用の段ボールは、おそらく、どこの引っ越し会社さんでも持っているはずです。しかし、他社とは違って、Aさんは、あえてその話を持ち出すことで、大切な食器であれば大事に運びましょうという話につなげたのです。

気がつくと、会話のキャッチボールが進み、妻の機嫌がよくなってきています。

さらに、Aさんは「旦那さまはどんなお仕事をされているんですか」と、私の仕事についても尋ねてこられました。

出張が多く忙しい仕事である旨を伝えると、Aさんは「そんなにお忙しい旦那さんでしたら、引っ越し後の片付けですとか、あまり負担がかからない方がいいですね」と言いました。

確かに、おっしゃるとおり、片付けが楽な方がありがたいです。なにしろ、私自身はかなりの面倒くさがり屋なので……。

「荷解きを楽にするのであれば、弊社では、段ボールの引取サービスをやっておりますので、指定の日時に伺いますよ」

これも、よく考えると、そういった引取サービスは、どこの引っ越し会社でも提供しているわけです。ただ、それまでの会話の文脈から、「この営業の方は、私たち家族のことをよくわかってくれている」という気持ちが起こり、心のなかで、前の二社との比較が始まりました。

最初の二社は、お定まりの質問だけして、すぐに見積もりが出てきました。確かに、安い会社もありましたが、私の脳内では「引っ越し　トラブル」で検索すると出てくるような、安い会社に頼んでしまったがゆえの後悔の声が浮かんできました。

一方で、Aさんは、私たちの事情をくみ取ってくれて、大事なことに注意を払ってくれます。

他社の安い価格につられてトラブルが起こったり、面倒くさいことが発生するのは嫌だな……と、まだ見積もりを見ないうちに、私のなかでは、三社目のAさんを推す声が持ち上がっていました。

案の定、最後に出していただいた見積もりは、他の二社より少し高めでした。しかし、こちらとしては、大事なものを丁寧に運んでもらいたいですし、忙しいなか引っ越しを行うので、余計な手間をかけたくありません。そういう事情をわかってくれている会社に任せたいということで、Aさんに気持ちよくお願いしました。

しかし、他の二社より高い価格のところに決めたということもあり、職業的な興味がむくむくと湧いてきた私は、「つかぬことをお伺いしますが、これって、いわば相見積もりのコンペじゃないですか。営業が素晴らしくて、お願いしたいと思ってしまったのですが、Aさんの勝率は何割くらいですか」と尋ねました。

Aさんは、にっこり笑って「そうですね。8割は超えています」と答えました。

数十社から比較できる一括見積もりサイトがあるような、価格にシビアなお客さまが多い業界で、他社と同じ商材(引っ越しのアルバイトや段ボール、引取サービスなど)で戦いながら、他社よりも高い見積もりを提示して、勝率8割。

私も、仕事で毎日のようにたくさんの営業とお話ししていますが、「当社の商品は競合と差別化できていなくて……」「お客さまは結局、価格で決めるんですよよ」と愚痴をこぼされることが多くあります。

しかし、商品は同じで、価格が他社より高くても、勝率8割を叩き出しているAさんのような営業担当者も存在するわけです。

これはいったい、どういうことなのでしょうか。

「お客さまは価格で決める」は本当か？

「結局、お客さまは価格で決めるんです」

営業パフォーマンスが上がらずに苦しんでいる営業担当者は、皆さん、こうおっしゃいます。

確かに、お客さまの立場からすると、「なるべく安く買いたい」というのは自然な心理です。

実際のところ、お客さまはどのように購買行動を決定しているのでしょうか。

会社の予算を使って営業から何かを購買した経験がある方に対して、当社では全24問からなるアンケートを実施しました。この調査結果は、本書でもいろいろな局面でご紹介しますが、「お客さまの目線から、営業はどのように見えているのか」「営業が知らないところ

【図表1-1】顧客は価格より「費用対効果」で選ぶ

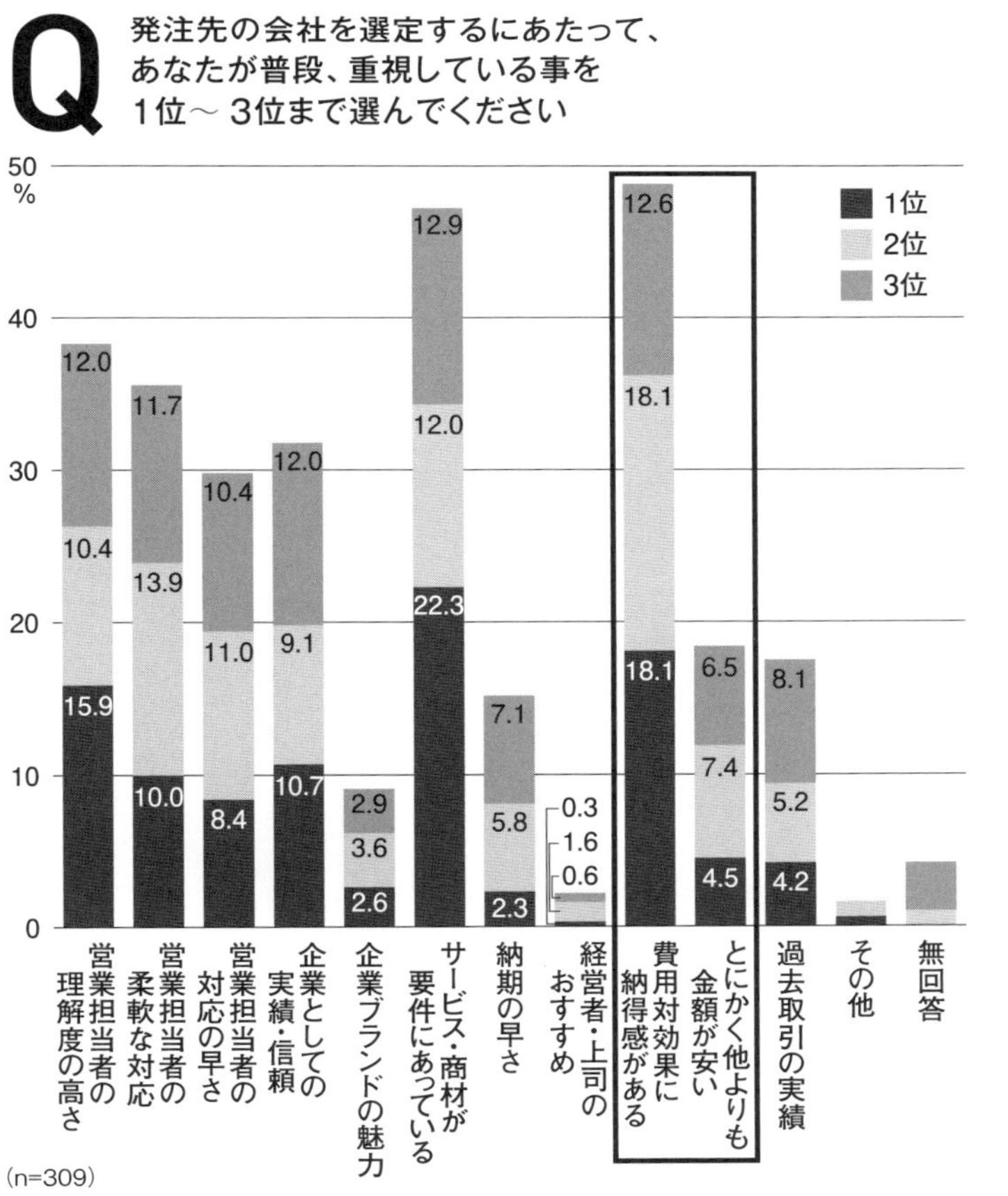

出所:マクロミルパネル利用のインターネット調査　2017年11月　TORiX調べ

で、お客さまはどうやって社内検討を進めているのか」といったポイントを調べてみたものです(図表1-1)。

このなかに「発注先の会社を選定するにあたって、あなたが普段、重視している事を1位から3位まで選んでください」という設問があります。

発注にあたって、1位・2位・3位というふうに、選定基準の項目に順位をつけていただいているのですが、このグラフの囲みのところにご注目ください。

価格に関連する項目が二つ並んでいるのですが、片方は「費用対効果への納得感」で、非常にスコアが高い。もう片方が「とにかく他よりも金額が安い」ということで、スコアはそれほど高くありません。

二つとも価格のことに言及しているのですが、意味合いは違っています。

「費用対効果への納得感」は、効果と比べて価格に納得できるかどうかということで、「とにかく他よりも金額が安い」は、他の会社の見積もり金額と比べています。

「提案は刺さっていたんですが、価格で負けました」という報告は、営業組織でしばしば見られますが、裏側にあったのは、「費用対効果」に対するお客さまのシビアな目線だったということが、実際にはよく起こります。

ところが、お客さまが「ちょっと高いですね」「この金額だと上司が納得しづらくて」などとおっしゃった際に、それが費用対効果のことを指しているのか、単なる値下げの要求なのか、そこをきちんと確認している営業は、なかなかいません。

営業研修において、私はよく、「クロージングの場面で価格に難色を示すお客さま」を題材にしたロールプレイをやるのですが、ほとんどの営業の方は、「価格が……」という顧客の台詞(せりふ)に対して、すぐに値引きを打診してきます。

「高いと言われたら、すぐ値引き」が条件反射になっている営業担当者は、価格以外に戦う術を知らず、「営業の勝敗は価格で決まる」と思い込んでしまっています。

「価格」といっても、それは「費用対効果への納得感」と「他社との金額比較」のどちらのことを言われているのか。そこが大きな問題です。

「価格、高いですね」の裏側で起こっていること

お客さまがおっしゃる「価格が少し高いですね」は、営業をされている方であれば、誰しも聞いたことのある台詞でしょう。ただ、それが費用対効果のことを言っているのか、他

社との金額比較なのかを確かめようと思っても、実際のところ、どうなのかは、探りづらいのが現実です。

営業担当者に対して、お客さまが正直に話してくださるとはかぎらないからです。

左のページのグラフ(図表1-2)は、提案を受けたが、発注に至らなかった理由についてのアンケートの結果です。興味深いのは「営業担当にどう説明しましたか?」と「断った本当の理由はなんでしたか?」という二つの角度から質問しているところです。

その結果、お客さまが〝とりあえず〟答えた建前の理由と、〝実は〟という本音の理由のギャップが見えるようになっています。

それぞれの項目について、建前のスコアから本音のスコアを差し引いた値が大きい順に左から右へ並べています。右にいけばいくほど、建前より本音のスコアが高くなります。すなわち、本音より建前のスコアが高い左の方は「実際に思っていなくても、とりあえずそう伝えた」という度合いが強く、右の方は、「言わなかったけれども、実際はこう思っていた」という度合いが強くなっているわけです。

実際に見てみると、左側にくるのは、「他社が安かった」「提案の内容が要件にあわなかった」というものです。これは、実際にそう思っていなくとも、とりあえず営業担当者に対して「他が安かったので」「求めているものとは少し違ったので」といった台詞で断ったお客さ

【図表1-2】顧客の建前と本音

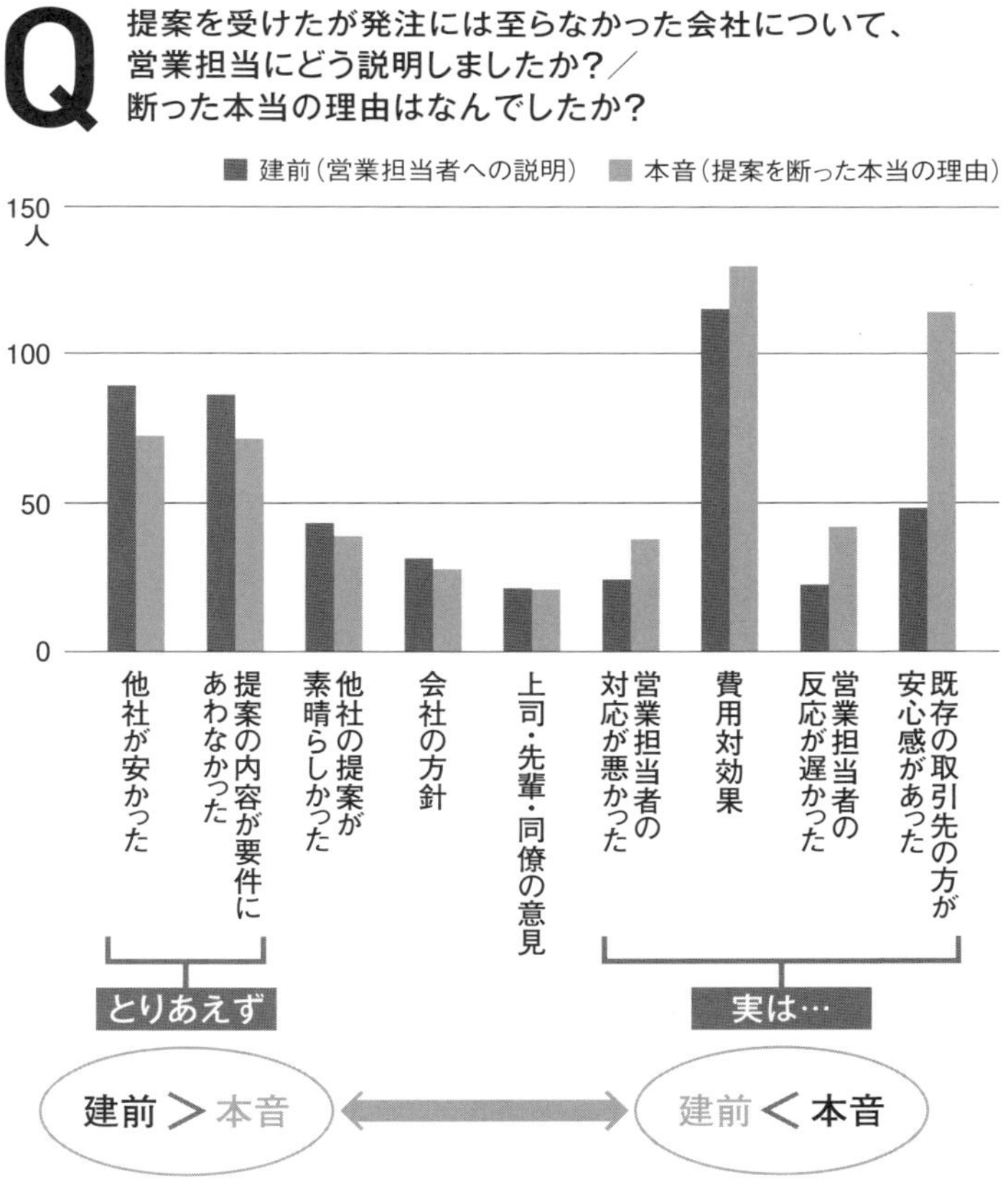

（複数選択回答数、n=309）
出所：マクロミルパネル利用のインターネット調査　2017年11月　TORiX調べ
※回答は「その他」以外について集計記載

まが多くなりがちであることを意味します。

一方、グラフの右側の方には「なかなか言えない本音」があります。担当者に対する不満などは、お客さまが心のなかで思っていても、なかなか口にはできません。ただ、ここで特にご注目いただきたいのは、「費用対効果」という項目について、本音が建前のスコアを上回っていることです。

費用対効果は、お客さまが重要視しているポイントにもかかわらず、費用対効果に納得いかなかったことは、営業に対して隠されがちなのです。お客さまにとっては、費用対効果について抱いた疑問を営業担当者に伝えることが、面倒に感じられるのでしょう。

こういった建前と本音に振り回されずに、お客さまの心の内をどうやって捉えていくのか。成果が出ない営業担当者は、この壁をなかなか越えられずに悩んでいます。

願わくば、お客さまから本音を聞き出せるような信頼関係を構築したいものですが、そのためには、どうしたらよいのでしょうか。

6人に1人の「アタリの営業」とは？

【図表1-3】「もう一度会いたい」営業への遭遇率は1/6

Q いろいろな会社を検討する中で「もう一度会いたい」と思える営業担当者に出会う確率を選んでください

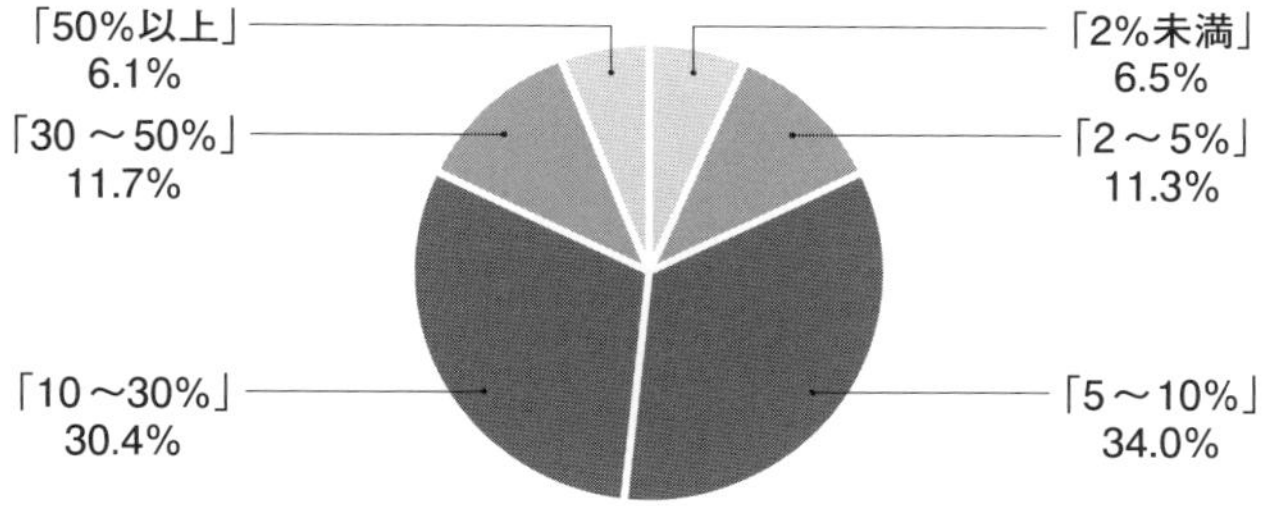
「50%以上」
6.1%
「2%未満」
6.5%
「30～50%」
11.7%
「2～5%」
11.3%
「10～30%」
30.4%
「5～10%」
34.0%

(n=309)
出所：マクロミルパネル利用のインターネット調査　2017年11月　TORiX調べ

お客さまが信頼を寄せる営業は、どんな条件を備えているのかについて考えてみます。

特に、まだ付き合いの深くないお客さまからも信頼をいただけるようなレベルの営業は「ハイパフォーマー」であることが多いでしょう。

実際、お客さまは、そんな営業にどれくらいの確率で遭遇するのか、指標となるアンケートがあります。

法人営業において、お客さまとなる購買担当者に「いろいろな会社を検討する中で『もう一度会いたい』と思える営業担当者に出会う確率」を選んでいただいた結果が上のグラフ（図表1－3）です。

アンケートでは、もう一度会いたいと思える営業担当者に出会う確率を「2％未満」「2～5％」「5～10％」「10～30％」というふうに選択肢を設けて聞いています。これらの数値をざっくり期待値計算すると、お客さまが「もう一度会いたい」と思うレベルの営業に出会うのは6人に1人となります。

お客さまの立場からすると、「この営業は素晴らしい！　もう一度会いたい」と思う確率が6分の1ですから、裏を返すと6分の5はハズレを引いていることになります。

実際、私が経営している会社でも、いろいろな会社様から営業を受けます。打ち合わせや電話、メールの所作から「この営業パーソンは信頼できるな」と感じる割合は、そう多くありません。

世のなかの多くの営業現場では「信頼関係を構築するために、お客さまへの訪問頻度を増やし、こまめに連絡を取りなさい」と指導されています。しかし、どんなに接触や連絡の頻度を増やしても、そこでお客さまの信頼を得る行動がなされているかが重要です。

では、お客さまが「もう一度会いたい！」と思って信頼を寄せるハイパフォーマーは、いったい何が違うのでしょうか。左のページのグラフ（図表1-4）をご覧ください。

この設問では、「過去に出会った中で最高だと感じた営業担当者の特徴を教えてください」と、お客さまに聞いています。6人に1人の割合でしか出会えない貴重なハイパフォー

【図表1-4】最高なのは「わかってくれる」営業

Q あなたが過去に出会った中で、
最高だと感じた営業担当者の特徴を、
できるだけ具体的に教えてください

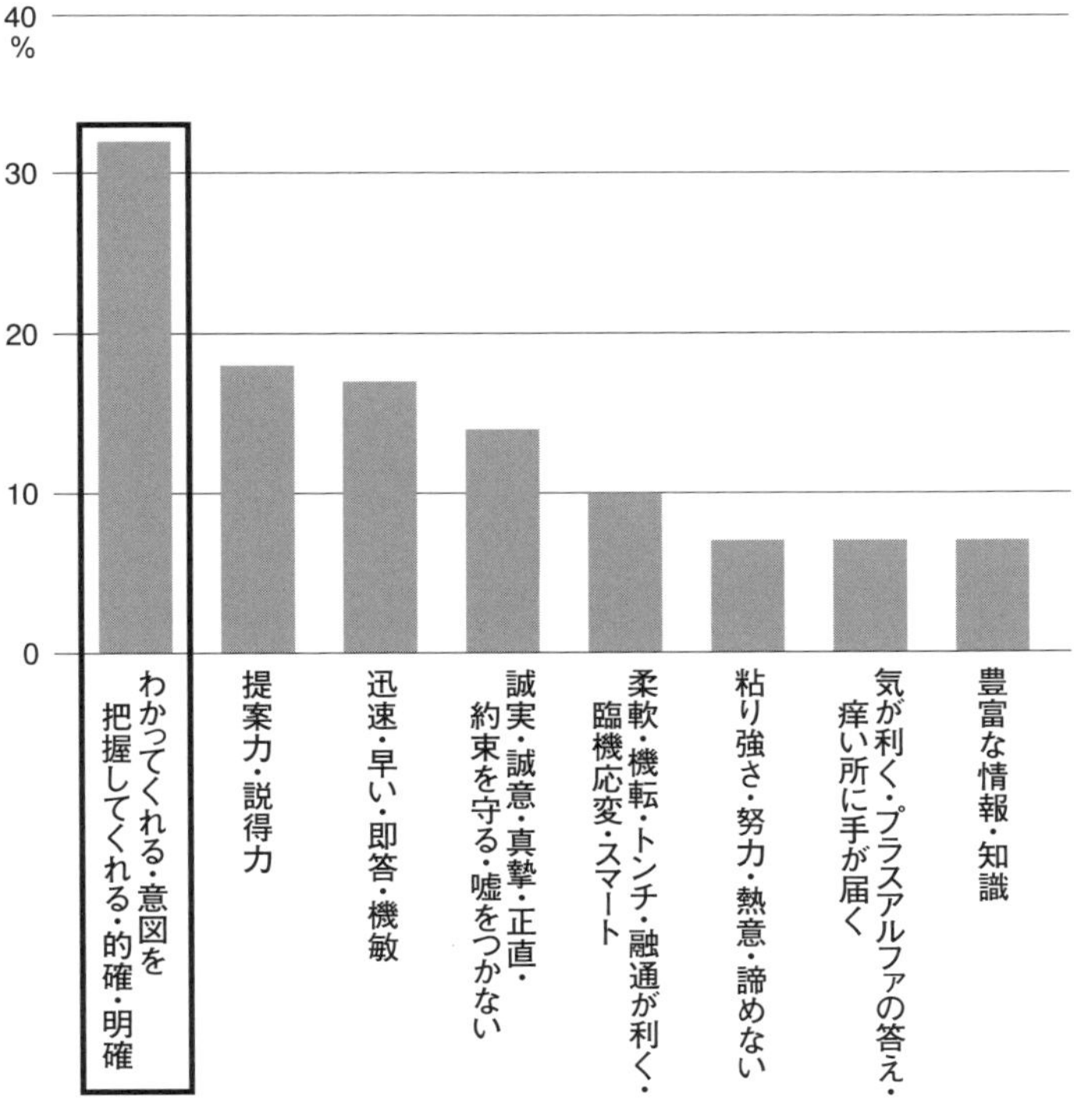

(n=309)
出所:マクロミルパネル利用のインターネット調査　2017年11月　TORiX調べ
※自由回答を集計・編集

マーがどういう営業なのか、お客さまに尋ねたアンケートです。自由回答で書いていただいたコメントについて、回答からキーワードを抽出し、グルーピングしました。

調査結果を集計すると、一番多かった回答が「わかってくれる・意図を把握してくれる・的確・明確」の32％でした。注目すべき点は、「提案力」「迅速」「誠実さ」といった数々の項目よりも、「ちゃんとわかってくれる」ことへのニーズが際立って高い点です。

また、少し違った角度からも聞いてみました。「新規の取引先を検討するならば、その営業担当者に求めることを3つまで選んでください」という質問です（図表1-5）。

このように角度を変えて聞いても、「自分のことをわかってくれる」「こちらの期待や要望に合った提案をしてくれる」という項目に回答が集中しました。

これほど多くのお客さまが「ズレない営業」を求めている背景には、「ほとんどの営業は、お客さまが求める期待とズレてしまっている」という現実があります。

だからこそ、お客さまにとって「わかってくれる」ということが、何より重要なのです。

営業とお客さまの「ズレ」は、情報ギャップから生まれる

【図表1-5】新規に依頼するなら「ズレない営業」

Q 新規の取引先を検討するならば、その営業担当者に求めることを3つまで選んでください

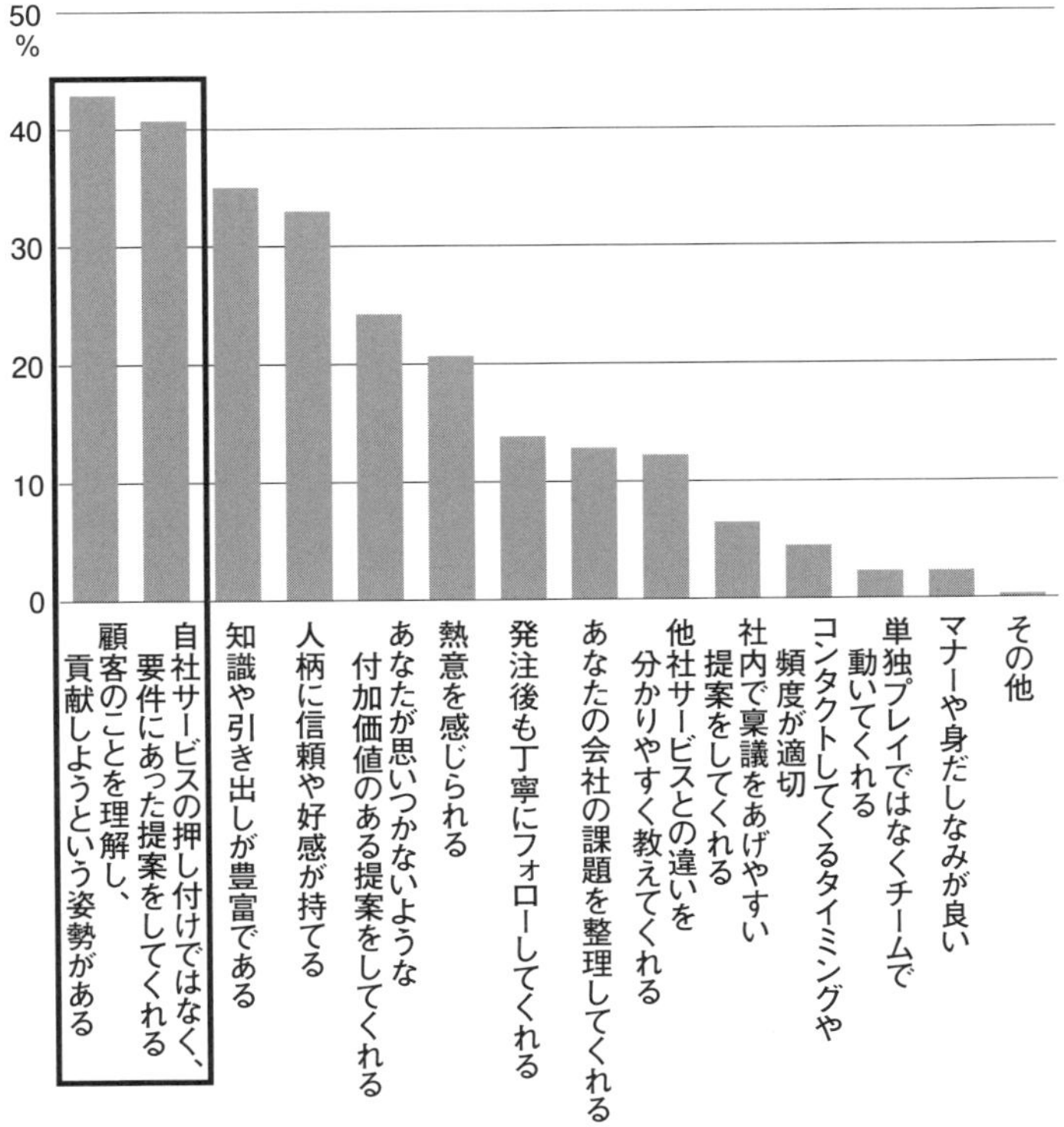

(n=309)
出所:マクロミルパネル利用のインターネット調査　2017年11月　TORiX調べ

「ズレない営業に頼みたい」というお客さまがこんなにも多いというアンケート結果に対して、皆さんは「いやいや、そんなこと、わかっている」「普段から、お客さまを理解しようと思って営業している」と感じていらっしゃるはずです。

実際、多くの営業組織は、新人に対して「営業はお客さま視点で」「お客さま目線が最優先」と教えますし、営業のノウハウを説く書籍といえば、そんなタイトルのオンパレードです。

そこで、次に考えたいのは、「なぜ、多くの営業は、（そうしたいわけではないのに）お客さまの期待からズレてしまうのか」という点です。

たとえば、こんなご経験はありませんか。仕事で着るスーツやジャケット、あるいは、男性の方はネクタイなどを買おうと売り場に行って、見ながら選ぼうと、何かしら手にとったら、すぐに店員さんが「試着できますよ！」と迫ってくる。仕方なく「いえ、大丈夫です」と言って、慌ててその場を離れる……。

冷静に考えれば、「いやいや、そんなに売り込まれたら、お客は引くでしょ！」と多くの方が思うはずなのに、こういった接客は、なかなかなくなりません。なぜでしょうか。

その理由は、「売る側」と「買う側」に分かれた瞬間、非常に大きな情報のギャップが発生するからです。

以前、こういった売り場の接客研修をされていた方に聞いたお話ですが、接客スタッフの新人研修では、「試着してもらえれば、お客さまが買う確率はX％上がる」といった情報が提示されるそうです。こういったデータを見ていれば、積極的に試着を促すのもうなずけます。確かに、試着しないお客さまと試着したお客さまとでは、購買率が異なるのは自然な話のように思えますが、えてしてこういったデータには「その試着は、お客さまが望んだものかどうか」といった観点が含まれていません。

さらに売る側には、当然ですが、「会社の方針や目標」に関する情報が日々くり返し伝えられています。「今月は、この商品を注力して売るように」「何としても今週中に◎◎円」といった目標や方針が徹底されるほど、売る側は、お客さまの悩みや課題よりも、会社から課せられている「達成すべきこと」へと意識が傾きやすくなります。

しかし、買う側のお客さまにとっては、自分に関係のない「売る側の方針や目標」など知るよしもありません。

そのお客さまは、なぜスーツやジャケット、あるいはネクタイを買いに来たのでしょうか。たまたま、ふらりと立ち寄ったのかもしれません。来月に大事なプレゼンを控えているから、勝負服を買おうという目的があるのかもしれません。もしくは、以前から目をつけていた服を買おうかどうか迷っていたけれど、給料日でお金が入ったから「買おう」というモードになった可能性もあります。

ここではっきりと意識しておくべきことは、営業側が、お客さまの背景について相当な情報不足に置かれている一方で、会社から「売る側の方針や目標」に関する情報を大量に受け取っているため、極端な「情報ギャップ」が生じているということです。

この極端な情報ギャップを解消するには、お客さまのことを理解するためのコミュニケーションが必要です。実際、本章の冒頭でご紹介した引っ越し会社の営業担当者Aさんは、見積もりを出す前に、家のなかを歩き回って私たちと会話をしながら、情報ギャップを解消していました。情報ギャップの解消が気持ちよく行われた結果、顧客である私が「目の前の営業担当者にお願いしたい」という心理状態になったのです。

「ズレ」を解消できないとお客さまの不満につながる

こういった情報ギャップについても、別の視点から見てみましょう。左のグラフは、営業マネジャー200人に対するアンケートの結果（図表1-6）です。

【図表1-6】「お客さまへのレスポンス」に対する営業マネジャーの課題意識は低いが…

Q ※営業マネジャーへの質問
営業メンバーに対して、特に強く感じる課題意識は何ですか？

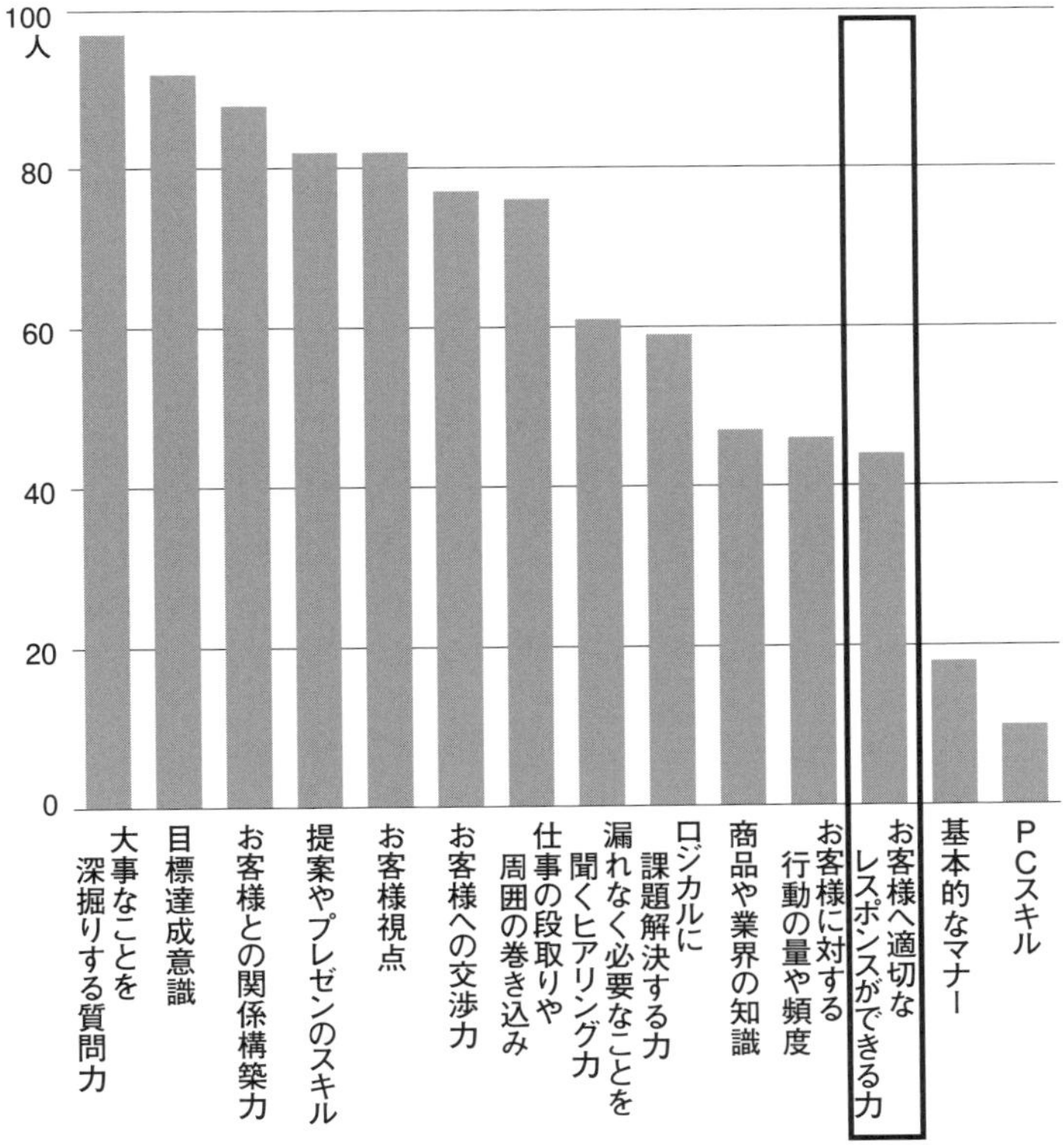
100
人
80
60
40
20
0
大事なことを深掘りする質問力
目標達成意識
お客様との関係構築力
提案やプレゼンのスキル
お客様視点
お客様への交渉力
仕事の段取りや周囲の巻き込み
漏れなく必要なことを聞くヒアリング力
ロジカルに課題解決する力
商品や業界の知識
お客様に対する行動の量や頻度
お客様へ適切なレスポンスができる力
基本的なマナー
PCスキル

出所：セールスフォース・ドットコム調べ

営業マネジャーに対して、「あなたの組織にいる営業メンバーについて、特に強く感じる課題意識は何ですか？」という質問をしています。

上位にあがってくる項目は、「大事なことを深掘りする質問力」「目標達成意識」「お客さまとの関係構築力」など、どれも重要なことばかりです。やはり、目標を達成すべく、お客さまを理解し関係を深めようということは、マネジャーにとって強く意識されているようです。

では、逆に、下位の項目はどうなっているのか、見てみましょう。

最下位からの「PCスキル」「基本的なマナー」は、確かにそうでしょう。社会人一年目ならまだしも、ある程度の経験を積んだメンバーであれば、これは当然、できていてほしいところです。

ここで注目いただきたいのは「お客様へ適切なレスポンスができる力」が下から三番目に位置していることです。営業マネジャーからすると、「お客様へ適切なレスポンスができる力」よりも強く感じる課題意識はたくさんある、ということになります。

では、お客さまの意識の方はどうでしょうか。

左のグラフ（図表1-7）は、お客さまに「あなたが『動きが悪い』と感じた営業担当者にあてはまるものを選んでください」とお願いしたアンケートの結果です。

【図表1-7】「レスポンスの悪さ」は、顧客が感じる不満のトップ項目

Q あなたが「動きが悪い」と感じた
営業担当者に
あてはまるものを選んでください

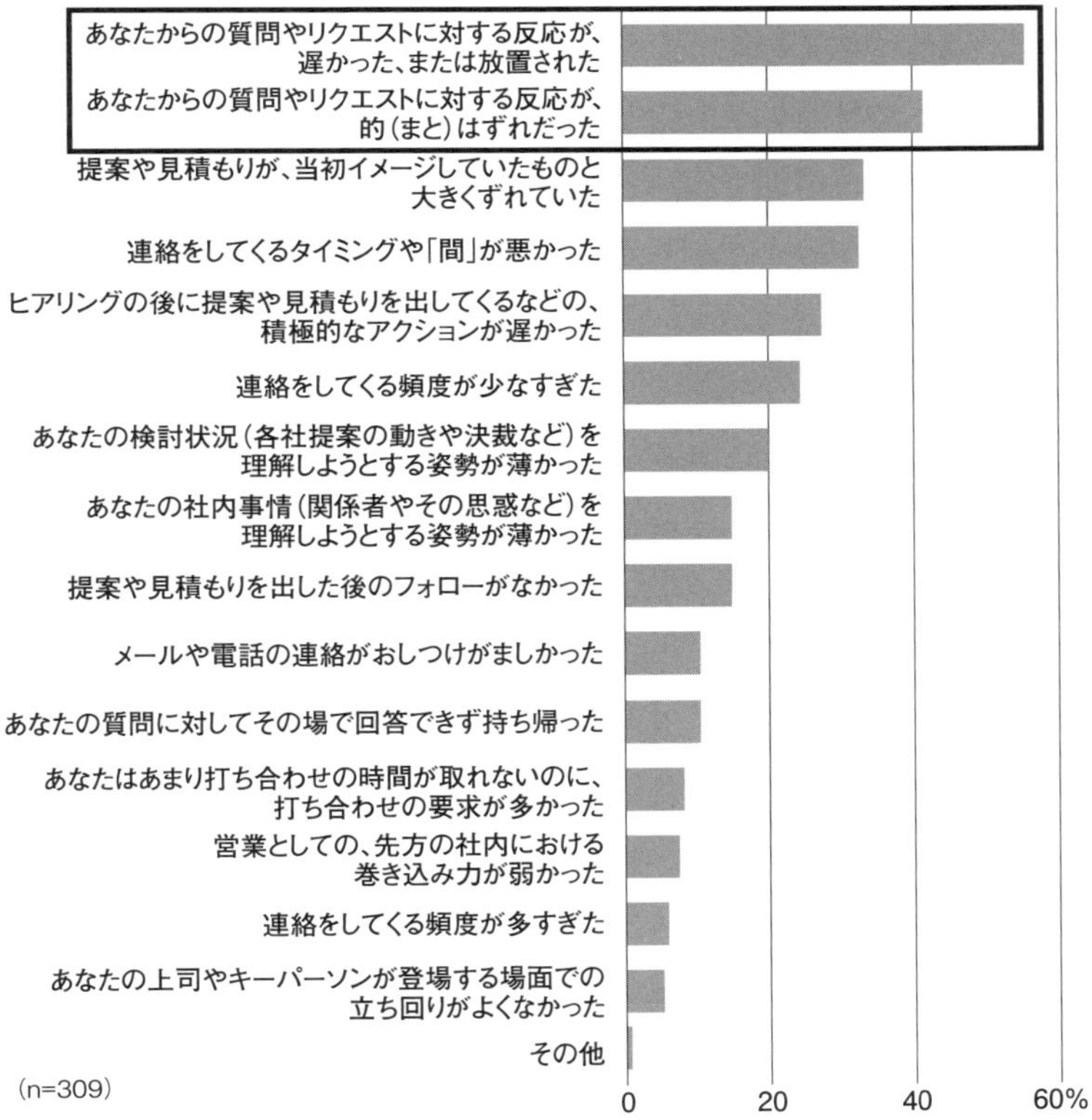

（n=309）

出所：マクロミルパネル利用のインターネット調査
2017年11月　TORiX調べ

一番多かった回答が「あなたからの質問やリクエストに対する反応が、遅かった、または放置された」で55・6％。二番目に多かった回答が「あなたからの質問やリクエストに対する反応が、的(まと)はずれだった」で41・5％でした。つまり、お客さまからみたときの不満のTOP2が、「リクエストに対してのレスポンスの悪さ」だったのです。

営業マネジャーからすると、部下の「質問力」や「目標達成」には課題意識を強く感じますが、「レスポンスを返す」ということに対しては、マークが甘くなりがちです。

営業にとっての「レスポンス」は、いわば〝宿題〟で、やればやるほど仕事が増えます。特に働き方改革が推進される昨今、会社側は「なるべく時間をかけずに営業しなさい」と命じます。正直、売れるかどうかわからない段階で〝宿題〟としての問い合わせがあっても、営業担当者は、基本的に買ってくれそうな相手に優先的に注力します。そのため、自然と「レスポンス」のウエートが落ちやすいのでしょう。

しかし、お客さまからすると、営業担当者の「レスポンス(リクエストに対する反応)」にこそ、最も不満を感じやすいのです。

「お客さまの不満要因」でトップにあがってくる項目が、営業マネジャーの課題意識については下から数えた方が早いという決定的なズレが、そこにはあるのです。

お客さまと営業担当者の意識は、これほどまでにズレやすいのですが、この事実について、多くの営業が気づいていません。大きな情報ギャップです。

そこで、次章より、こういった「営業とお客さまの間にある情報ギャップを乗り越えて、確実に受注をいただくためにどんな力が求められてくるのか」を解説していきます。

第1章のまとめ

- ✓ お客さまの選定基準としては「とにかく他よりも金額が安い」ことよりも「費用対効果への納得感」の方が重要だが、その事実を正直に伝えてくれるわけではない。
- ✓ お客さまの信頼を獲得するために求められるのは、お客さまにとって「わかってくれる」営業であること。
- ✓ お客さまと営業の間には大きな情報ギャップが存在し、それが「ズレ」につながるので、情報ギャップを埋めるコミュニケーションが、お客さまの理解や信頼獲得につながる。

第2章

情報ギャップを乗り越えて接戦を制する「3つの質問」

案件や商談を「楽勝」「接戦」「惨敗」で分ける

営業とお客さまとの間にある情報ギャップが埋まりづらいのは、なぜでしょうか。

先のアンケートで、営業マネジャーが、お客さまを理解するのに必要な「大事なことを深掘りする質問力」を一番の課題として挙げつつも、お客さまの不満としてトップにのぼってくる「レスポンス」への課題意識が低いというのは、皮肉なことです。

この問題を考えるために、まずは、商談や案件の難易度を「楽勝」「接戦」「惨敗」の三つのグループに分けることからスタートしましょう（図表2－1）。

受注が易しいのは、「楽勝」案件です。

誰が営業に行っても受注できる難易度の低い案件、たとえば、自社にとって長年の付き合いがあるお客さまで、競合に発注することはまずあり得ない自社ファンとの商談が、この「楽勝」に当たります。

あるいは、悩みや課題を抱えたお客さまが、その解決のために予算をすでに確保して、発注先を検討している。そして、幸運にも自社が最初に接点を持ち、他社には声がかかって

【図表2-1】キーワードは「接戦」

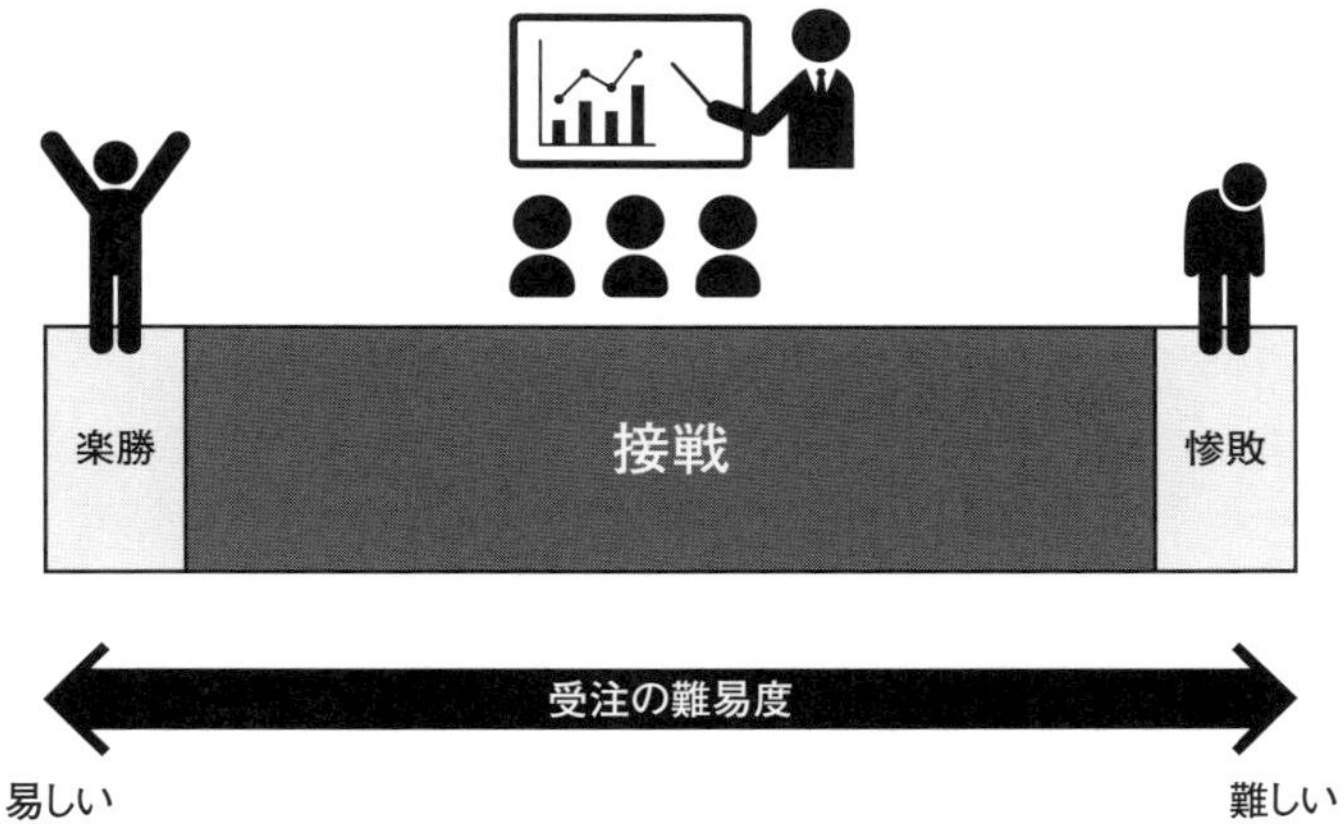

いない。さらに、お客さまには付き合いのある既存発注先もない。しかも、お客さまは商品やサービスに関する知識がそれほどなく、こちらのアドバイスを真剣に聴いてくださる……などといった状況も、この楽勝案件に入るでしょう。

こういった楽勝案件は、経験の少ない新人営業でも受注がいただけます。発生確率としては高くありませんが、いわゆる、「ラッキー」な案件です。

真ん中にあるのが「接戦」案件です。

接戦案件は、やり方次第で、受注にも失注にもなるような案件です。どちらに転ぶかわからないコンペ、相見積もり提案、あるいは、競合がいなくとも、稟議(りんぎ)が通るかどうかぎりぎりわからないような商談が、この「接戦」に当たります。

お客さまは悩みや課題を抱えているものの、すでに他社にも声がかかっていたり、付き合いのある既存発注先が存在する。あるいは、社内で予算の確保がまだできていない。

こういった接戦案件は、やり方次第では受注がいただけますが、やり方を間違えると他社に案件を持っていかれたり、社内の稟議が通らなかったりします。営業としての手腕が問われるのが、接戦案件です。

そして、右にあるのが「惨敗」案件です。

誰が営業に行っても受注が難しいことは見えており、勝負にもならないような難易度の高い案件です。競合他社が長年の付き合いをしており、手強いライバルのエースががっちりと張り付いている。そして、自社に対しては、何の情報もお客さまから教えていただけない……こんなケースが「惨敗」案件となります。

お客さまは既存取引先の競合他社に対して100％に近い安心感あるいは信頼を置いており、他社にスイッチしたくない。もし仮にスイッチするとなると、かなり膨大な心理的および経済的コストが発生する。このような案件は、誰にとっても、あまり戦いたいものではありません。

惨敗案件では、競合が圧倒的有利な状況にあります。もし仮に提案機会をつかんでも、その実は、ただ相見積もりを取るためのいわゆる「当て馬」であるケースが少なくありません。

これら3つのなかで、「リソースをどのぐらい投入するか」次第で受注率が大きく変動するのはどれでしょうか。

言うまでもなく、それは接戦案件です。楽勝ゾーンや惨敗ゾーンの案件は誰が担当しても、どんなに力を入れて提案しても、結果はそうそう変わりません。

「いざ接戦になったときの強さ」が営業力を左右する

営業現場では、しばしば、「接戦にさせず、楽に勝てるようにするのが営業戦略だ」ということが言われます。しかし、この言い回しには、大きな落とし穴があります。

それは、「接戦を避けて戦わない」ことと、「接戦になる前に、楽に勝てるよう仕掛ける（図表2-2）」こととは、似て非なる行動だということです。接戦を避け続けているうちに、あたかも筋力が衰えていくがごとく、営業力が弱くなってしまうケースがあります。

【図表2-2】「いざ接戦になったときの強さ」が上がると、かつての接戦が楽勝になり、惨敗が減っていく

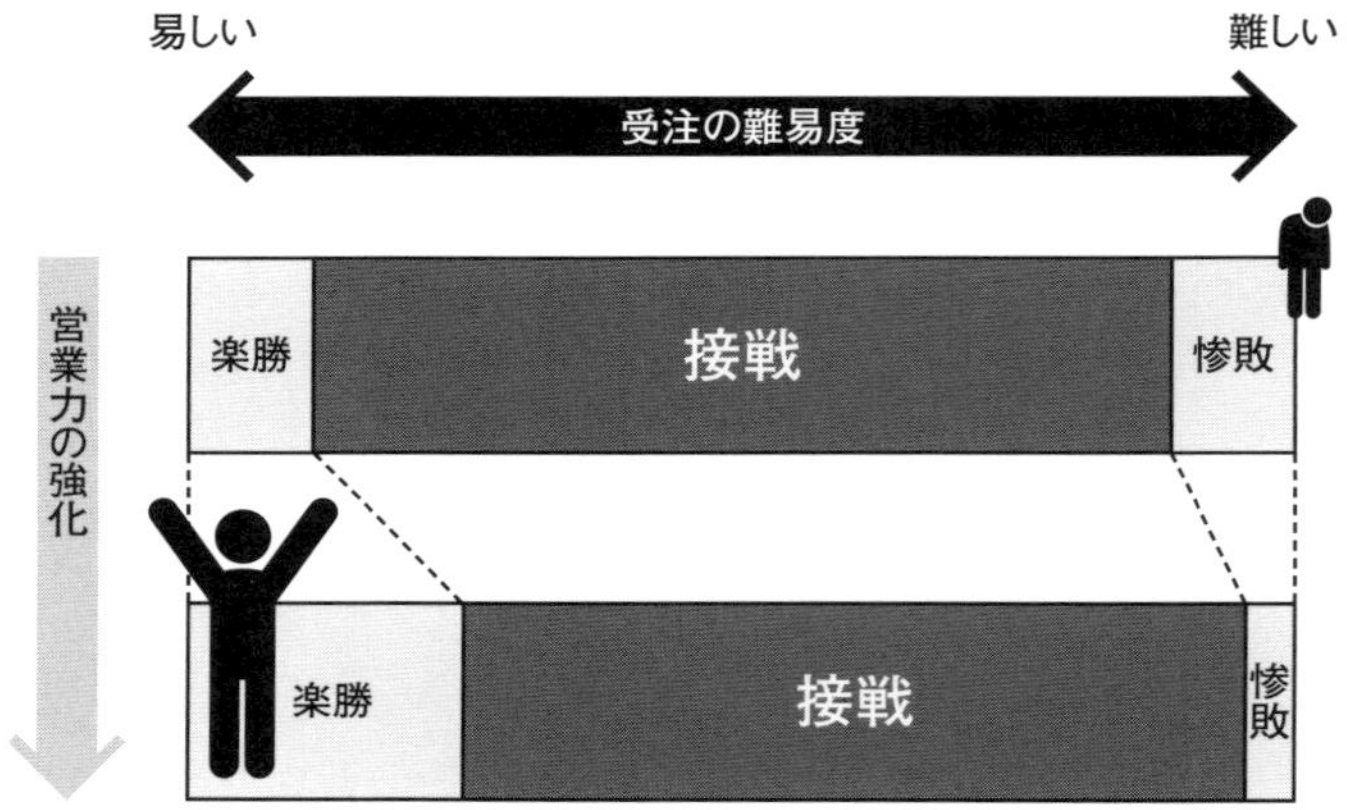
易しい
難しい
受注の難易度
営業力の強化
楽勝
接戦
惨敗
楽勝
接戦
惨敗

誰も好き好んでわざわざ苦しいゾーンで戦いたくはありません。しかし、接戦を避けてばかりいると、打って出るのは楽勝案件のみということになります。ただ、楽勝案件は数が限られていますし、たとえ自社にとって楽勝でも、魅力的なマーケットは競合が放っておきません。競争が激しくなってきたら、そこは次第に楽勝から接戦ゾーンに変わっていきます。もし楽勝案件しか手がけていなければ、そのうち、楽勝ゾーンの案件が枯れていくのは当然の帰結です。楽勝ゾーンの案件が枯れたとき、「接戦を勝ち抜く筋力」が弱いと、打つ手がなくなり、追い込まれてし

まいます。

営業力が弱ってきている組織では、往々にして、この「接戦を勝ち抜く筋力」が衰えていることが多いのです。

たとえば、既存のお客さまのリピート案件だけで売上を稼ぎ、新規開拓をやらずにいると、その状態に慣れてしまい、その組織における提案力や受注獲得力は下がっていきます。

先日、私がある会社様で、営業マネジャー研修の講師をしたときのことです。事前に事務局の方から伺っていた情報は、「競合にシェアを奪われ、利益率も下がってきているので、対競合の勝率を上げるための研修をしてほしい」ということでした。

研修の冒頭に、「最近、惜しくも破れてしまった案件を思い出して、振り返ってみましょう」というワークを入れたのですが、参加されていた営業マネジャーの皆さんはポカンとした表情をされていました。

しばらくすると、部屋のあちこちから、こんな声が聞こえてきました。

「最近……負けてないなあ」

「確かに。負けてないよね」

「自分もそうだ。特に思い当たる案件はないなあ」

察しの良い読者の皆さんは、お気づきでしょう。いずれの方も、競合との戦いになる接戦を避け、ひたすら楽勝ゾーンの既存顧客、既存案件のリピートで売上を上げていたのです。その状態が続いた結果、徐々に楽勝案件が減り、業績が苦しくなってきているという状況でした。

接戦を避ける癖がつくことによる問題は、戦場が狭くなるだけではありません。楽勝ゾーンは、すなわち、お客さまを理解しようという特段の努力なしに受注できる案件です。こちらが聞けば、お客さまは素直に教えてくださる状況ができあがっています。楽勝案件しか経験していないと、お客さまとの間に大きな情報ギャップが存在する接戦案件で、どう立ち回ったらよいかが、わからなくなってしまうのです。

接戦ゾーンで、お客さまとの間に生じるギャップを解消し、「わかってくれている」と感じていただく営業ができれば、営業力のアップとともに、受注率は自然と上がっていきます。力がつくことによって、かつて接戦だったところも、楽に勝てるようになり（これが本来の「接戦にさせない」状態です）、惨敗だったところも、接戦に持ち込めるようになります。やり方次第で結果が決まる「接戦」ゾーンこそ、力を入れたときの費用対効果が高い領域なのです。それによって、結果的に楽勝ゾーンの幅が広がっていきます。

こういうお話をすると、「でも、接戦案件は利益率が低くありませんか」というご質問を受けます。確かに、複数の会社間で比較されたり、稟議の視線が厳しい案件は、利益率が高くなりづらいでしょう。

誤解を招かないように再度申し上げると、私は「接戦ばかり狙いましょう」ということを申し上げたいわけではありません。「いざ接戦になったときに、確実にものにできる力を高めておきましょう（そうすれば、結果として楽に勝てる案件の幅が増え、利益率も上がります）」というのが、お伝えしたいことなのです。

会社の営業力を測る上では、「接戦における強さ」が非常に重要な意味を持ってきます。ですから、たとえば組織を「新規開拓チーム」と「既存顧客リテンションチーム」に分けていたとしても、組織全体の営業力を高めたい場合は、既存顧客の営業担当者に対して、新しい窓口を開いてくるとか、新しい契約を獲得していくといったミッションを課すのがよいでしょう。「既存顧客リテンションチーム」が楽勝案件だけで仕事を回していると、将来的に大きなリスクが発生します。

実際、営業力に定評がある大手メーカーが、一人あたりの生産性を常にモニタリングして、組織単位で対応しているケースもあります。既存のお客さまで安定的に仕事を回していて、特段の提案活動をしていないのに大きな売上が上がっている営業担当者を見つけると、その人の目標をアップしたり、リストの入れ替え（良いリストは、ほかのメンバーに融通する）などを行います。一方、惨敗続きで全く成果の上がらないメンバーに対しては、ほかのメンバーから持ってきた良いリストを渡し、惨敗ばかりの状態から早く脱するようにサポートしています。そうすることで、組織のメンバーが楽勝にも惨敗にも偏りすぎないよう、均衡が保たれているのです。

結果、この会社はものすごい利益率を叩き出しています。

なぜかというと、競合とのコンペに圧倒的に強く、その競争優位性ゆえに、お客さまに対して高い利益率を乗せた付加価値提案ができたり、お客さまから早めに案件情報をいただけるポジションを確保しているからです。

「いざ接戦になったとき、どのぐらいの確率でものにできるか」に意識を向けることで、結果として楽に勝てるようになるのです。

接戦は3パターンに分かれる

それではここで、接戦について深掘りしていきたいと思います。

接戦とは、お客さまが「発注するか、しないか」を迷っている案件と言うこともできます。

【図表2-3】接戦とは「顧客が迷っている」状態

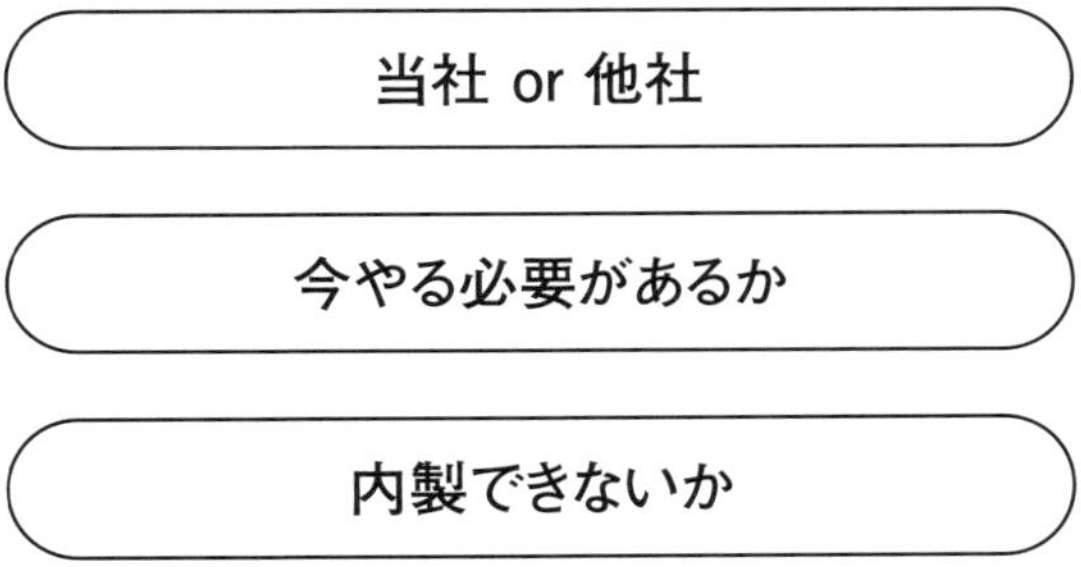

迷っているからこそ、やり方次第で、受注にも失注にもなりうるのです。お客さまがどんな形で迷っているのかによって、接戦を大きく3つのパターンに分けてみます（図表2-3）。

一つ目は、いわゆるコンペや相見積もりで、お客さまが「当社ｏｒ他社」で迷われる状況です。この接戦をものにするには、「ほかにも良い商品・サービスはあるのに、なぜ当社なのか」をしっかりと示さなければなりません。

候補として迷っている会社＝当社にとっての競合ですから、受注のためには、競合他社を選ばず、当社を選んでいただく理由が必要です。

二つ目は、お客さまが「今やる必要があるか」で迷っている場合。お客さまにとっては、（他社との比較ではなく）当社の提案を採用する、あるいは、保留するという選択肢があります。特に、サービスの独自性が強く、今までにない目新しい提案をこちらからしていくときには、もう少し様子を見ようとお客さまに判断されてしまうことがあります。

お客さまからすると、導入に迷ったときは、決断を保留するのが一番楽な選択肢です。そうならないよう「先延ばしにしてもいいはずなのに、なぜ、今なのか」をクリアにしなければなりません。

三つ目は、「内製できないか」でお客さまが迷う場合です。コンサルティングやアウトソーシングなどのサービスを提案していると、こういった状況に直面しやすいでしょう。

お客さまにとっては、外部の会社に発注せずに自前（内製）で対応するという選択肢もあるので、こちらからは「内製するという選択肢もあるのに、なぜ当社の提案を採用するべきか」を示す必要があります。

さて、接戦のパターンを3つに分類してきましたが、このように、「お客さまが何と何で迷っているのか」を具体的に把握することが重要です。迷っている選択肢がわかって初めて、対策を考えることができるからです。

接戦では「認知的不協和の打破」が必要

接戦における強さを上げていくには、「お客さまが何と何で迷っているのか」を具体的に把握し、そのうえで、当社が選ばれる理由を作っていくことが必要です。

そこで、接戦案件で迷うお客さまの心理について、もう少し構造的に考えていきます。

米国の心理学者レオン・フェスティンガー氏が提唱した「認知的不協和理論」という有名な理論があります。人間は、複数の情報の間に矛盾が生じている場合、自分の判断を正当化する形で、その矛盾を低減、もしくは解消しようとする性質があるというものです（図表2-4）。

たとえば、ダイエットで言うなら、「体に悪いから我慢しよう」「でも目の前のケーキを食べたい」という矛盾した思いが頭に浮かぶと、不協和でモヤモヤします。

人間には、このモヤモヤ状態が続くことに耐えられず、しっくりくる落とし所を探そうとする性質があります。ダイエットにおける落とし所とは何かというと、皆さんもご存じの「ダイエットは明日から」です。ダイエットしようという意思はありつつも、目の前の食

【図表2-4】認知的不協和

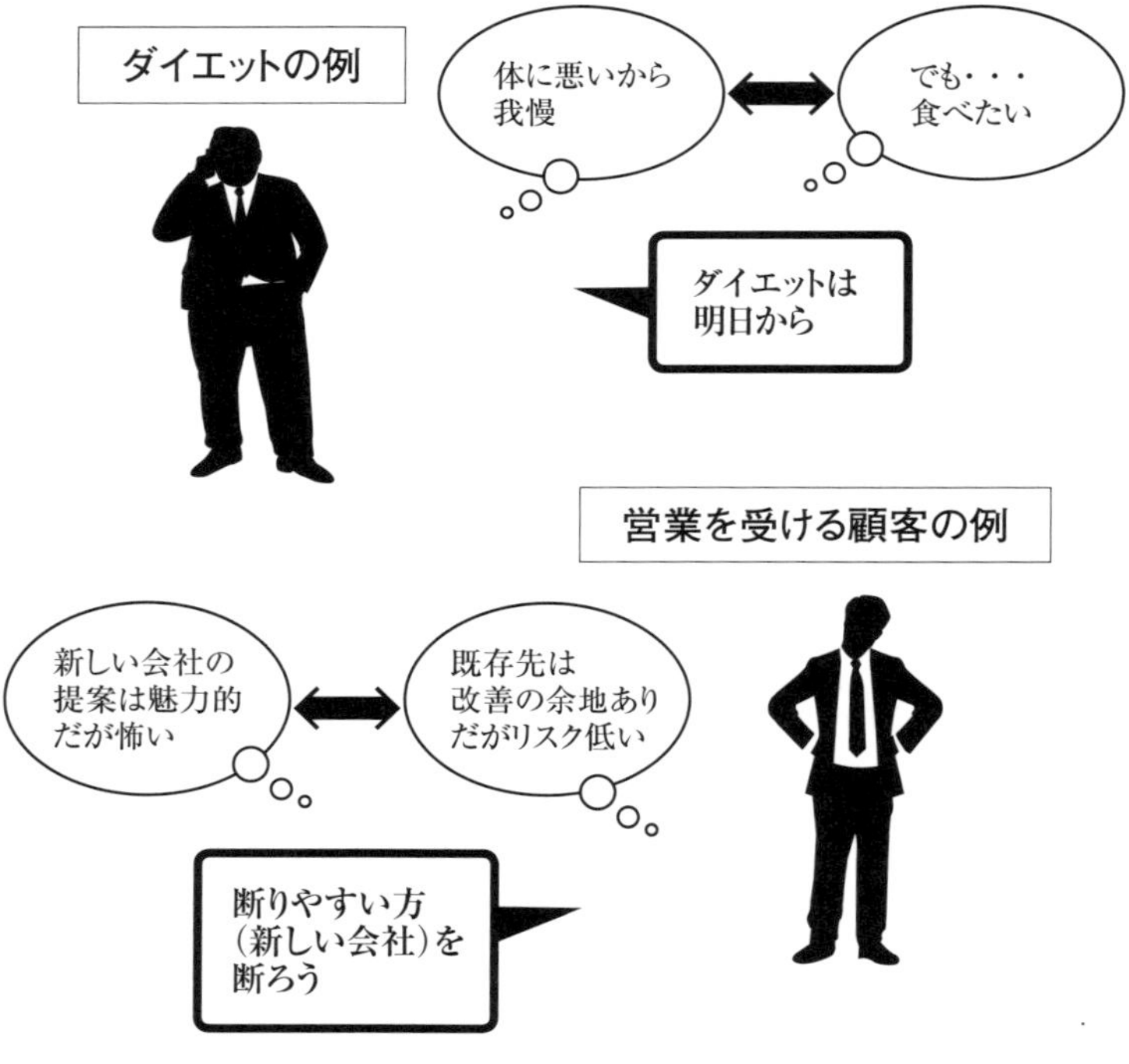
ダイエットの例
体に悪いから
我慢
でも・・・
食べたい
ダイエットは
明日から
営業を受ける顧客の例
新しい会社の
提案は魅力的
だが怖い
既存先は
改善の余地あり
だがリスク低い
断りやすい方
（新しい会社）を
断ろう

人間は自分の持っている複数の情報（認知）の間に
矛盾が生じている（不協和）場合、
その矛盾に対して低減、もしくは解消しようとする

※心理学者のレオン・フェスティンガー氏によって提唱

べ物に心惹かれたとき、いったんこの場は食べるけれども、明日からはダイエットするぞと決めれば、モヤモヤは一時的に解消されるわけです。

しかし、どんなに目の前の誘惑に弱い方でも、さっき受け取った健康診断のスコアが惨憺たる数字だったらどうでしょうか。一刻も早く自制しないと健康が根本的に危ぶまれるようなら、さすがに「目の前に食べ物があっても、誘惑されないぞ」となります。

このように、認知的不協和は「情報が追加されることで、結論が変わる」という性質を持っているのです（図表2-5）。

では、営業における「認知的不協和」について、お客さまの立場から具体的に考えてみましょう。

接戦状況におけるお客さまは、たとえば「この提案はいいから、採用したい」「でも、決めるのは怖い」といったことで迷います。

「うーん、どちらにしようかな……」と、認知的不協和状態に陥ったお客さまは、

「もう少し考えてお返事します」

「社内で検討します」

というふうに判断を後ろに延ばします。

一方で、営業の側は、「すぐ決めてもらいたい」と考えます。

【図表2-5】情報の追加で結論が変わる

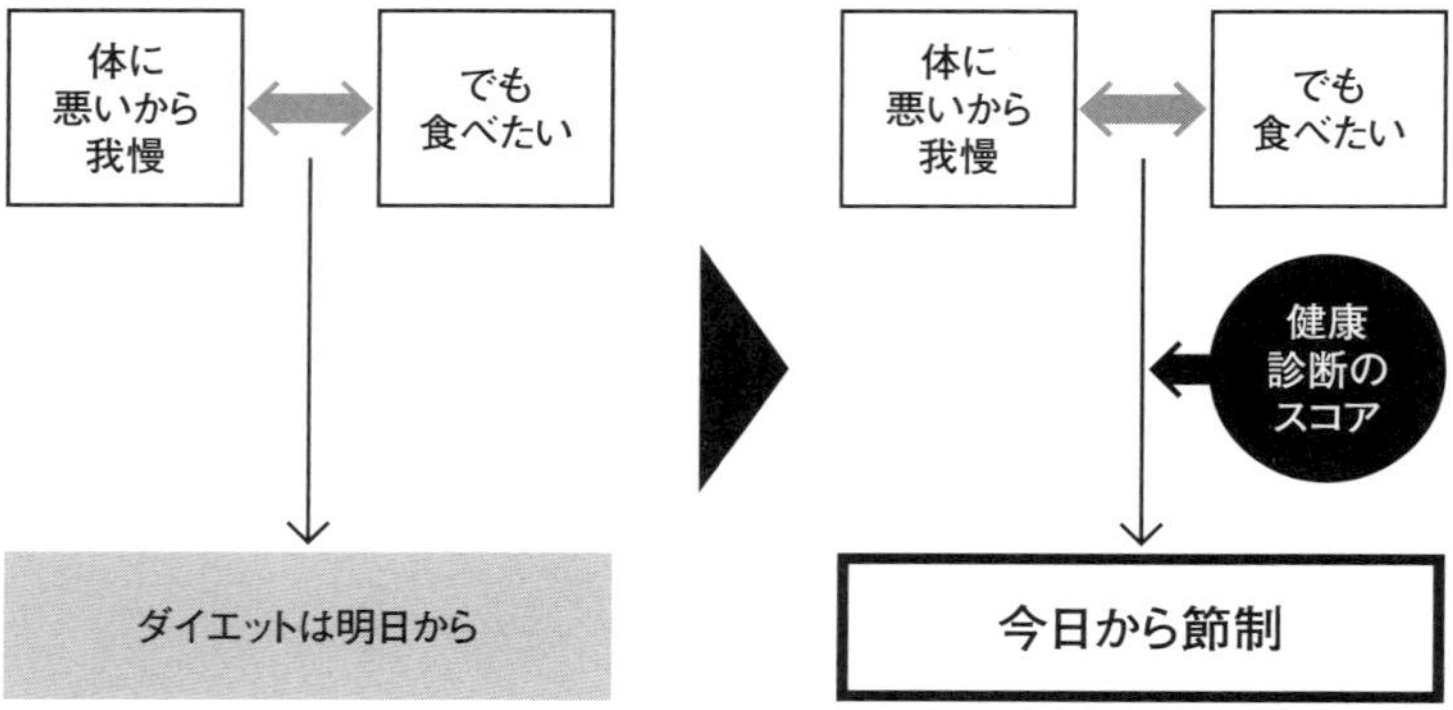

体に悪いから我慢
でも食べたい
ダイエットは明日から
体に悪いから我慢
でも食べたい
健康診断のスコア
今日から節制

そして、多くの営業は情報の追加に走ります。「特別に、御社はお安くしますよ」という特別値引きの情報を付け加えることによって、判断を後ろに延ばそうとするお客さまに働きかけるのです。

お客さまは「特別に安くしてもらえるのなら、まあいいか」となります。

私も会社を経営していると、いろいろな方から営業を受けますが、提案の見積もりを拝見して、「うーん」と黙ってから30秒くらいたつと、ほとんどの営業担当者は「社長、お安くしておきますので」とおっしゃいます。

こうして値引きしてもらう経験が積み重なってくると、お客さまの側としては、

「値引き後の見積もりもあらかじめ用意されているのだから、価格に難色を示した方が、得をする」となりやすいのです。

一方、営業の側としては、これを体で覚えてしまうと「迷ったお客さまには、値引きを申し出ると、決めていただける」という考え方が癖になります。「お客さまは、結局、価格で判断する」という思い込みが強化されるのです。

しかし、「お客さまは価格で決める」と思い込んでしまうと、厳しい接戦を勝ち抜くための武器が増えていきません。

接戦で強くなるには、お客さまの認知的不協和状態に対して、「どんな情報を追加すると決めていただけるのか」の勝ちパターンを広げていく必要があります。

接戦を安易に落としてはいけない

接戦の勝ちパターンを広げていくというのは、一朝一夕になし得るものではありません。

ただ、すぐにできることとしては、「同じ負け方を簡単にくり返さない」ということがあります。接戦は、安易に落としてはいけないのです。

たとえば、どれだけ魅力的と思える提案をしても、「当社では、過去の取引実績が重要視されますから」や「上司の方針で仕方なく」など、お客さまに会社における慣習や上位者の方針を持ち出されて、それっぽい理由で断られてしまうことがあります。

そんなときに思い出したいのは、「迷ったお客さまは『断りやすい理由』や『言いやすい理由』で自分を正当化する」という事実です。

特定のお客さまへくり返し提案するタイプの営業の方に、「接戦で簡単に断られないように、粘ることが必要です」と強く申し上げるのは、その事実に関係しています。「この営業は、この方便で断れば簡単に諦めてくれる」とみなされてしまうと、お客さまのなかで「断りやすい理由」が確立されてしまうのです。そうすると、いざというときの保険や当て馬のポジションに置かれてしまいます。

いったんこのポジションに落ちてしまうと、なかなか挽回するのは難しくなります。

もし、他社とのコンペ提案で、自分がお客さまから断られたら、「複数の選択肢で迷ったとき、自分に対して断る方が楽だった」「だったら、どうすれば自社を選んでもらえたのか」という視点で敗因を分析し、接戦をものにするための行動を粘り強く実践していくことが重要です。

私は、コンペ負け無しの状態が8年（本書執筆時点）続いていますが、それより以前からずっと、接戦ではとにかく徹底的に粘っていました。まだ自分の力が足りないときでも、惜しくも破れてしまった案件で「残念ながら他社に決まりました」と言われたときには、必ず毎回、「それは、もう100％決定ですか」と聞き返しました。そして、再提案をさせていただけないかを必ず確認し、すぐに再提案していました。

これは、一見すると精神論に思えるかもしれませんが、単なる気持ちの問題だけではありません。たとえ負けたとしても、接戦を徹底的に粘ったことで得られたメリットが3つあります。

一つ目は、再提案が仮にだめでも、受注した競合他社に対する満足度が高くないと、すぐに当社へお客さまからお声がかかること。二つ目は、再提案までしてそれでもだめだった場合、一定割合のお客さまは、別の案件を依頼してくださること。三つ目は、仮に再チャレンジで受注した際に、きちんとした仕事をしていれば、お客さまは「こんなにも熱意があって、仕事の品質もきっちりしている営業は手放したくない」と大きな信頼を寄せてくださり、それ以降は、他社がアプローチをかけてきても断ってくださるようになることです。

こうして、接戦における成功体験が多少なりとも生まれてくると、今まではわからなかったお客さまの事情や背景が明らかになり、「情報ギャップ」を解消するコツがつかめてきます。こちらがアピールしたいポイントがお客さまに伝わっていき、どこかの段階で、お客さまが競合を断ってくださるというプロセスが、体感でわかってくるのです。

接戦とは、お客さまが簡単には決めきれない一方で、やり方次第では、当社にチャンスがある案件です。こういった接戦案件で、お客さまから再現性高く選ばれるようになっていくと、お客さまとの間にある情報ギャップを埋める力が自然と上がっていきます。

接戦が決まるまでのプロセスと決着要因には、大きな学びのヒントがあります。だからこそ、いざ接戦と判明した案件については、簡単に優先順位を落とすことなく、しっかりとリソースを投入して、勝ち切ることが重要なのです。

最初は大変ですが、「いざ接戦になったときの強さ」が上がっていけば、楽勝ゾーンの幅が次第に広がっていくので、長期的には、どんどん楽になっていきます。

では、どうやって接戦における受注率を上げていけばいいのでしょうか。

そこで登場するのが、これからご紹介する「接戦を制する3つの質問」です。

「接戦を制する3つの質問」で情報ギャップを解消する

「接戦を制する3つの質問」とは、「接戦状況を問う質問」「決定の場面を問う質問」「裏にある背景を問う質問」です。

これまで3万人以上の営業パーソンとお話ししてきた私が常々感じているのは、営業力がなかなか上がらない場合、ご自分の案件について「これは楽勝なのか、接戦なのか（それとも惨敗なのか）」を把握しないまま戦っているケースが多いということです。誰にとっても時間は限られていますから、注力すべき案件の優先順位が見えていなければ、なかなか成果は上向きません。

そこで、まずは接戦に気づく感度を上げることが大切になります。

それを実現するのが「接戦状況を問う質問」です。

次に大切なのは、実際に接戦が受注あるいは失注で決まったあと、どの瞬間に接戦が決着したのかをお客さまに確認すること、つまり、「決定の場面を問う質問」です。

接戦において決着した場面に注目すると、こちらが見えていないお客さまの裏側で何が起こっているのかについての情報が入ってきます。それが、「次からは自分の営業をどうやって改善していけばいいか」の重要なヒントになります。決定の場面について詳しく学べば学ぶほど、お客さまの裏側を察知していく回路が養われていくのです。

そして、三番目が「裏にある背景を問う質問」です。

接戦においては、必ず「営業とお客さまの情報ギャップ」が重要な意味を持ってきます。お客さまの背景や状況を深掘りし、情報ギャップを解消することができるようになっていくと、接戦における戦い方がレベルアップします。

では、この「接戦を制する3つの質問」について、具体的に解説していきましょう。

接戦を制する3つの質問 その1

接戦状況を問う質問

3つの質問のうち、一つ目は、接戦状況を問う質問です。

「接戦状況を問う質問」とは、いったいどんな接戦なのか、その内容や状況を把握するための質問です。お客さまに接戦状況を聞くタイミングとしては、案件が発生した直後から自社が提案を出した直後まで、幅広くチャンスがありますが、なるべく早めの段階で聞いておけると望ましいです(図表2-6)。

たとえば、お客さまから提案がほしいというリクエストをいただいたら、いわゆる「案件発生」となります。そこで、こんなふうに聞いてみましょう。

「ご提案の機会をいただき、ありがとうございます。ちなみに今回は、弊社が提案をお出

【図表2-6】接戦状況を問う質問

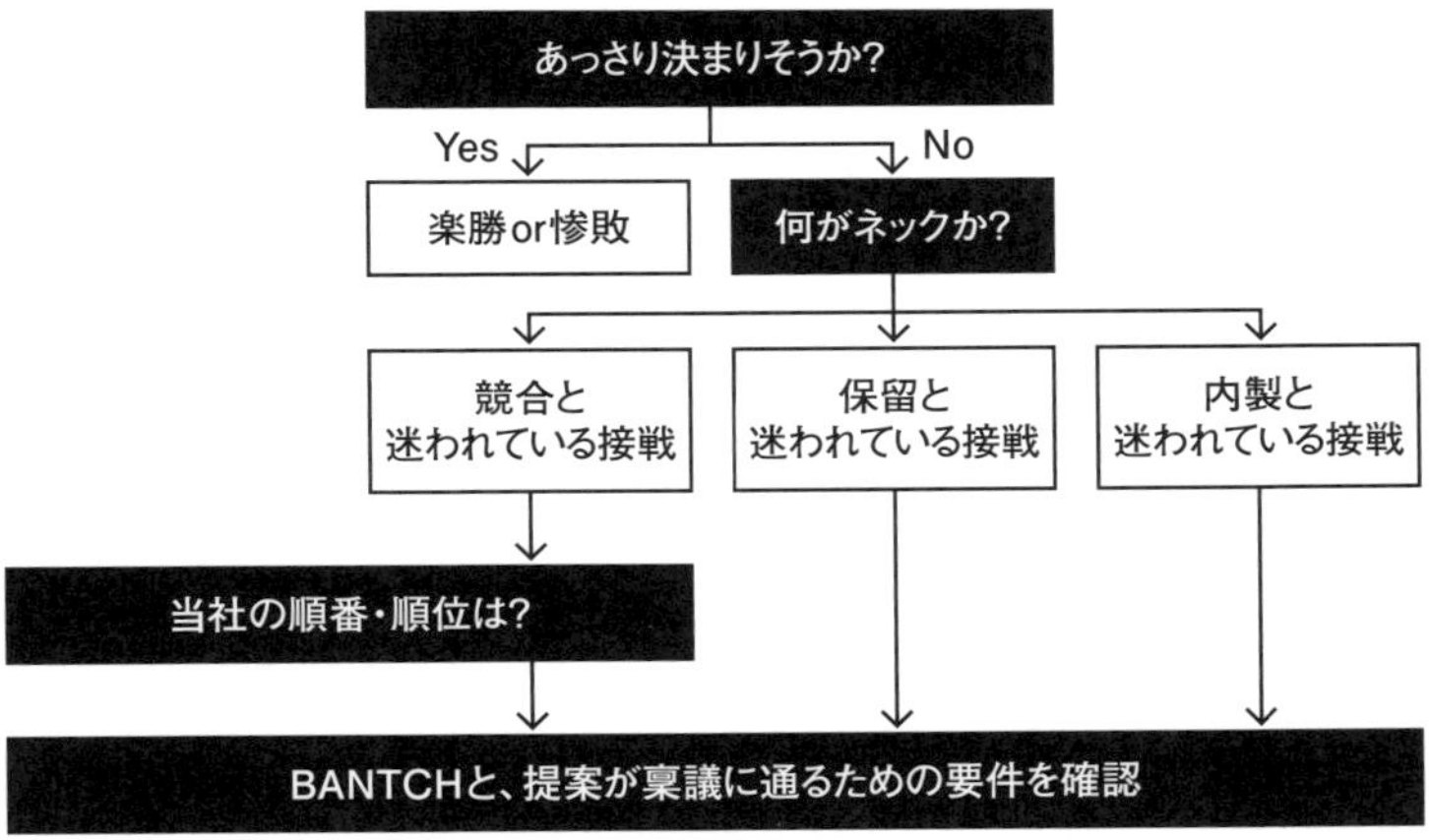

ししたら、社内ですぐ、ご判断されるような感じでしょうか」

あるいは、自社が提案を出したあとでも、「このあとは、社内ですぐご判断されるか、もしくはご検討に時間がかかりそうか、どのような感じでしょうか」のように質問することができます。案件発生直後は楽勝かと思いきや、こちらが気づかない間に接戦となっていることもありますので、注意が必要です。

さて、あっさり決まりそうかどうかという趣旨の質問に対して、Yesというお返事であれば、それは楽勝もしくは惨敗の気配が濃厚です。楽勝と惨敗を勘違いするケースなんてないだろうと思われるかもしれませんが、当社に発注をくださると思い込んでいた案件が、実際にふたを開けてみるとあっさり他社に決まっていた、という勘違いは一定確率で起こるものです。念のため、当社に決めていただけそうか、確実な言葉でいただいておきましょう。

難しいのは、Yesという答えが返ってこない場合、すなわち接戦です。

そのときは、「何がネックになっているのか」を聞きましょう。これは、回答次第で三つのパターンの接戦がありえますので、対策が必要です。

●競合と迷われている→競合の社名はもちろん、他社の提案状況や当社の暫定順位を聞いておきましょう。これが易々と聞けない場合は、接戦でもビハインド気味の接戦ですので、心してかかる必要があります。

●保留と迷われている→「そもそも今、このタイミングで発注や導入をすべきかどうか、（お客さまの方で）確信が持てない」というケースです。たとえ競合がいなくても、「なぜ今、当社に発注をした方がよいのか」の受注ロジックをしっかり作りましょう。

●内製と迷われている→「外部に発注することの合意が社内で得られるかどうか……」といった答えが返ってくる場合は、内製と比較されています。あえて外部に発注することの意味合いを、お客さまの社内で合意形成していただく必要があります。

接戦の場合は、迷っている対象が競合なのか、保留あるいは内製なのか、といったことをつかんだうえで、最後にBANTCHをヒアリングして、自社の提案が稟議に通るための条件を確認しておきたいところです。

BANTCHとは、営業現場で確認すべき事項を漏れなくするための略語で、**Budget**（予算）、**Authority**（決裁者）、**Needs**（ニーズの抜け漏れや優先順位）、**Timing**（検討や導入のスケジュール）、**Competitor**（競合）、**Human Resources**（お客さま側の人員体制）という項目の頭文字です。

BANTCHは、提案の際、必ずこれを聞くべしと本に書かれていたり、営業現場で指導されているケースが多いようですが、一方で「全部の案件でBANTCHをいちいち確認するのは大変」という方も多いでしょう。

ですので、BANTCHについては、「接戦の際には必ず聞く。楽勝や惨敗案件の際は、最低限必要な項目が聞ければOK」という方針がお勧めとなります。

冒頭でご紹介した引っ越し会社の営業パーソンAさんは、最初の質問が「当社は何番目ですか」「他の会社からの見積もりをご覧になってみて、いかがでしたか」でした。この質問に対する回答を踏まえて、「このお客さまは三社で比較していて、前の二社からは見積もりをもらっているが、まだ決めているわけではなさそうだ。ただ、すでに価格が安い会社からもアプローチされているので、価格以外に差別化ポイントが必要である」という情報を得ているわけです。提案に入る際に、こういった情報が把握できているか否かでは、大きな違いが出てきます。

私自身、以前、営業組織をゼロからつくったとき、数十名の営業メンバー全員に接戦状況を聞いてもらうことを徹底しました。トイレに行くとき、社内ですれ違うとき、メンバーたちは「高橋さん、お疲れさまです、あの案件ですが、今のところ一位です」というふうに、日常的に報告してくれました。私に必ず聞かれるとわかっているので、みんな、お客さまから接戦状況を聞かないままでは、絶対に帰ってきませんでした。

接戦を制する3つの質問の一つ目「接戦状況を問う質問」が組織単位でできるようになると、チーム全体で接戦に気づく感度を上げることができるので、非常にパワフルです。

接戦を制する3つの質問 その2

決定の場面を問う質問

接戦状況をコンスタントに確認すれば、注力すべき案件のメリハリがついてきますし、案件受注のために必要な行動も明確になります。そこで、次に知りたいのは、「案件受注のために必要な行動」としてやったことがはたして適切なのか、ということです。接戦が特定できても、自分の行動がズレてしまっていたら、元も子もありません。

案件が決まった直後でお客さまの記憶も新しいタイミングなら、接戦の決定的要因に対して、自分が適切な行動が取れていたかどうか、検証することができます。接戦が終わったら必ずこの検証を行うようにすると、接戦を経験した回数に応じて、行動のズレが発生しにくくなっていきます。

ただし、第1章で、お客さまには建前と本音があることをお話ししました。決定的要因を聞いても、必ずしも正直に答えてくださるわけではないのです。そこで、接戦における決定的要因を事実ベースでお客さまに尋ねるのが、接戦を制する3つの質問の二つ目「決定の場面を問う質問」です。

受注や失注をした際、なぜ当社を選んでいただけたのか、あるいは、なぜ当社はだめだったのかの「理由」をヒアリングする方は多いでしょう。しかし、ここで難しいのは、決定した理由を尋ねたとしても、「提案がよかったから」「当社に対して寄り添っていただいたので」など、当たり障りのない答えを返してくるお客さまが多いということです。

そこで、私がお勧めするのは、接戦においてどの瞬間に受注（あるいは失注）が決定したのかという「事実」を聞くことです。これが、「決定の場面を問う質問」です。

途中まではほかの選択肢と迷っていたわけですから、接戦が決着したということは、お客さまの心が動いた決定的瞬間が必ずあったはずです。

受注や失注の理由を聞くのも大切ですが、そこで終わらせず、「弊社に発注することは、どの瞬間に決まりましたか」「どんな場面で、心がぐっと動いたのでしょうか」という決定場面も尋ねて、その情報を蓄積していただきたいのです（図表2-7）。

「理由」を聞くと、お客さまの主観による答え（あるいは建前）が返ってきやすいのですが、「場面」を聞くと、お客さまの答えは客観的な事実情報として返ってきます。

ここで、たとえば自社が受注したケースについて考えてみましょう。

「途中まで、いろいろ迷われたと思いますが、どの瞬間に当社に決まったのでしょうか」という質問に対して、「御社のプレゼン直後です」という答えが返ってきたとしたら、どうでしょうか。それは、プレゼン内容自体に重要なポイントがあったということになります。ぜひ、プレゼンの中でも、「どんなフレーズが刺さったのか」を追加で聞いておきましょう。そうすれば、自分が今後、他のプレゼンをする際の強調の置き方も変わってくるでしょう。

一方、実際に決定場面を聞いてみると、「自社のプレゼン直後に即決」でないことも意外

【図表2-7】決定の場面を問う質問「どの瞬間に決まったのか？」

「御社のプレゼン直後」	▶	自社のプレゼン内容
「他社のプレゼン直後」	▶	競合が地雷を踏んだ
「上司の一声で」	▶	上司の評価ポイント
「会議で議論して」	▶	関係者の意見
「資料をじっくり見て」	▶	資料の記載内容

と多いのです。たとえば、「他社さんがプレゼンした直後です」という答えが返ってくることもあります。これは、お客さまからすると、いわゆる消去法です。競合他社が地雷を踏んだということではありますが、「こういった地雷を自分が踏まないようにするには、どうしたらいいのだろう」という観点で考えると、貴重な学びになります。

あるいは、「上司の一声で決まりました」という答えであれば、「上司の決定ポイントをどのようにうまくつかめていたのか」を検証しておきましょう。こういった情報は、そのお客さまに対して、今後、リピート提案していく際に重要です。

もし、「会議で議論して決めました」と

いうことであれば、「その会議には、どういう人が参加していたのか」が、ポイントになってきます。もし、事前に参加者をそこまで細かくつかめていなかったのであれば、ぜひ、押さえておきたい情報です。

「(担当者の)私自身が、御社の資料の内容をじっくり見比べて決めました」という返答であれば、「何ページ目が響いたのか」という点まで確認しておきたいところです。

このように、決定の「場面」というのは「理由」に比べて、よりコアな情報が詰まっているのです。

以前、セミナーに参加されたお客さまのなかに、醸造した調味料を製造・販売されている会社の営業パーソンBさんがいらっしゃいました。江戸時代から続いている、老舗中の老舗だそうです。Bさんがセミナーで「決定の場面を問う質問」を学んで、営業現場で実践されたあと、報告してくださいました。

最近、受注があったお客さまに決定場面を尋ねたところ、お客さまが決定されたのは、プレゼン中に「容器の大きさを小分けにして納品してくれる」というBさんの台詞を聞いた瞬間だったそうです。

Bさんはびっくりされました。というのは、Bさんの会社は歴史と伝統が最強のセールスポイントであり、「当社は江戸時代から続いている老舗中の老舗でして……」というのがプレゼンの際のキラートークであると、頑なに信じて疑わなかったからでした。

Bさんは、決定場面を問う質問のあとに「容器の大きさを小分けにしてくれるのがありがたいのは、なぜですか」と追加でヒアリングされたので、結果的には、お客さま満足度もさらに上がったとのことでした。

決定場面に関する情報がたまっていけば、「自分の営業をどう展開していくのがいいのか」ということの重要なヒントになりますし、こういった情報が会社で共有されると、組織全体で「お客さまとのズレ」が小さくなっていきます。

「接戦の決定場面」という貴重な情報をどう生かすか

決定場面が見えないまま戦っていると、お客さまから「ちょっと高いですね」「この価格だと社内に説明が……」などと言われたとき、決定的要因を「価格の安さ」だと思い込んでしまい、「値下げ」に頼ることになりかねません。

接戦におけるお客さまの決定場面を確認してみれば、実は、見積もりを出す前に、もう決めてくださっているケースもあります。見積もり提出の前後における動きを検証すると、「実は価格を下げなくても受注できていた」という真相が、あとからわかったりもするのです。

お客さまが決める瞬間は、見積もり金額を見た瞬間とは限らず、もっと多様です。「どういう瞬間に決まっているのか」に詳しくなることで、なるべく上流で決着をつける方向に持っていければ、営業活動のうちで、本来やらなくても良い仕事を減らしていけるようにもなります。

ここでお勧めしたいのは、決定場面に関する情報を個人ではなく、組織の単位で蓄積していくことです。組織単位で学習していくと、決着案件から学べる情報の質・量が格段に違ってきます。

では、「いつ決まったか」という情報をためていき、組織で活用していくには、どうしたらよいのでしょうか。

たとえば、営業会議の場で「ふり返り」の要素を入れたり、営業支援システム（SFA：Sales Force Automation）を活用していくことが有効なアプローチとなります。

左の図（図2-8）は、営業会議で決着案件をふり返る際のイメージ図です。全部の決着案件をふり返るのは大変なので、一回の営業会議では3つほどピックアップすれば十分で

【図表2-8】接戦の決定場面から皆で学ぶ営業会議

	案件	ステータス	要因カテゴリ	詳細	今後のアクション
佐藤	B社様XXX案件	失注	稟議支援できず	訪問時に同業界の事例を紹介 →担当者乗り気 →提案書作成・担当者OK →見積提示・社内検討待ち →予算がとれなかった旨連絡（上司が実はネガティブだった）	●見積提出前に、稟議手順・会議日程を確認 ●提案中の案件は今週に全員チェック
山田	A社様XXX案件	受注	競合不満	競合Y社の不満をヒアリング →当社の成功事例を伝達 →提案依頼（Y社とコンペ） →お客さまと一緒に稟議書作成 →価格競争にならず受注	先方の検討場面について、マネジャー同行で詳細ヒアリング →次回にて共有

しょう。「要因カテゴリ」は、受注にせよ、失注にせよ、いくつかのパターンを設定しておきます。そして、プロジェクターで投影しながら、特に「詳細」や「今後のアクション」の部分をチームで確認・議論していくのがお勧めです。

ふり返りの結果がこのように整理されていくと、チーム全員にとって活用できる貴重な知見として蓄積されていきます。

先日、C社様で、ちょうどこの「ふり返り会議」をやっていただいたのですが、その会議の場で発見されたのは、「お客さまの値引きリクエストに対して、言われるままに値引き受注した案件は、次回以降の提案における勝率が低い。一方で、お客さまの値引きリクエストを断ることで、仮に一度失注しても、そのお客さまに対する再チャレンジの提案は、受注率も利益率もかなり高い」という事実でした。

C社様は、競合他社に対して、かなり高めの価格帯で提案されているのですが、「その事実を全員で確認することにより、お客さまからの値引き要請に対する対応方針が明確になった」とのことでした。これは、一人の営業パーソンがふり返るだけでなく、組織単位でふり返って、学びに生かされている好例です。

「接戦状況」と「決定の場面」を聞くことでアンテナが磨かれる

ここまで、情報ギャップを乗り越えて接戦を制する「3つの質問」のうちの「接戦状況を問う質問」と「決定の場面を問う質問」について説明しました。

「接戦状況を問う質問」を実践することで、注力すべき接戦案件を特定できます。いざ接戦が決着したら、「決定の場面を問う質問」をすることによって、接戦が何によって決まるかが見えてきます。この2つの質問が使いこなせると、「お客さまは結局、何が決め手で選ぶのか」に対する理解が進み、お客さまとの情報ギャップに気づいて解消することで、受注に結びつけやすくなります。

お客さまとの間にある情報ギャップに対する感度が上がっていくと、自分に見えていない背景を探ることが、徐々に無意識レベルでできるようになります。一方で、この感度が磨かれていないと、大事な情報に気づかず、スルーしてしまうことにもなりかねません。

たとえば、他社の商品・サービスを利用していらっしゃるお客さまが、営業担当者の目の前で「今、ほかの会社さんのサービスを利用しているのですが、いろいろと思うところがありまして……」とこぼされたとします。しかし、多くの営業担当者は、それを丁寧に掘り下げようとはせず、すぐに「でしたら、当社のサービスで……」というふうに、カウンターで提案して、自社のセールストークにつなげようとします。

一方、ハイパフォーマーの営業担当者は、お客さまのご発言に対して、『思うところ』とおっしゃいましたが、もう少し詳しくお伺いできますか」のように、いいタイミングと適切な間で、問いを投げることができます。

お客さまが困っていらっしゃることについて、すぐ何か提案するのではなく、「それはどういうことなんですか」「なぜなのでしょうか」「今までは、どのように対応されてきたのですか」というふうに、さらに踏み込んで聞いていくことができると、お客さまのお困りごとや課題に対する理解が深まります。

こういった深掘りを適切なタイミングで投げかけられるのは、「接戦がどこで決まるか」への感度が高まっているからこそです。

とはいえ、お客さまには本音と建前があるので、なかなか正直なことを聞くのが難しいものです。「実際はどうなのか」「裏には、どのような事情や認識があるのか」を探っていくうえで力を発揮するのが、接戦を制する3つの質問における三番目、「裏にある背景を問う質問」です。

接戦を制する3つの質問 その3

裏にある背景を問う質問

これまでご紹介してきた「接戦状況を問う質問」「決定の場面を問う質問」は、使う状況や場面がある程度決まっています。「接戦状況を問う質問」は、案件発生以降、商談の終わり際に尋ねる質問ですし、「決定の場面を問う質問」は、案件が決着した直後、お客さまにヒアリングするときのものです。

一方、「裏にある背景を問う質問」は、お客さまとの会話であれば、いつ、いかなるときも使えます。お客さまの裏にある背景を問うには、「枕詞（まくらことば）」「深掘り」「特定」といった質問のアプローチが有効です（図表2−9）。

接戦においては、お客さまとの情報ギャップを解消するため、こちらが知らないお客さまの情報や認識、実際に起っていることなどをどんどん聞いていきたいところですが、何でもかんでも質問攻めにすることはできません。

お客さまと関係ができている楽勝案件であればスムーズに聞けるのでしょうが、接戦案件では、それほどお客さまと関係が築けていないこともあるでしょう。そこで、まずご紹介したいのが、一言添えることによって相手に聞きやすくなる「枕詞」です。

【図表2-9】裏にある背景を問う質問

枕詞	●「もし仮に×××という点がクリアされたら…」 ●「あくまで個人的なご意見で構いませんので…」 ●「御社のビジョン実現にお役立ちするために伺いたいのですが…」
深掘り	●「と、おっしゃいますと?」 ●「具体的には?」 ●「なぜでしょうか?」 ●「他にはありますか?」
特定	●「御社の課題について、特にここ1か月議論されているものとしては、どのような課題があるでしょうか?」 ●「御社の課題として重要度が高いのは、AとBとではどちらでしょうか?」

●「もし仮にXXXという点がクリアされたら……」（前提の変更）

何かしらの制約条件や前提があることによって、大事なことがまだ聞き出せていないという状況があります。たとえば、自社の提案は他社よりかなり価格が高いものの、品質には自信がある。とはいえ品質についてお客さまの認識や感想がまだ聞き出せていない。そのようなとき、「もし仮にご予算の枠というものがなかったなら、弊社の提案については、どのようなご感想をお持ちですか」と聞いてみることで、予算という制約条件を除いたうえでの感想をヒアリングできます。

●「あくまで個人的なご意見で構いませんので……」（回答リスクの軽減）

特に相手が組織に勤めていらっしゃる方であれば、「一個人のコメントを会社の意見と捉えられては困る」ということで、お客さまが発言を控えられていることもあります。その場合、「個人的なご意見でかまいませんので」と一言添えることで、相手にとっては答えるハードルが下がります。

●「御社のビジョン実現にお役立ちするために伺いたいのですが……」（意図の伝達）

多少デリケートなことを聞く際、「なんでそんなことを聞くの？」とお客さまに思われないよう、あらかじめ質問の意図を伝えておくことで、答えていただきやすくなります。なぜそれを聞きたいのかということが相手に伝わることで、返ってくる答えがより具体的になるというメリットもあります。

さて、枕詞でうまく切り込むことができたら、「まだこちらが把握していない、お客さまの背景情報」をより詳しくヒアリングする流れになります。

これまで伺っていなかったような、裏にある背景を聞けるようになると、そのなかでも、「お客さまがやりたいことや実現したいこと」「まだ解決していないお客さまのお悩み」「競合や社内の意思決定に関する情報」といった情報が出てくることがあります。

これらは、接戦の決定的要因に関係するコアな情報です。そんなときは、「深掘り質問」の出番です。

深掘り質問は、「と、おっしゃいますと?」「具体的には?」「なぜでしょうか?」「他にはありますか?」などの言葉で、相手にさらなる発言を促します。

特に、お客さまにとってもまだ整理されていないことなどは、こちらからの質問に対して、すぐにまとまった答えが返ってこない場合があります。そのようなときは、「まだ、こちらが知らないお客さまの事情や背景があるのではないか」という姿勢で、粘り強く掘り下げていくことが求められます。お客さまも、話していくうちに頭のなかが整理される、というのはよくあることです。

そして、深掘り質問をしていくうちに、ピンポイントで聞きたいことや、仮説のアイデアが浮かんでくることがあります。そうしたときに、「御社の課題は何ですか」などというように漠然と質問しても、うまく回答が返ってこないことが多いでしょう。

そのようなときは「特定質問」の出番です。

「御社の課題について、特にここ一か月議論されているものとしては、どのような課題があるでしょうか?」「御社の課題として重要度が高いのは、AとBとではどちらでしょうか?」のように、ある程度、特定の観点や選択肢をつけて聞いた方が、答えが得やすくなります。

ざっくり聞くだけでは大まかな答えしか返ってこない場合、特定質問ができると、こちらが知りたいことについて具体的に知ることができるのです。

「お客さまと営業の間には大きな情報ギャップがある」ということはくり返しお伝えしてきましたが、裏にある背景を問う「枕詞」「深掘り質問」「特定質問」を駆使すれば、こちらが知りたい背景が明らかになってきます。

「これ以上聞いたら怒られる」ラインは手前に引いてしまいがち

私は以前、営業が強くて有名な某企業から転職されたDさんとお話しする機会があり、その会社がどんなトレーニングをするのか、とても興味があったので尋ねました。すると、Dさんは、「今までで一番印象に残っているのは、入社直後のトレーニングです」と貴重な実体験を教えてくださいました。

しばらくの間、営業先には先輩が同行してくれたそうです。もうすぐひとり立ちとなり、単独で訪問する日が目前に迫ったある日、Dさんは、先輩から「今日は、お客さまが怒るまで聞いてきていいぞ」と言われました。

その会社は、ほぼ新卒で固められている組織ですから、入社年次による上下関係は厳しく、先輩の命令は〝絶対〟となります。その先輩から「お客さまが怒るまで聞いてきていいぞ」と言われるのは、ほぼ、「怒るまで聞いてこい」という命令に近いわけです。

いつものDさんは、ある程度まで話が聞けたら、ほどほどのところで止めていました。なぜかというと、あまり突っ込んで聞いてしまうと、お客さまとの関係を悪くしてしまうのでは、というのが心配だったからです。

しかし、先輩から「今日はお客さまが怒るまで質問していいぞ」と言われたDさんは、おっかなびっくりで、それでも、踏み込んでいろいろと聞いていきました。その結果、これまではわからなかった「裏にある背景」が続々と明らかになっていったのです。

終わったあと、先輩から「どうだった」と尋ねられると、Dさんは「そうですね、どんなに聞いても、お客さまって、意外と怒らないんですね」と答えたそうです。

ほとんどの方は、「これ以上、お客さまに聞いたら、機嫌を損ねてしまったり、関係を悪くしてしまうのでは」ということを気にしすぎて、お客さまが怒る（本当の）デッドラインの相当手前で質問を止めてしまっています。しかし、「相当手前で質問を止めてしまっている」ということ自体に気づいていないのです。Dさんの会社は、この事実に気づかせるトレーニングを組織的に行っていることになります。

多くのハイパフォーマー営業は、「これ以上聞いたら怒らせてしまう」という本当のラインはもっと奥にあることを知りながら戦っているので、質問を深掘りするレベルが並の営業とは違います。その結果、お客さまから得られる情報に圧倒的な違いが出るのです。

そして、営業に強い会社であれば、「相当手前で質問を止めてしまっている」ということに気づかせる体験が、会社における新人育成の仕組みとして入っているわけです。

特に営業経験がまだ浅いと、「こんな質問をしたら、お客さまが怒ってしまうのではないか」と考え、どうしても及び腰になってしまいがちです。

確かに、礼を逸した自分本位の質問をくり返すと、気を悪くされるお客さまもいらっしゃるでしょう。

しかし、一方で、お客さまの悩みや組織的な事情を深く知らないまま、営業担当者がお客さまの役に立てる存在になれるかというと、それは無理な話です。深いヒアリングができていなければ、お客さまと営業の間にある情報ギャップという壁を乗り越えられず、ズレた営業をしてしまうのですから。

それでは、接戦を制するための「接戦状況を問う質問」「決定の場面を問う質問」「裏にある背景を問う質問」について説明してきましたので、ここで一度、まとめてみたいと思います。

「接戦を制する3つの質問」の位置づけ

ここまで、接戦を制する「3つの質問」についてご紹介してきました。

最初の2つ、「接戦状況を問う質問（＋BANTCHの確認）」「決定の場面を問う質問」は、特定の場面で聞くべき重要情報です（図表2-10）。案件が発生した（と自社が認識する）時点から、接戦状況の確認がスタートします。最終的な結果が決まり、こちらに結果が伝えられるまで、接戦状況の確認は常に必要です。

【図表2-10】「接戦を制する3つの質問」の位置づけ

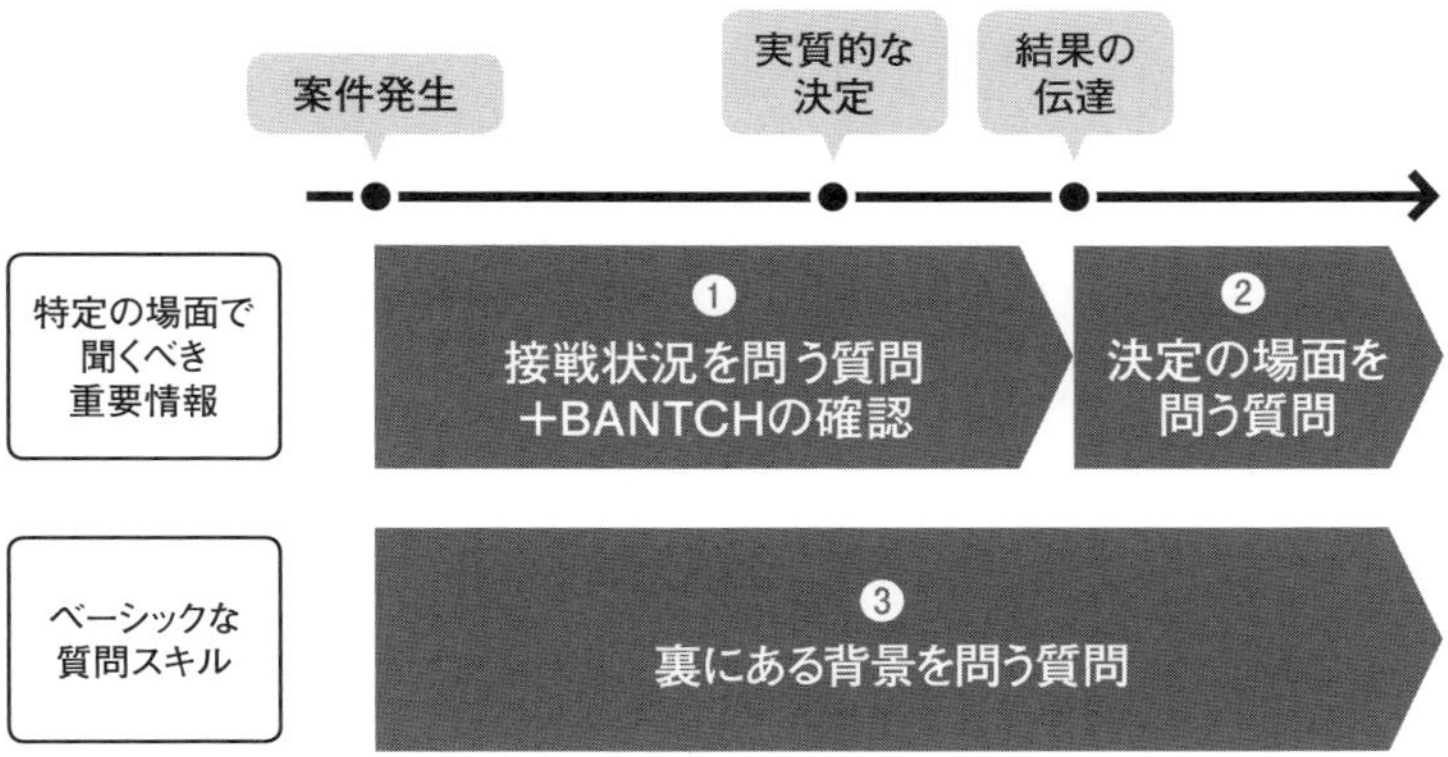

受注あるいは失注の結果がお客さまから伝達されたら、その直後こそ「決定の場面を問う質問」のチャンスです。お客さまの記憶が新しいうちに、いつ決まったのか、事実を押さえましょう。

「接戦状況を問う質問」「決定の場面を問う質問」だけでは補いきれないもの、それがお客さまとの情報ギャップです。営業が知らないところでお客さまの状況は動いていますし、そもそも案件が発生したタイミングが正確につかめていないときもあるでしょう。営業とお客さまとの間に存在する情報ギャップを埋めていくのが、三つ目の「裏にある背景を問う質問」です。

「裏にある背景を問う質問」は、いつ

でもくり出せますが、こちらがわからないことをすべて聞こうとすると、お客さまを質問攻めにしてしまいます。いくらなんでも、不明点を全部聞いてしまうのでは、お客さまの負担が大きすぎます。あくまでも、こちらが質問するのはお客さまの悩みや課題を解決し、お役に立つためです。

そうすると、「このあたりは確認しておいた方がいいな」「これは聞かなくてもいいだろう」という多少の判断が必要です。その判断をするためには、情報が決定的要因に関係するかどうかのアンテナが磨かれている必要があります。そのアンテナを磨いてくれるのが、「接戦状況を問う質問」「決定の場面を問う質問」というわけです。

「接戦を制する3つの質問」は、三位一体となって、お客さまとの間に情報ギャップが存在する接戦案件において、大いに力を発揮します。

第2章のまとめ

- お客さまと営業の間にある情報ギャップを乗り越えて、受注を増やしていくための第一歩は、案件や商談を「楽勝」「接戦」「惨敗」で分けること。
- 情報ギャップの解消が特に求められる接戦に注力し、「いざ接戦になったときの強さ」を上げていくと、結果として楽に勝てる案件の幅が広がり、利益率も上がる。
- 接戦には「他社と迷う」「保留するか迷う」「内製するか迷う」の3パターンがあり、接戦に強くなるためには、お客さまが何と何で迷っているのかを捉えた上で、アクションを見極めることが必要。
- 「接戦状況を問う質問」「決定の場面を問う質問」「裏にある背景を問う質問」という3つの質問を使いこなすことで、接戦において適切なアクションが取れるようになっていく。

第3章

お客さまとのズレを解消する「4つの力」

「接戦を制する3つの質問」を中心にPDCAを回す

お客さまに「接戦状況」や「裏にある背景」をきちんと聞いていくと、目の前の案件がそもそも接戦かどうか、こちらに見えていない背景はどうなっているのか、ということが把握できてきます。そして、決着したら「決定場面」を問うていくことで、仮説の検証ができます。

こうなると、あとはPDCAサイクルをどれだけ回すかの勝負です（図表3－1）。お客さまは価格の高い・安いよりも費用対効果で決めるという調査結果は第1章でも紹介しましたが、商品や価格だけによって決まるものではないのです。

ひたすら商品のアピールをしたり、提案書をとことん作り込んだり、お客さまから言われるままに値下げをしても、なかなか受注率は上がりません。

逆に、皆さんは、競合企業がそうやって消耗戦を戦っている間に、「お客さまは結局、何で決めるのか」「お客さまの心は、何によって動くのか」「こちらが知らないお客さまの背景は何か」といったことを常に念頭に置いておけば、お客さまとのズレを防ぐことができ、勝

【図表3-1】3つの質問があるとないとで大違い

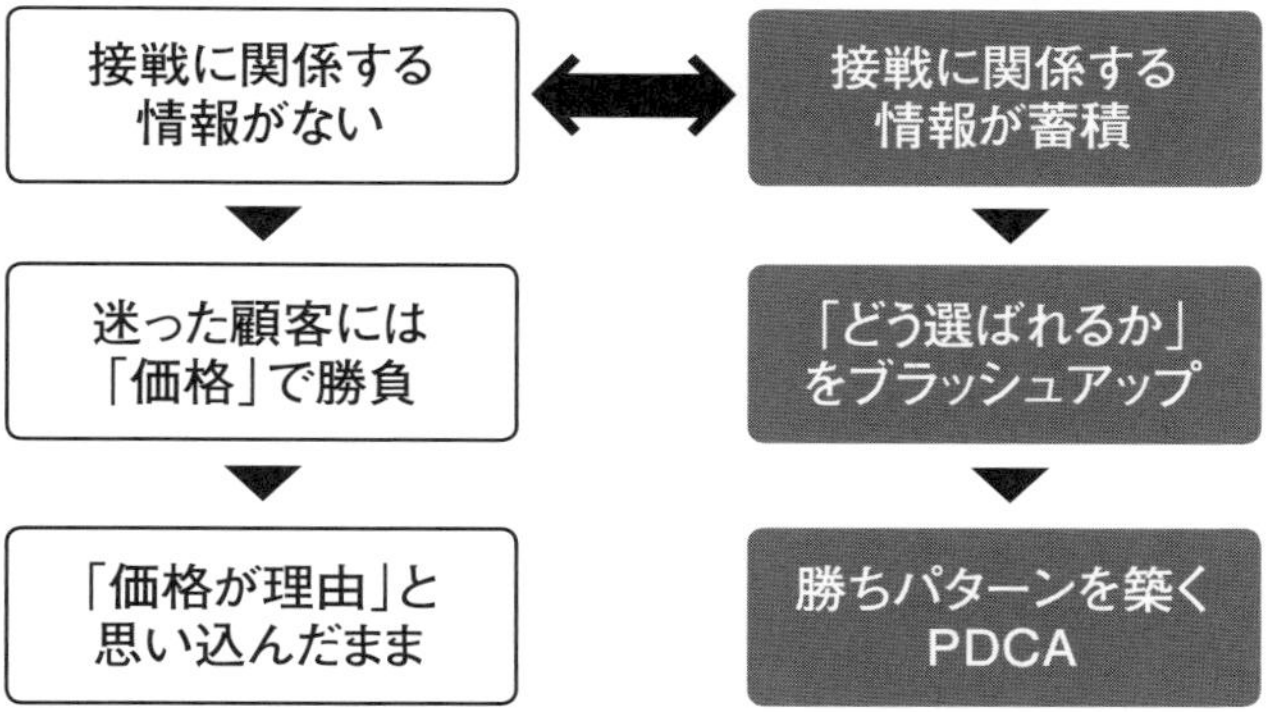

ちパターンも広がっていきます。

以前、私は上場されたばかりの会社のE社長に直接提案する機会がありました。受注をいただいたあと、私は決定場面を聞きました。

「ご発注ありがとうございます。先日プレゼンした際は、『この金額は、決断するのに勇気がいる』とおっしゃっていましたが、心のなかで『発注しよう』と決まった瞬間は、実際、どの場面だったのですか」

E社長は、こう答えました。

「そうですね……。実は最初お会いしたとき、高橋さんが熱心にメモをとっている姿を見て、心のなかでは決めていたんです」

思わず、カクンとつんのめってしまいそうになりました。

結構、頑張って提案を考えましたし、見積もりを出すときも、「勇気がいる金額」と言われていたのですが、お客さまは、提案書や見積もりを見る以前に、私がメモしている姿で発注を決めてくださっていたというのです。

競合がほかに3社あったことはすでにつかんでいたのですが、その場で決定場面をもう少し詳しくヒアリングしていくと、お客さまが提案前の私の姿で受注を決めた背景に、ちゃんと決定的要因があったことがわかりました。

当社の前に、競合する会社が3社、すでにヒアリングと提案を済ませていたそうです。

一社目は、とても高名なコンサルタントの先生が来て、E社長に言いました。

「社長、上場おめでとうございます。ただ、油断は禁物です。外から見ると御社の組織体制はまだまだ脆弱です。たとえば、御社はここが弱みで、ここが課題で……」と辛辣なコメントを並べたあと、「ですから、うちを使うべきですよ」と提案したそうです。

E社長は、心血注いで育ててきた会社に対して、散々な言われ方をしたために、かなり気分を害されました。

二社目も、業界で有名なコンサルタントの先生が来て早々、「社長、御社のここが弱点です」「ここも課題です」と上から目線で提案を始めました。

社長は、だんだん不機嫌になってきました。

三社目が現れて、「社長、御社の課題はここです」と言われたとき、プライドを傷つけられ続けたE社長は、ついにプチンと切れてしまったそうです。

そして、前の三社がすっかり場を荒らし、E社長の機嫌を損ねてしまったところに、四社目の当社が来ました。タイミングと順序でいえば、すでに他社が提案を済ませてからの初回訪問ですから、だいぶ後れを取っていたことになります。

E社長の前に現れた私は、批評するわけでも、一方的に提案をまくしたてるでもなく、背筋を伸ばし、素直に社長の話に耳を傾けて、ノートをとり始めました。

そんな私の姿を目にしたとき、E社長の頭のなかに「顧客理解」という言葉が浮かび、「とても信頼できる気がする」と思っていただけたそうです。

当社はこのヒアリングを経て、日を改めて提案をプレゼンすることになるわけですが、初回訪問でお話を伺っている時点で、社長は心のなかで当社への発注を決めてくださっていたのです。

さて、これらの情報は、すべて、「接戦を制する3つの質問」を駆使したからこそ得られたものです。

こういった情報をもとに、私は、社内に次のようなことを伝えました。

●上位役職者のお客さまに対して、「課題」「弱み」といったニュアンスのことを伝える際には、表現や伝え方まで、いくら注意してもしすぎることはない。
●経営者相手の商談においては、提案書やプレゼンといったものだけでなく、細かい所作までチェックしていて、そこで決める方も存在する。
●オーナー社長相手に提案する際には、まず、社長がこれまで心血を注いで経営されてきたことに敬意を表して、しっかりと傾聴し、自社からの提案は、そのあとに伝えるべき。

決定的要因を場面の事実とともに細かく把握できると、その後の応用範囲が大きく広がります。そこからＰＤＣＡを回していくことによって、お客さまから選ばれる体験が増えることで、営業組織の成長スピードも上がっていくわけです。

ほとんどの商談は、自分の想像と違う場面で決着している

私は、コンサルティングや研修において「決定場面を聞きましょう」と常にお勧めしていますが、決定場面を追いかけていくと、ほぼ全員の方が「自分が想像していたタイミングとは違うところで決まっていた」という感想をおっしゃいます。

第2章でご紹介した、醸造した調味料を製造・販売されている会社の営業パーソンBさんも「歴史と伝統ではなく、容器の大きさが決定的要因だった」という衝撃の発見をされていますし、先ほどご紹介した私自身の例でも、E社長は初回訪問でのメモをとる姿勢が決め手でした。

では、営業担当者が想像しやすい受注のタイミング（決定場面）と、実際にお客さまが発注を決定するタイミング（決定場面）について、もう少し掘り下げて考えていきたいと思います。

次のページの図（図表3-2）では、「お客さまが決める瞬間」を、時間の流れとあえて逆順に並べてみました。

一番上にくるのは、最後の最後、商品やサービスを実際に見て、見積もりを確認したタイミングです。お客さまが実際に使ってみて、価格を見て、「どうしようかな、うーん……よし、決めよう」というパターンです。

このタイミングを想定して戦っていると、どうしても提案期間が長くなりますし、見積も

【図表3-2】「意外と」手前で決まっているという事実

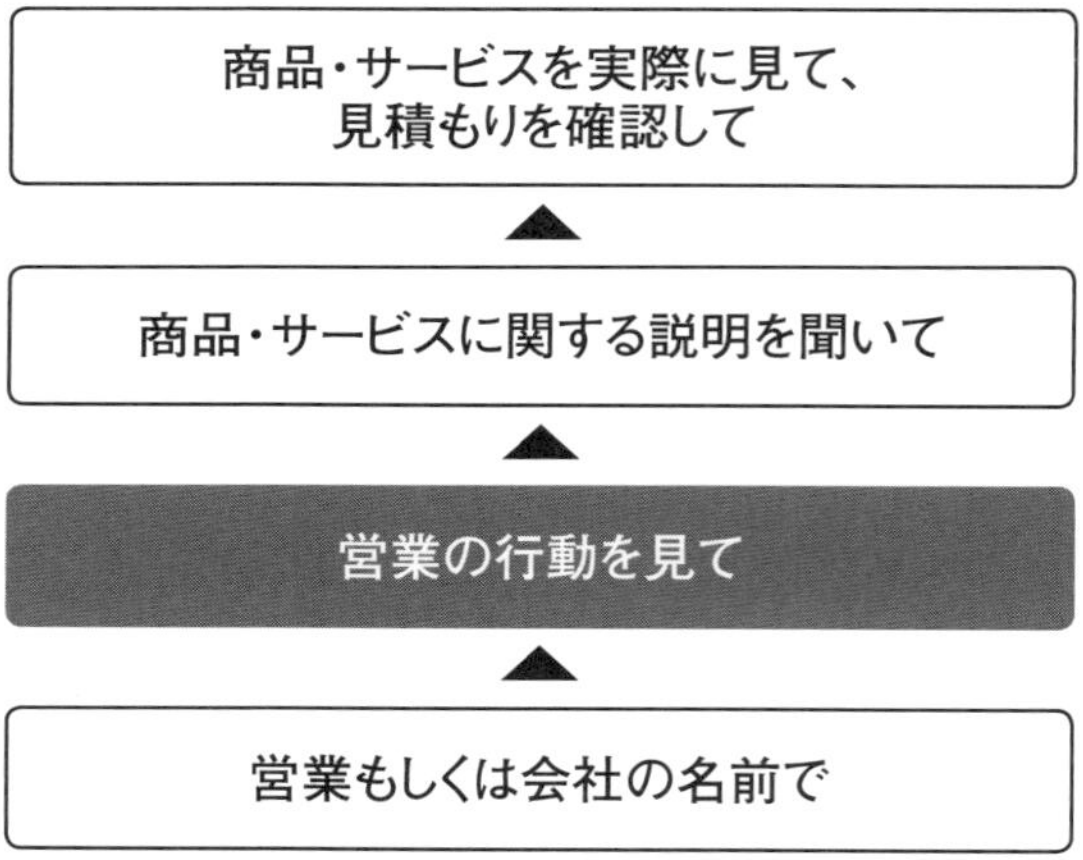
商品・サービスを実際に見て、
見積もりを確認して
商品・サービスに関する説明を聞いて
営業の行動を見て
営業もしくは会社の名前で

りも頑張らなければいけない状況に陥ります。説明の追加や提案書の修正など、工数もかかり、下手をすると「試しに使ってみてから」などという話にもなりかねません。

なるべくなら、最後までもつれるのは避けたいところですが、実は、ここで決まると思っている営業の方は少なくありません。「迷った末に価格で決めるお客さまが多いから、特別値引きという追加情報で勝負しよう」と行動してしまう方は、この罠にはまってしまっています。

「お客さまから信頼していただけるタイミング」が遅くなればなる

ほど、営業コストが増えます。もっと手前で決めていただけると、営業としてはやりやすくなるはずです。

もう少し手前の段階でお客さまに発注を決めていただくタイミングとして、「商品・サービスに関する説明を聞いて、その時点で決める」というケースがあります。見積もり金額を確認しなくても、実際に使ってみなくても、営業担当者の説明を聞いたお客さまが「いいね」となるときです。

説明を聞いた段階で実質的に決断していただければ、提案書の作成に膨大な時間をかけたり、本来しなくてもいい値引きを避けられるというメリットがあります。

では、さらに手前となると、いかがでしょうか。商品・サービスに関する説明をする前に決めていただく。これが狙ってできれば、営業効率はかなり上がります。

先ほどご紹介したE社長は、「メモを取る姿を見て決めた」わけですから、実際、私にとっては、提案書の細かい修正も厳しい価格交渉も発生しませんでした(誤解がないように申し上げておくと、商品・サービスの説明をする前に「決め手」が発生したとしても、最低限の提案書や見積もりの作成は、当然ながら必要にはなります)。また、本書の冒頭でご紹介した引っ越し会社のAさんも、会話のキャッチボールをしている段階で、「この人にお願いしたい」と私は決めていましたので、高い価格も「素晴らしいサービスを受けるのに必要な対価だ」と納得していたのです。

ただし、商品説明やプレゼンよりも手前の段階で決めるためには、決定場面に関する事実を、日頃よりたくさんのお客さまから聞いておく必要があります。受注あるいは失注後のヒアリングによって、具体的な情報をつかんでいるからこそ、「この行動をお客さまは見ている」と確信しながら営業活動ができるのです。

ちなみに、さらに手前の「営業もしくは会社の名前で決めている」というケースもありますが、これはいわゆる楽勝案件です。接戦に強くなることで、お客さまがリピートしてくださったり、組織単位で接戦に強くなることから生まれる競争優位が、楽勝ゾーンを広げていくことにつながります。

「上流で決めている営業」と「戦う前に負けている営業」

実際、特にハイパフォーマーともなれば、商品やサービスの説明をするよりも前のタイミングで決めていただけるという事例が少なくありません。

お客さまから「この担当者なら、きっと間違いない」と信頼を得るレベルの営業は、提案書を細かく書かなくても、もっと早い段階で「他の会社よりもいい」とか「この営業担当者の話なら、上に説明しやすい」と思っていただけるからです。言動でお客さまに信用していただくレベルになると、提案を出す前の上流段階で、決着をつけることも可能になるのです。

一方で、いわゆるローパフォーマーの営業担当者は、もう戦う前から負けているケースがほとんどです。

結果として、多くのハイパフォーマーは大量の楽勝案件で売上を組み立て、ローパフォーマーは、惨敗案件を多く抱えることになります(図表3-3)。

営業コンサルティングの現場で、なかなか成果が出ない営業担当者の方とお話ししていると、「いつもお客さまが『すぐに提案をくれ』とおっしゃるんです。もっと時間があれば、しっかりと練った良い提案ができるのに……」という声をよくお聞きします。

察しの良い読者の皆さんはお気づきでしょうが、これは、「実は、すでに決着がついていて、他社に決まっている案件の提案を一生懸命している」というケースです。

当て馬案件を多く抱えているような方が、こういった苦しい事態を防ぐには、どうしたらよいでしょうか。

【図表3-3】ハイパフォーマーほど上流で決着

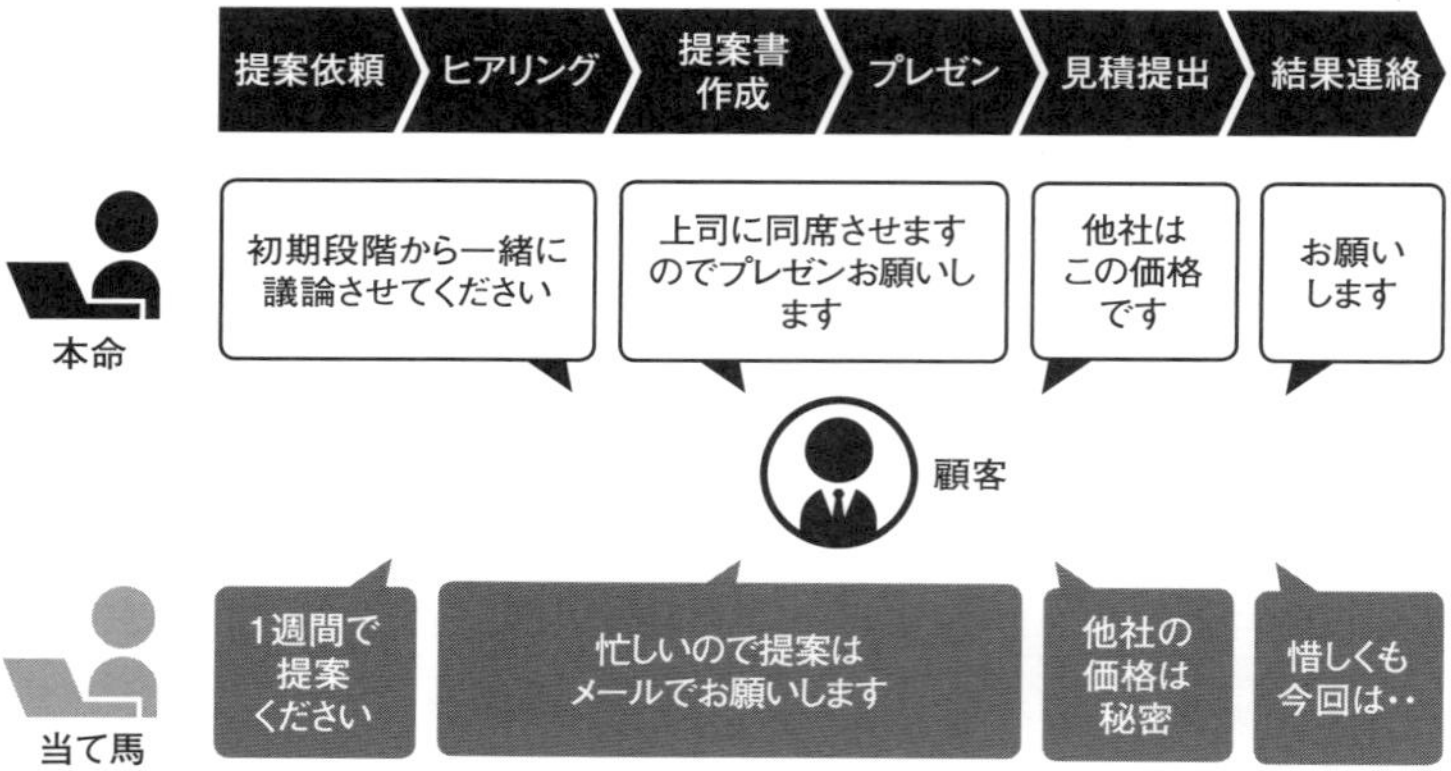
提案依頼
ヒアリング
提案書作成
プレゼン
見積提出
結果連絡
本命
初期段階から一緒に議論させてください
上司に同席させますのでプレゼンお願いします
他社はこの価格です
お願いします
顧客
当て馬
1週間で提案ください
忙しいので提案はメールでお願いします
他社の価格は秘密
惜しくも今回は‥

それには、まず接戦状況を確認し、限られた接戦案件にリソースを集中することです。接戦状況を確認すれば、提案機会をもらっている案件のうち、その多くが、すでに結果の決まっている惨敗案件であることに気づきます。どの案件も全力投球していたら、注力すべき接戦案件にかけられる時間が減ってしまうので、接戦を見極めることが必要です。

さらに、「決定の場面を問う質問」が普段からチーム単位で実践されていれば、「お客さまは、どのようにして提案を選ぶのか」を他のメンバーの決定場面から学習できます。

そして、「お客さまは、どのようにし

て提案を選ぶのか」がある程度見えてきたら、勝負どころの接戦案件において「裏にある背景を問う質問」をくり出します。この状態まで持ってこられたら、限られた勝機に対してベストな努力を続けるうちに、接戦の受注が生まれます。

「気づかない間に負けている」状態を脱し、お客さまとの情報ギャップを埋めていくことが、勝率アップにつながるのです。

最凶のライバルは、過去の「ガッカリ営業」である

「上流で決めている営業」と「戦う前に負けている営業」がいるのだとしたら、どうすれば前者になれるのでしょうか。

もちろん、第2章でご紹介した「接戦を制する3つの質問」は非常に重要なのですが、一方で、「接戦にすら気づかない状態」があったり、「案件というチャンスが、そもそも少ない(そのため、接戦自体も発生しない)」といったことにお悩みの方もいらっしゃるかもしれません。あるいは、「いざ接戦で質問をしようとしても、こちらが聞きたいことを聞けるまで

の関係性が築けていない」という場合もあるでしょう。

「上流で決めている営業」に近づいていく過程で、こういった悩みは減っていきます。

そのためのポイントは二つあります。一つ目は、〝ズレた営業〟とみなされてしまう地雷を踏まないこと。二つ目は、〝お客さまをわかってくれる（＝ズレない）営業〟が備えているスキルを強化することです。

お客さまの立場に立つと、「わかってくれる」と感じられるような営業は6人に1人という割合であることは、第1章でお伝えしました。この「6人に1人」は、いわゆる上流で決められる営業ということになります。一方、6人のうち5人は、情報ギャップを理解せずに、「ズレた」行動をしてしまいがちな営業です。

それを日常的に経験しているので、お客さまは自分がよく知らない営業に対して「どうせ、6分の5のハズレの方だろうな」という負の予測で接することが多くなります。まだ関係が構築できていない段階では、お客さまは（6人のうち5人の割合で登場する）ズレた営業から受ける不愉快な思いを避けようとしたり、あるいは、ズレた営業に対する拒絶的な態度が無意識のうちに身についていることも多いのです（図表3-4）。

この事実を踏まえると、「お客さまの上司になかなか会わせてもらえない」ということがあったとしても、それは営業担当者である皆さん自身の力不足が純粋な原因ではないかも

【図表3-4】最凶のライバルは、過去の「ガッカリ営業」

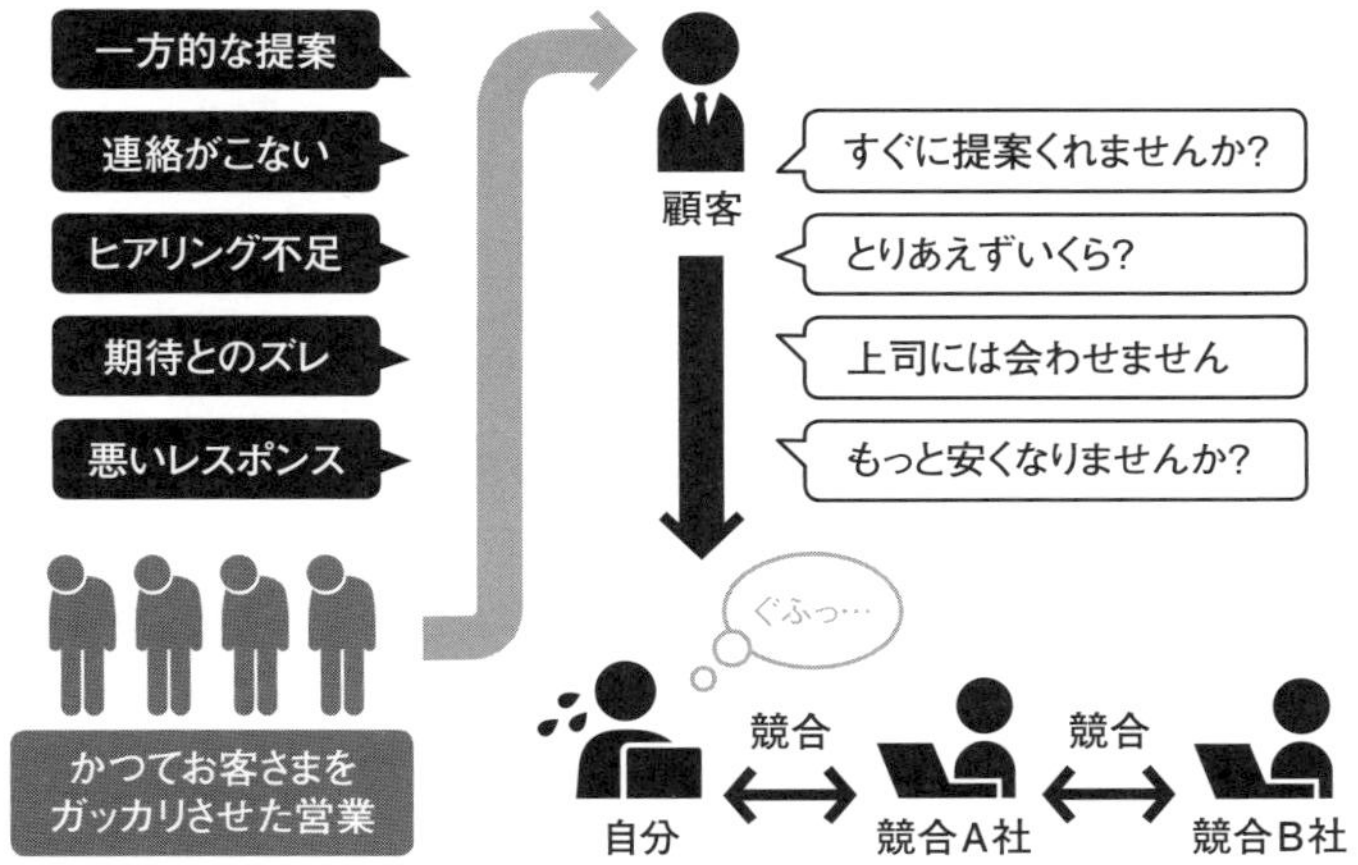

しれません。

かつて他社のハズレの営業担当者をうっかり上司に会わせてしまい、「俺は忙しいんだ。あんなのは、お前のところで処理しておけ！」と叱られたお客さまが、「同じ目には遭いたくない」と思って、皆さんからの上司への面会依頼を断っている可能性があるのです。

あるいは、せっかく頑張って書いた提案書について、お客さまがいきなり最後の見積もりのページをめくって、「とりあえずいくら？」とか「もっと安くなりませんか？」と言われたとしても、それは、皆さんの提案のレベルが低いからではなく、過去において、散々、「期待はずれの提案書」を見てきたから、という可能性があります。

数々の営業担当者からたくさんの〝ズレた営業〟をかけられて、落胆させられ続けてきたお客さまが、あなたのことも〝ハズレの営業担当者〟だと想像していたら、お客さまが理不尽なことをおっしゃったり、こちらに対して厳しいコミュニケーションをとられることもあるでしょう。

皆さんにとって、最凶のライバルは、過去の「ガッカリ営業」なのです。

〝ズレた営業〟とみなされてしまう地雷を踏むというのは、すなわち、過去のガッカリ営業と同様な行動を無意識のうちにしてしまう、ということです。これは、地雷の種類を理解しておくことで、避けることが可能です。

また、過去に散々がっかりさせられてきたほかの営業パーソンのせいで、お客さまが自然と学習された〝予防線を張る行為〟を行っているのだとすれば、お客さまと自分との間で起こりうるズレを解消するスキルが上がれば、お客さまにとっては〝わかってくれる（＝ズレない）営業〟に自然と近づいていきます。

そのために、まず、「ズレ」にがっかりするお客さまの不満に対する理解を深めていきましょう。

「ズレ」にがっかりするお客さまの不満は四つに集約される

「ズレ」にがっかりするお客さまの不満について、次のページのようなアンケート（図表3－5）があります。

一番多かった回答は「営業担当者として要件ヒアリングが不十分、情報の把握ができていない」で、50・8％です。半数以上のお客さまが「質問がうまくできていない」や「ちゃんとヒアリングしてくれない」と営業担当者に不満を抱いています。

二番目に多かったのは「営業担当者としての魅力や価値を感じない、また会いたいと思わない」で、43・7％。営業担当者のプレゼンや、醸し出す人柄、雰囲気といったところへの不満です。

43・7％と同率で二番目に多かったのが「営業担当者としての動きが悪い」です。第1章の「お客さまが『動きが悪い』と感じた営業担当者」のところでも触れた「レスポンスの悪さ」などです。

四番目が「顧客（あなた）の意図に沿わない提案を出してくる」で37・2％。営業提案のロ

【図表3-5】ズレを感じた顧客の不満

Q あなたが営業担当者に失望して発注を控えるとしたら、その理由としてあてはまるものを選んでください(いくつでも)

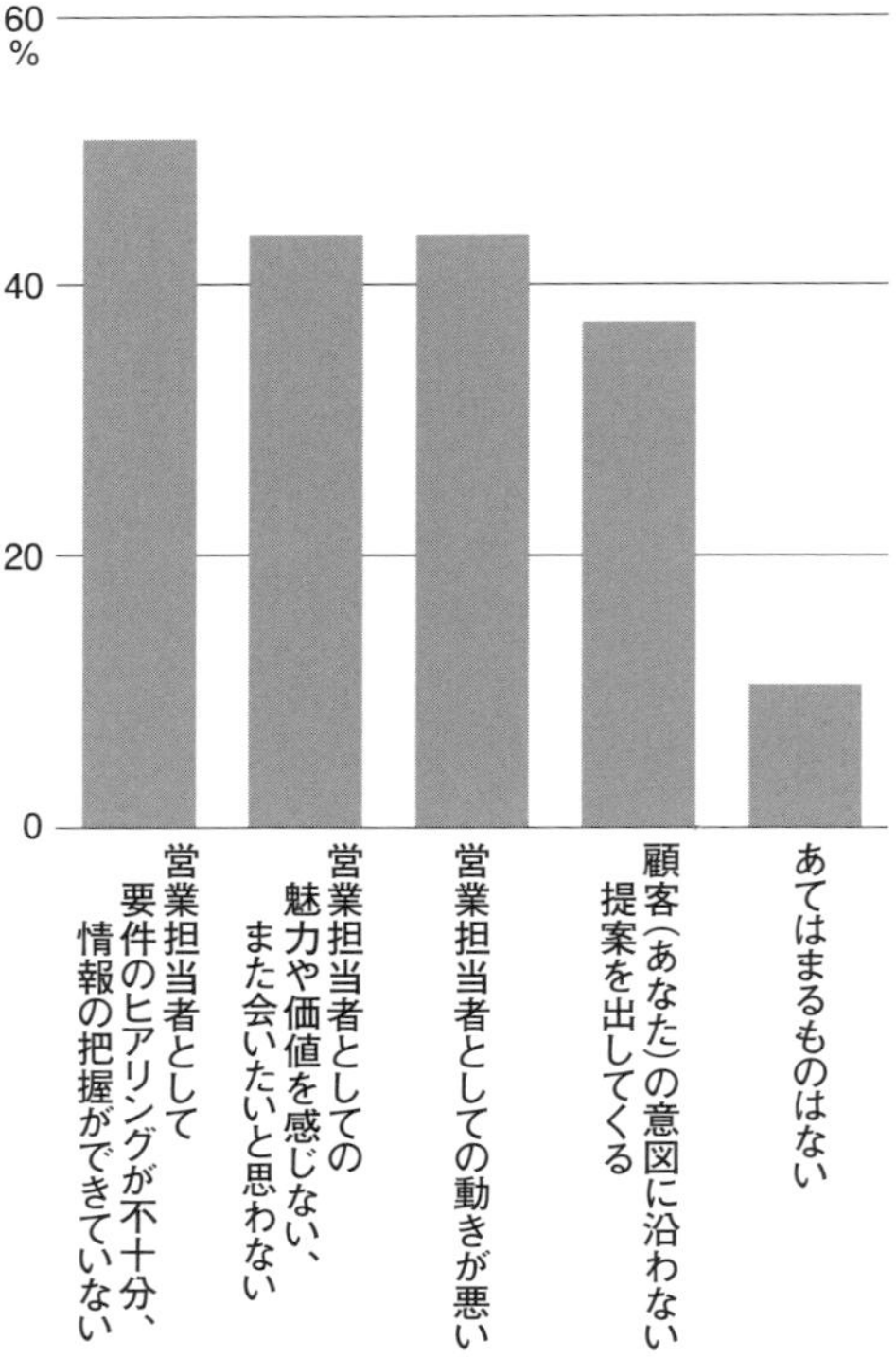

(n=309)

出所:マクロミルパネル利用のインターネット調査
2017年11月　TORiX調べ

ジックや中身がお客さまの意図とズレているケースです。

この調査結果で、ぜひ注目していただきたいのが、「あてはまるものはない」というお客さまからの回答が10・4%しかないことです。つまり、約9割の方は、四つのうちいずれかの〝営業担当者のズレ〟に失望して、不満を感じていることになります。

では、どうやってこの4つの〝ズレ〟を解消すればよいのでしょうか。

その解決策として、私が提案するのは、これからご紹介する「4つの力」です。

お客さまとのズレを解消する「4つの力」

お客さまと営業の〝ズレ〟を解消する「4つの力」とは、「質問力」「価値訴求力」「提案ロジック構築力」「提案行動力」です（図表3-6）。

先ほどご紹介したお客さまの不満をそれぞれ「4つの力」に対応させてみました。

●営業担当者として要件のヒアリングが不十分、情報の把握ができていない。

【図表3-6】顧客との「ズレ」を起こさない営業に必要な四本柱モデル

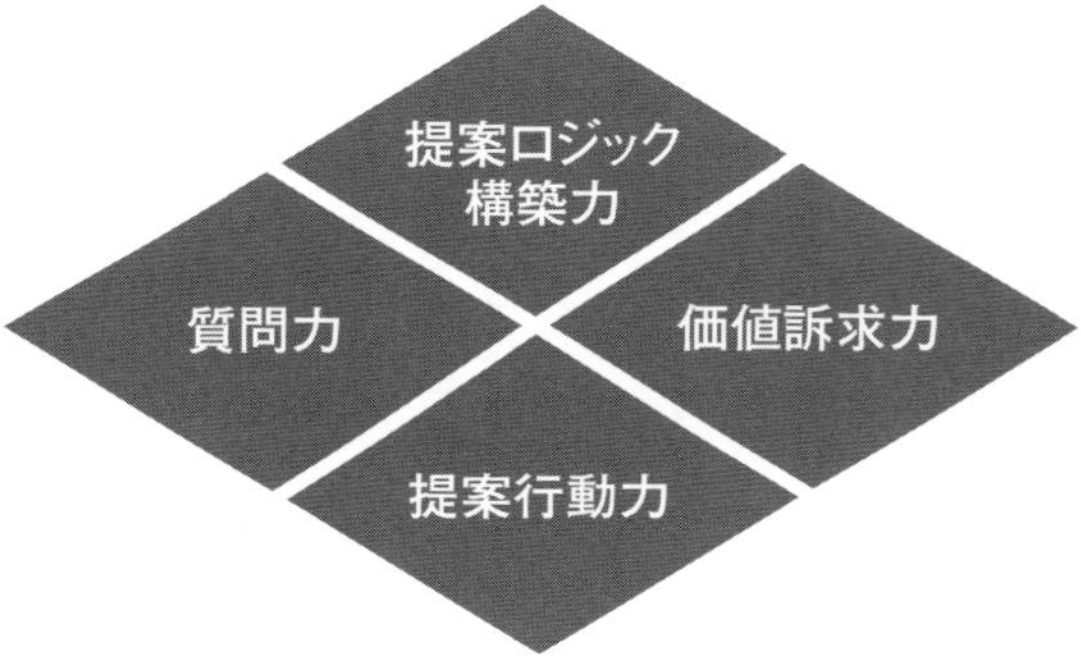

●営業担当者としての魅力や価値を感じない、また会いたいと思わない。

↓お客さまを理解するための「質問力」が不足している。

↓お客さまに必要とされる「価値訴求力」が不足している。

●顧客（あなた）の意図に沿わない提案を出してくる。

↓お客さまの意思決定を助け、稟議を通せる「提案ロジック構築力」が不足している。

●営業担当者としての動きが悪い。

↓お客さまとともに段取りを進める「提案行動力」が不足している。

ここで紹介する「4つの力」は、先に紹介

したアンケートの「お客さまが失望して発注を控える理由」を改善し、お客さまとのズレを解消する強力な武器となります。ハイパフォーマーの方々は、この「4つの力」をぐるぐる回しているのです。

前章でご紹介した「接戦を制するための3つの質問」は、「質問力」の一部ということになります。お客さまとの間にある情報ギャップを埋め、お客さまに「わかってくれる」と感じさせるようなヒアリングをするのが「質問力」です。この「質問力」は、お客さまの望みや思いをきちんと理解するために極めて重要です。

しかし、ただ質問ばかりしていても、うまく進まない場合があります。

お客さまは、こちらが聞いたことに対して、必ず答えてくれるわけではないからです。営業担当者が、質問力でお客さまから一方的に情報を引き出すだけなら、お客さまは、そのうち、営業の質問に答えてくださらなくなることもあります。

そこで、営業担当者は、質問した相手に「答えようかな」と思っていただけるような価値を提供しなければなりません。それを可能にするのが「価値訴求力」です。

質問力と価値訴求力は、いわば「コインの表と裏」です。質問力によって的確なヒアリングをすることで、お客さまのことをより深く理解できれば、「お客さまは、こういうポイントに響くんじゃないか」「こういうことをしたら喜んでくださるだろう」という価値訴求力が磨かれます。そして、実際に価値を提供して、お客さまにお役立ちすると、お客さまのなかでの自社のポジションが上がり、もっと聞きやすくなります。

営業のコミュニケーションは「お客さまから、いろいろと教えていただくこと（＝質問力の発揮）」と「お客さまに対して、お役立ちが行われていること（＝価値訴求力の発揮）」が往復運動して、お客さまとの間にある情報ギャップが解消されている状態が理想です。

この「質問力と価値訴求力」のサイクルをぐるぐる回して、関係を深めたお客さまからいただいた情報をもとに、受注まで持っていける提案を組み立てる力が「提案ロジック構築力」です。

提案ロジック構築力があると、お客さまが迷うような接戦案件で、「当社を選ぶ理由」を作れるようになります。お客さまとの情報ギャップから生まれるズレが解消されて、営業の一方的な都合ではなく、お客さまの立場から当社を選ぶべきであるという筋道がクリアになるのです。

ただし、これらの一連の動きを実行するにあたり、「忙しくて時間が限られている」というのがネックになるので、お客さまとともに段取りをスムーズに進めていく力が求められます。それが「提案行動力」です。

提案行動力が磨かれていくと、一つひとつの動作にかかる時間が短く済むようになり、お客さまの社内で稟議がなかなか通らないといった「壁」に突き当たったときに取るアクションが適切になります。より効率的に動くことで、営業活動における生産性が上がっていくのです。

ハイパフォーマー営業は、「4つの力」をしっかりと回すことで、この〝営業の好循環〟を機能させて、結果を出し、輝かしい実績を積み上げています。

それでは、次章から、まずは「質問力」について学んでいきましょう。

第3章のまとめ

- 「接戦を制する3つの質問」を中心にPDCAを回すことで、「お客さまは営業をどう選ぶか」に詳しくなり、勝ちパターンも広がる。
- 決定場面を追いかけていくと、商談が自分の想像と違う場面で決着していると気づくことが多い。そこには「上流で決めている営業」と「戦う前に負けている営業」とが存在する。
- お客さまは、自分がよく知らない営業に対して「負の予測」で接するので、「上流で決めている営業」になるためには、〝ズレた営業〟とみなされる地雷を踏まないこと、そして〝お客さまをわかってくれる営業〟が備えるスキルを強化することが必要。
- 〝お客さまをわかってくれる営業〟が備えるスキルは「質問力」「価値訴求力」「提案ロジック構築力」「提案行動力」の4つ。「接戦を制するための3つの質問」というのは、「質問力」の一部。

第4章

お客さまを深く理解する「質問力」

「質問してくれない」営業に対するお客さまの不満

第3章で、「営業担当者に失望して発注を控えるとしたら何が不満なのか」というアンケートに対して、「営業担当者として要件のヒアリングが不十分、情報の把握ができていない」の項目が一番多く、50・8%であったことをお伝えしました。

「何を聞いてくれていないことが不満なのか」についてさらに尋ねたアンケートの結果（図表4-1）を見てみましょう。

お客さまからの回答のトップは「あなたの会社が求めていることや目指している方向性」で、次が「あなたの会社が困っている課題や悩んでいること」です。

一方、回答が少なかった方にある項目で注目いただきたいのが、「発注担当者であるあなたが個人的に考えていることや困っていること」です。回答が少ないということは、この項目に対する不満は、そこまで大きくないことになります。

これは、いったいどういうことなのでしょうか。

「発注担当者の個人レベルでの考えや悩みまでは聞けていても、会社全体というレベルで

【図表4-1】「営業が聞いてくれない」に対する顧客の不満

Q あなたが「要件のヒアリングが不十分、
情報の把握ができていない」と感じた営業担当者は、
何をヒアリングできていなかったのでしょうか？

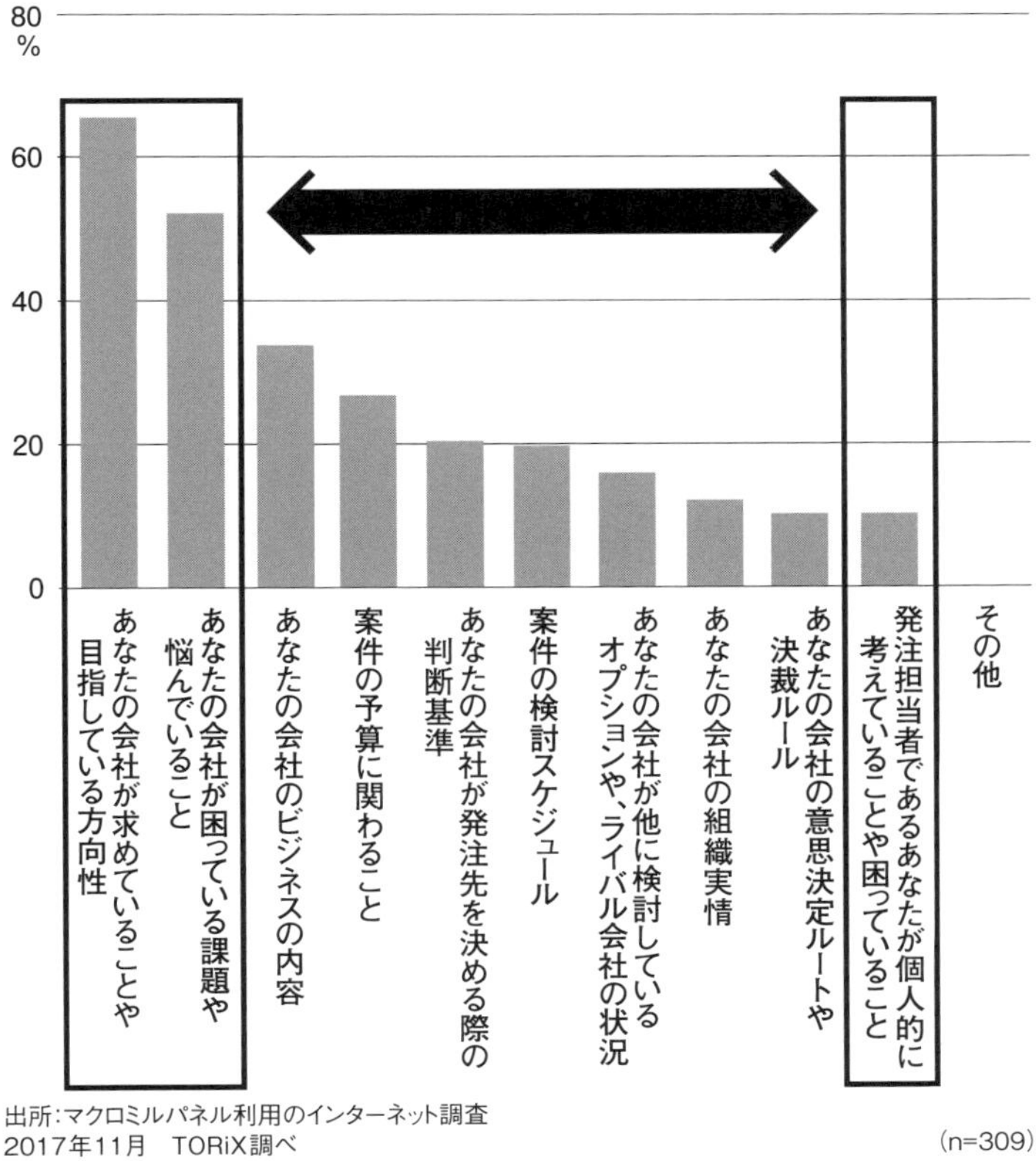

出所：マクロミルパネル利用のインターネット調査
2017年11月　TORiX調べ

（n=309）

のニーズや課題までは聞けていない」という結果は、本来、もっと深掘りして聞いた方がいいはずなのに、浅いヒアリングで止めてしまっている方が多いということです。

昨今、使い古された印象があるくらい、「課題解決型営業」という言葉は世に知られています。「お客さまの課題を解決するのが営業だ」と指導されたことのない方はいらっしゃらないでしょう。それでも、第2章で紹介したように「これ以上聞いたら怒られる」ラインは手前に引いてしまいがちなので、多くの営業パーソンは、お客さまのお悩みや課題を断片的な個人レベルで聞いたところで止めており、会社レベルでのお悩みや課題までヒアリングを深めないまま、提案を出してしまっているのです。

では、お客さまに対するヒアリングが浅くならないようにするためには、どのように進めていったらよいのかについて、考えてみましょう。

「質問力」を活用した商談の進め方（基本）

質問力を活用した商談の進め方について、基本レベルを整理しました（図表4-2）。

【図表4-2】質問力（基本）：スキル習得のポイント
“3つの「きく」を駆使して、顧客に対する効果的なヒアリングを行う”

目的	品定め気味で警戒心の強い顧客に対して、デリケートな事情や核心に迫る情報を聞き出し、効果的な提案につながるヒアリングができるようになる			
フェーズ	❶土台作り	❷切り込む「聞く」	❸深掘りする「聴く」	❹具体化する「訊く」
ポイント	**つかみとアイスブレイク** □ 表情や声のトーンが明るく、話題に気を配り、顧客が話しやすい雰囲気を作れている **双方向な説明** □ 説明をしながら顧客の理解度をつど確認し、双方向に話を進められている	**お客さま質問への回答** □ 顧客からの質問に、意図を確認してから答え、趣旨を満たせているか確認できている **枕詞** □ 顧客に不快感を与えないよう注意しながら、営業が知りたいことをヒアリングできている	**深掘り質問** □ 顧客の話に対して深掘りすることで、さらに詳しく話してもらうことができている **積極的傾聴** □ 熱心に聴く姿勢や理解を示すことによって、顧客が話したくなる相槌・促しができている	**特定質問** □ 考えがまとまらず明確に答えられない顧客に対して、答えやすくする質問ができている **核心質問** □ はぐらかす顧客に対し、要所に関わる情報を逃さないよう、踏み込んで質問できている
よくある失敗	□ 顧客が「少しわかりにくい」という反応をしても気づかず、ノンストップで話し続けてしまう	□ 顧客からの質問について、質問の意図を確認せずに、ずれた回答を返してしまう □ 質問をする際、相手が不快感を覚える聞き方をしていることに気づかず続けてしまう	□ 顧客の話を途中でさえぎって、営業が自分の話に展開してしまう	□ 質問が単調で、完全なオープンクエスチョンあるいはクローズドクエスチョン一辺倒になってしまっている

ちなみに、第2章でご紹介した「接戦を制する3つの質問」のうち、「裏にある背景を問う質問」にあった「枕詞」「深掘り」「特定」は、この質問力（基本）に含まれます。

また、楽勝や惨敗の案件では、こういった質問力を発揮する機会が少ないので、質問力が特に必要とされるのは「接戦案件」であることを前提にしています。

この表では、「目的」にも書かれているように、品定め気味で警戒心の強いお客さまから、デリケートな事情や核心に迫る情報を聞き出して、ヒアリング内容を具体化・整理するために必要な「商談（質問）の進め方」について、4つのフェーズに分けて、各フェーズの「ポイント」と「よくある失敗」を例示しています。

こちらのことをあまりご存じないお客さまに対して、初めて訪問する場面を思い浮かべてみてください。初回訪問では、お客さまの方から、「まずは御社の説明をお願いします」などとリクエストされることがほとんどでしょう。いきなりヒアリングに入ろうと思っても、まずは簡単な会社やサービスの紹介をする必要があるときは、ある程度、自社の紹介をしつつも、会話を双方向に進め、お客さまに質問できるタイミングを見計らってヒアリングに移ることになります。

さて、4つのフェーズの流れを簡単に確認しておきましょう。

一つ目は「土台作り」です。

質問力の前提にあるのは、お客さまとの間に大きな情報ギャップが存在することです。しかし、いきなりこちらの都合で聞きたいことを聞いても、お客さまが親切に教えてくださるとは限りません。まずは、こちらが質問できる土台をしっかりと作ることが必要です。

二つ目は「切り込む〝聞く〟」です。

こちらが質問する前に、お客さまから質問がくる場合もあります。お客さまからの質問を無視して、いきなりこちらの尋ねたいことを聞くのではなく、お客さまからの質問には誠実にお答えし、そのうえで、こちらからのヒアリングに入ります。その際に便利なのが「枕詞」です。「枕詞」を使えば、自然に「話すモード」から「聞くモード」に転換できます。

三つ目は「深掘りする〝聴く〟」です。

「営業ばかりが話している商談はうまくいかない。お客さまに話していただく割合を多くしましょう」ということがよく言われます。お客さまに話していただき、それに対して耳を傾ける割合を増やしていくのが、このフェーズです。

四つ目は「具体化する〝訊く〟」です。

お客さまのお話を伺っていくと、こちらも尋ねたいことが明確になってきます。ピンポイントで確認したいことや、検証したい仮説を持つ段階にきたら、このフェーズの出番です。

まずは会話のキャッチボールで土台を作る

ここからは、先ほどの4つのフェーズに関する図を参照しながら読み進めていってください。

それでは、「土台作り」におけるポイントから、一つひとつ説明していきます。

まずは「つかみとアイスブレイク」が必要です。無愛想な営業担当者の質問には、誰も答えたくありません。つかみとアイスブレイクで、その場の緊張を解いて、お客さまとの心理的な距離感を縮めることで、お客さまが話しやすい雰囲気をつくります。

よく「アイスブレイクでは面白い話をして、場をなごませなければいけない」とか「天気の話をしてはいけない」などと言われますが、話のトピックに正解はないので、話題は自分が自然に話せるものであればよいでしょう。むしろ、つかみとアイスブレイクにおいて、必ず押さえるべきポイントは、「信頼感を与える立ち居振る舞いを心がける」、「自分から自己開示する」、「相手に対する興味・関心を伝える」の3点です。

「信頼感を与える立ち居振る舞いを心がける」というのは、いわゆるビジネスマナーのことです。営業として当然のことですが、お客さまを不快にさせてはいけません。

「自分から自己開示する」ことも重要です。これまで、たびたび「営業とお客さまの間にある情報ギャップ」についてお話ししてきましたが、まだ関係が築けていないお客さまに対しては、こちら(自分)のことや自社のことも、あまり伝わっていません。自社がいったいどんな会社か、そして、自分の簡単なバックグラウンドについても、お客さまに知っておいていただけると、その後の会話がスムーズになります。

「相手に対する興味・関心を伝える」については、お客さまの会社や目の前の担当者に対する興味・関心を言葉に表すこと、公開されている情報やお客さまの業務内容を話題にすることなどが挙げられます。

「先日、新聞に出ていた御社の新商品発表の記事ですが……」

「名刺に記載されているこちらの部署では、どんなことをされているのですか」

このように、相手と共通の話題を持ち出し、こちらから興味・関心を相手に伝えると、お客さまも悪い気はしないはずです。

私も会社を経営しているといろいろな営業の方が訪ねてこられますが、今までで一番印象に残った「つかみとアイスブレイク」は、あるPR会社の営業Fさんでした。

Fさんは、初回の訪問で、商談が始まってすぐに「弊社はPRの会社なのですが、実は、

5年後に御社がGoogle検索されたらどんな感じになっているかを勝手に考えてきてしまいました」と言って、A4の紙を何枚も縦に張り合わせて、まるで巻物のようになっている資料を広げました。そこには、Googleによる当社の検索結果の将来イメージが、縦にスクロールされた形で書かれていました。

「御社が社名でGoogle検索されたら、こんな記事で取り上げられて、こんな形で世のなかに知られて……、あ、すみません。私、妄想癖がありまして(笑)」

私は、つい興味をひかれて、Fさんと話し込んでしまいました。

ここまで準備に時間や手間をかけることが正解かどうかはわかりませんが、初めてお会いした営業の方が、初回訪問の前に、こちらに対して何かしら興味・関心を持ってくれていたというのは、顧客にとっては純粋に嬉しい話です。

さて、「つかみとアイスブレイク」ができたら、次は「双方向な説明」です。

お客さまに対するヒアリングを行う前に本格的な提案をぶつけてしまうと、お客さまと「ズレ」てしまう可能性が大きくなります。そのため、基本的には、お客さまに対する十分なヒアリングをした上で提案をできることが望ましいです。

ただし、「接戦」の状況においては、いざヒアリングに入ろうと思っても、お客さまが品定めモードになっていて、「まず、御社がどんなことができるのか、どんなところに強みがあるのか。それをお聞きしないと、こちらからの情報も出せませんよ」という雰囲気が漂っていることがあります。

そうなると、まずは簡単に自社ができることや自社の実績・概要などを簡単に説明してから、ヒアリングへ入る流れになるでしょう。

しかし、簡単な説明をするとはいっても、相手を無視して一方的に話してしまったら、お客さまとの情報ギャップが広がってしまいます。そこで、双方向な説明においては、「一方的にならず、相手の表情や目線に注目すること」「タイミングを見て、理解度を確認すること」が必要になります。

資料を用いて説明している場合は、お客さまがページをめくる動きを観察して、それに話すペースを合わせつつ、時折、こちらからも問いかけを投げるなどしながら、双方向で説明を進めることを心がけます。

私もよく遭遇しますが、あまり経験がない営業担当者は、会ってすぐ、一方的に話し始めます。あるいは、自社のパンフレットをひたすら、そのまま読んでいる方もいます。

そうなると、お客さまの立場からすれば、「資料の理解が必要なら、自分で読むよ」となります。「時間がもったいないな」と感じたお客さまは、つい結論の書かれた最後のページをめくってしまうでしょう。

そこで、お客さまに「一方的に押し付けられている」と思われてしまうリスクを避けて、心地よいコミュニケーションを実現するのが「双方向な説明」というわけです。

切り込む「聞く」でヒアリングに入る

「つかみとアイスブレイク」「双方向な説明」で、しっかりと「土台作り」ができたら、次は二番目のフェーズ「切り込む〝聞く〟」です。

質問力の発揮においては、こちらからあれこれ聞いていく前に、「この営業担当者は、きちんと話が通じるな」と思っていただくことが重要です。そこでポイントになるのが「お客さまへの回答」です。こちらから質問をする前に、「きちんと話が通じる相手」だと思っていただけた方が、ヒアリングもスムーズに進みます。

特に接戦案件や、関係が構築できていないお客さまへの訪問では、先にも申し上げたとおり、まずはこちらからの説明やプレゼンを促されることが多くなります。そんなとき、こちらがお話しした内容について質問されることがありますが、相手からきた質問への受け答えをおろそかにして、自分の聞きたいことだけ質問していると、お客さまの心象を損ねてしまうので、注意が必要です。

たとえば、お客さまから「御社の強みはなんですか」とか「ちょっと実績について教えてください」と尋ねられることがあります。

このような「御社の強みはなんですか」には、「あとで社内で説明しないといけない」「この会社がどれくらいできるのか、実力値を確かめたい」「ほかに聞くことがないから、とりあえず聞く」などといったパターンが想定されます。ここで相手に「どんな意図でご質問いただいたのか」を確認して、的確な「質問の回答」をお返しすることにより、お客さまとの意識の〝ズレ〟を解消できるのです。

さて、お客さまからの質問に対して受け答えができたら、いよいよ今度は、こちらから切り込んで質問していくチャンスです。第2章で「裏にある背景を問う質問」でも言及した「枕詞」について、本章で解説を補足します。

積極的に質問しようと思っても、質問力のない営業担当者は「怖くて聞けない」「こんなこと聞いていいのか」などと逡巡します。そんなとき、お勧めなのが「枕詞」です。

第2章では、「接戦を制する3つの質問」の三つ目、「裏にある背景を問う質問」のところで「枕詞」をご紹介しました。たとえば、接戦の裏にある背景を確認したくて、お客さまにご検討状況を聞くときには、勇気が必要となる場面もあるでしょう。「いきなりこんなことを聞いても大丈夫なのか」という不安が頭をよぎったときにこそ、枕詞が役立ちます（図表4−3）。

お客さまに、いきなり「当社は今、何番目につけていますか」と質問するのは、とても不躾な感じがしますが、前提を変更して「あくまでも山田さんの個人的なご意見で構いませんので、当社は何番目くらいだと思われますか」と聞けば、質問しやすくなります。

あるいは、「ご予算はいくらですか」と直球で聞くのがためらわれるとき、「今回の提案ではいくつかの案をご提示したいので伺いますが、ご予算の上限はどれくらいでしょうか」と「質問理由」の枕詞をつければ、質問時の心理的なハードルを下げられます。

特に、法人営業でお客さま側の関係者が多い組織へアプローチされる方にお勧めしたいのは、「個人的なご意見で構いませんので」と「もし仮に……」と前提を変更する枕詞です。理由は、お客さま側の関係者が多いと、一人ひとりの方は、ご自分の意見を差し控えられたり、あるいは、組織の壁を制約条件として考えられていることが多いからです。

一方的にこちらの聞きたいことを聞くことで、お客さまに唐突感を感じさせてしまうような懸念があるときは、この枕詞を積極的に活用していきましょう。

【図表4-3】自分が質問しやすく、相手が答えやすくなるための「枕詞」

内容	具体例
1 状況を説明する枕詞	□「前にもお伺いしたことかもしれませんが…」 □「すでにご存じかとは存じますが…」 □「先日○○とおっしゃっていた点が気になっておりまして…」
2 前提を変更する枕詞	□「もし仮に○○という点がクリアされたら…」 □「もし仮にわがままを全部言えるとしたら…」 □「あくまで○○さんの個人的なご意見で構いませんので…」
3 質問理由を伝える枕詞	□「○○の準備をさせていただくために、1つだけ質問させていただいてもよろしいでしょうか…」 □「いただいたお時間を無駄にしないために…」 □「私から一方的にお話しすぎてはいけないので…」

沈黙を恐れず、大事なことを深掘りして「聴く」

「お客さまへの回答」と「枕詞」で「切り込む〝聞く〟」がクリアできれば、三番目のフェーズ「深掘りする〝聴く〟」に入ります。

ここで活躍するのが「深掘り質問」です。

深掘り質問をする際には、〝ピラミッド構造〟を意識しましょう(図表4-4)。

〝ピラミッド構造〟とは、頂点に最も大きな考えが置かれ、それを分解した小さな考えのグループで支える論理構造を指します。頂点に近づくほど抽象度の高い大きな情報、末端に近づくほど具体的で細分化された情報という形になります。

「と、おっしゃいますと?」というのは、情報そのものの言い換えを促す質問です。「具体的には?」と尋ねると、より末端に近づいていけます。「なぜでしょうか?」という質問は、頂点に向かって上っていくことができます。さらに「他にはありますか?」と横に展開する質問で、まだ見落としていそうな情報を探していくことも有効です。

短い一言の「深掘り質問」には、相手にもう一度ボールを戻すことによって、まだ出てい

【図表4-4】ピラミッド構造を意識した「深掘り質問」

	内容		具体例
1	お客さまの発言内容を**明確にする**質問		□「と、おっしゃいますと?」
2	お客さまの発言内容の**詳細を引き出す**質問（課題の**ピラミッドの下段**を聞き出す質問）	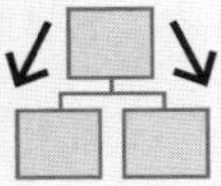	□「具体的には?」
3	お客さまの発言内容の**背景を引き出す**質問（課題の**ピラミッドの上段**を聞き出す質問）	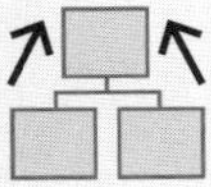	□「なぜでしょうか?」
4	**課題の網羅感を確認し、全体像を捉える**質問（課題の**ピラミッドの抜け漏れ**を聞き出す質問）	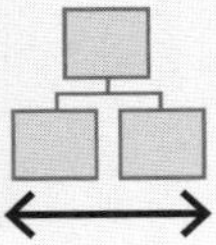	□「他にはありますか?」

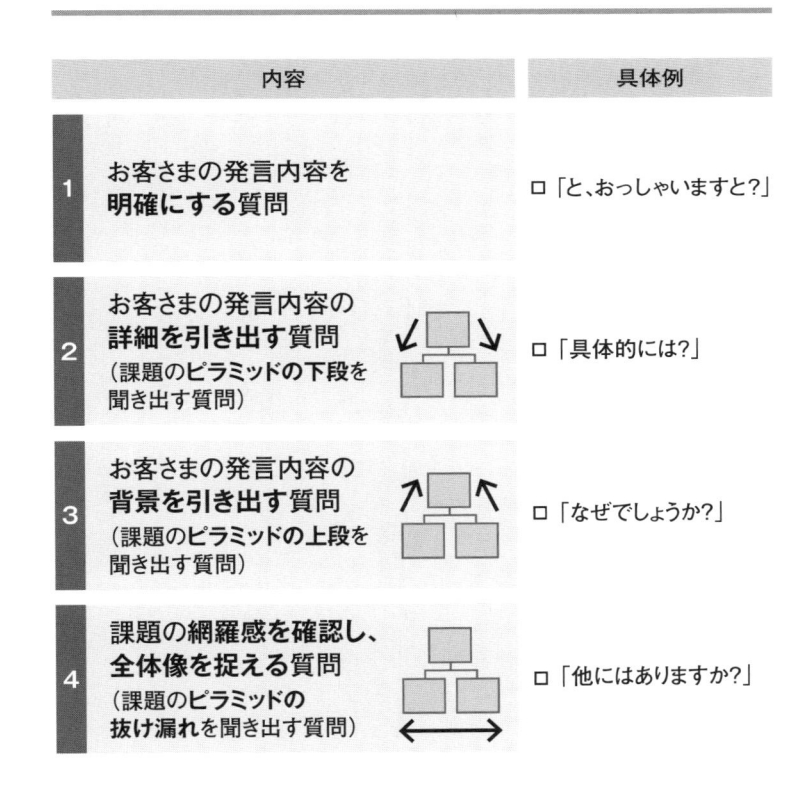

ない話を引き出す効果があります。これは練習すれば身につくので、ロールプレイなどで、ぜひ、くり返しトライすることをお勧めします。

お客さまの発言に対して、深掘り質問がスムーズに出てくるようになったら、次は「積極的傾聴」を意識しましょう。

積極的傾聴というのは、相手の話に関心を持って、熱心に聴くことです。

相槌やアイコンタクト、メモをとる動きはもちろん、お客さまの話を途中でさえぎらないなどといったことも重要です。ときには、相手の話を「なるほど、お客さまがおっしゃるのは、〜ということですね」と言い換えたり、要約することで、お客さまからも「この営業はわかってくれている」と感じていただきやすくなります。

積極的傾聴は「お客さまがもっと話したくなるように促す」という意味で、質問と同等の力を発揮します。私はよく積極的傾聴を「質問に見えない質問」と表現しています。

皆さんも、聴き上手な方とお話ししていると、こちらもつい夢中になって話していることがあると思うのですが、そのようなときは、相手が積極的傾聴をしてくれていることが多いはずです。

傾聴に対して苦手意識をお持ちの方から「つい自分が話しすぎてしまって……」というお悩みを伺うことがよくあります。実際にロールプレイをやってみると、場の沈黙に耐えられず、不安を打ち消そうと、とりあえず思いついた台詞を言ってしまうことが多いようです。確かに、沈黙は怖いかもしれませんが、沈黙の時間でも、お客さまは頭のなかで考えを整理している途中かもしれません。相手のペースに合わせて、じっくりと話を伺っていきましょう。

具体化する「訊く」で仮説検証やピンポイントの確認を

「深掘りする〝聴く〟」によって、相手から話していただくモードに入れば、自然と、お客さまの方が営業よりも話している割合の多い商談になります。それによって、お客さまから多くの話を引き出すことができるのですが、後半にさしかかってくると、営業側にも、検証したい仮説やピンポイントで確認したいことが出てきます。

そのときは、四番目の「具体化する〝訊く〟」のフェーズに移って、第2章でもご紹介した「特定質問」を駆使します。

特定質問は、一般的なオープンクエスチョンやクローズドクエスチョンと比較するとわかりやすいので、図でご説明します（図表4-5）。

オープンクエスチョンは、「御社の課題は何ですか」というふうに、お客さまに自由に答えていただく質問です。聞き方としてはオーソドックスですが、お客さまが課題についてある程度しっかり考えていないと、うまく答えられない場合があります。

そのとき、前提や条件を付け加えて考えやすくするのが「条件付きオープンクエスチョン」です。「特にここ一か月で議論されているものとしては、どうでしょうか」のように、「特にここ一か月」と条件をつけるだけで、お客さまは具体的に考えやすくなります。

ただし、こういった前提や条件の言葉は、慣れていないとパッとは出てこないので、練習が必要です。難易度の高いテクニックですが、相手がうまく答えられなかったとき、これが使えるようになると、もっと深い話までぐっと踏み込んで聞くことができます。

また、「御社の課題は、こういうことで、認識間違いございませんか」と迫るクローズドクエスチョンもありますが、選択肢一つで迫ってしまうと、お客さまは、「うーん、ちょっと違うよ」となってしまうこともあります。

そこで、お客さまが答えやすいように、選択肢を増やして、二択や三択で聞くのが「選択肢付きクローズドクエスチョン」です。

この質問は、相手のあいまいな回答や不完全な回答を補完しながら、的を射た情報を探

【図表4-5】仮説を検証したり、ピンポイントの確認をするなら「特定質問」

内容	定義	具体例
1 オープンクエスチョン	相手に自由に答えていただく質問	□「御社の課題についてはどのようにお考えですか?」
2 条件付きオープンクエスチョン	一定の制約条件をもうけた上で、自由に答えていただく質問	□「御社の課題について、特にここ一か月議論されているものとしては、どのような課題があるでしょうか?」
3 選択肢付きクローズドクエスチョン	「例示」で選択肢を示して回答範囲をある程度絞る質問	□「課題の種類はどのような感じでしょうか? 例えばビジョン、マネジメント層のリーダーシップ、戦略など、他にも何かあれば…」
4 クローズドクエスチョン	回答範囲を限定した質問	□「これまでお伺いしているお話から、御社の課題はXXXと感じましたが、それは合っていますか?」

立ち止まって、広げさせる
前に進めるために絞る／明らかにする

していく「プロービング」とも呼ばれます。外資系の生命保険会社や営業が強くて有名な会社の営業マニュアルには、たいがいこの「プロービング」が載っていて、ロールプレイでくり返し練習されています。二択や三択といった選択肢はパッと出てこないので、訓練が必要になるためです。

この「条件付きオープンクエスチョン」と「選択肢付きクローズドクエスチョン」の2つを駆使できるようになれば、大体の情報は聞き出せるようになります。

ここまで来たら、最後は「核心質問」です。

核心質問は、ビジョン・目標、それを達成するための手段・方法など、お客さまの〝あるべき姿〟や〝理想と現実〟に焦点を当てることで、悩みや課題のなかでも核心にあたる情報をあぶり出す質問です(図表4-6)。

「そもそも、なぜそういう目標を設定されたのですか」「そのビジョンに対して、うまくいっていないことはありませんか」など、目標やビジョンや理想を深掘りすると、お客さまの課題のなかでも、特に核心となる情報が出てくることがあります。

たとえば、お客さまが「上からこういう目標が下りてきまして」と話されることがあります。そこで、「かしこまりました。その目標にそった提案を持ってきます」と即答するのではなく、「その目標は、そもそも、なぜ設定されたのでしょうか」といった核心を質問する

【図表4-6】“そもそも”の部分を聞き出す「核心質問」

内容	説明	具体例
1 ビジョン・目標	核心質問をすると、**その後に相手が「困ったこと」「悩み」を言い出しやすく**なる	□「**そもそも**、なぜそういう**目標**を設定されたのでしょうか?」 □「**その目標は、ずっと前から**立てられていたのですか?**それとも最近**なのでしょうか?」 □「その**ビジョン実現**に対して、今のところ“**うまくいっていること**”“**思うように進まないこと**”としてどのようなものがありますか?」
2 達成するための手段・方法		□「**なぜ、(一年後などの未来ではなく)今**のタイミングなのでしょうか?」 □「そのまま**自社内で進められるのではまずい**のでしょうか?」 □「**なぜ、現在すでに契約されている他社だと不十分**なのでしょうか?」

ことで、より深い情報をお客さまから引き出すことができるのです。

また、核心質問が特に威力を発揮するのは、お客さまに「すでに付き合いのある会社」があって、それでも自社に新規提案のチャンスをいただけたときです。なぜ、すでに他の会社と付き合いがありながら、自社の提案も聞こうと思ったのか。そこに、既存の発注先では満たされていないポイントがあるはずです。

今から十数年前、私が起業したとき、すべてが新規開拓の案件となるため、お客さまに既存取引先があるなかで、どうやってチャンスを見出すかに腐心していました。

一番よく使っていたのは、「すでに他社さんとお付き合いされていて、御社のことを十分に理解されている会社があるはずなのに、初めてお会いした弊社にも、こうやって提案の機会をいただけるのは、なぜでしょうか」という言い回しです。このように質問してみると、「実はですね……」と、リプレイスのために重要な情報が聞けたりしました。

よく、既存取引先からのリプレイスを図るときに、「既存の会社様に依頼されていて、何かお困りのことや課題はありませんか」と質問する営業の方がいらっしゃいます。お客さまからすると、新しく営業に来た会社に心を開いていない状態では、そう易々と課題はおっしゃってくれません。そのようなとき、「課題は何ですか」という聞き方より、「他の会社とお付き合いされているのに……」と核心質問で尋ねることで、意外に実のある情報が聞けたりするものです。

「質問力」を活用した商談の進め方（応用）

さて、「4つの力」の一つ「質問力」の基本について、「商談（質問）の進め方」を四つのフェーズに分けて解説してきました。

ここでさらに、質問力の応用レベルについてご紹介します。品定め気味のお客さまに対して、しっかりとしたヒアリングにまで持ち込めれば、質問力の基本としてはＯＫですが、さらに、お客さまの課題をともに解決するパートナーとみなしていただくレベルに到達するための鍵が、応用編としてご紹介する「課題解決質問」です。

この第4章の冒頭で、「質問してくれない営業への不満」というトピックの調査結果をご紹介しました。お客さまからあがってくる不満のトップは「あなたの会社が求めていることや目指している方向性」、次が「あなたの会社が困っている課題や悩んでいること」へのヒアリングが足りないことでした。

【図表4-7】質問力（応用）：スキル習得のためのポイント

“課題解決質問を用いて、顧客の悩みを解決するパートナーになる”

目的	あまり情報を教えてくださらない顧客に対して、悩みや課題を深掘りしながら、顧客の課題をともに解決するパートナーとして議論や対話を展開できるようになる			
フェーズ	❶現状把握質問による導入	❷深掘り質問で信頼と期待の醸成	❸気づかせ質問でパートナー関係構築	❹つなぐ質問で自社提案へブリッジ
ポイント	**双方向な会話** □ 顧客の理解度を確認しつつ説明を行い、顧客からの質問へも趣旨を外さず回答できる **現状把握の質問** □ 顧客のおかれている状況について、基本項目を抜け漏れなく質問できている	**深掘り質問** □「実現したくてもできていないこと」を逃さず掘り下げ、課題を特定することができている **事例紹介** □ 課題に対して、お役立ちできる根拠（事例等）を論理的に説明できている	**あるべき姿と現状の整理** □ 顧客のミッションや目的に沿って、情報の網羅性や優先順位を確認できている **気づかせ質問** □ 問いかけを通じて、顧客にとっての本質的な課題を気づかせることができている	**つなぎ質問** □ ネックと解消法まで含め、導入したい意思を、質問によって顧客から引き出せている **BANTCHの確認** □ 検討時期や意思決定方法、予算、競合、体制に関する情報を漏れなく確認できている
よくある失敗	□ 顧客の反応を気にせず、一方的に話してしまう □ 顧客からの質問について、質問の意図を確認せずに、ズレた回答を返してしまう	□「実現したくてもできていないこと」をスルーして、営業が話したいことへ強引に展開してしまう □ 事例を説明しているが、顧客の悩みや課題とのつながりが不明確	□ 顧客のミッションや目的に対して重要でない論点に話を引っ張り過ぎてしまう □ 本質的な課題とのひもづけを確認せずに、自社サービスを一方的にプッシュしてしまう	□ 導入に関する意思を、顧客の言葉で確認しないままに先へ進めようとしてしまう □ 検討時期や意思決定方法、予算、競合、体制を確認せずに終えようとしてしまう

課題解決質問というのは、お客さまの会社が実現したいことや悩んでいることに対して、自社の提案へのつなぎをパワフルかつスムーズに展開していくものです。習得は難しいですが、いったん使えるようになると、飛躍的に受注率が高まります。

質問力の応用編でも、基本編と同様に図解で示します(図表4-7)。

4つのフェーズに八つのポイントがありますが、なかでも鍵になるのは「現状把握の質問」「深掘り質問」「気づかせ質問」「つなぎ質問」です。この4つの流れは、通称SPIN®とも呼ばれます(SPIN®は、米ハスウエート社の登録商標です)が、関連する書籍もいくつか出ていますので、詳しく知りたい方は、そちらをお読みください。

課題解決質問における一番の特徴は、自社からの一方的な売り込みではなく、あくまでも、お客さまから発せられる理想と現状のギャップに対して、課題の重要性が確認できた状態になってから、自社の提案をぶつけられることです。

特に、「鍵となる情報が、(営業ではなく)お客さま自身が発した台詞から出てくる情報である」というのが重要なポイントです。これによって、一方的な押しつけではなく、お客さまに寄り添ったうえでの課題解決提案が可能になります。

質問力(基本)のところでは、品定め気味のお客さまに対して、こちらがいきなり質問できる展開ではないことも多いということを申し上げました。しかし、課題解決質問の技術が上がってくると、あまり情報を教えてくださらないお客さまに対しても、悩みや課題を深掘りしながら、課題をともに解決するパートナーとして、議論や対話を展開できるようになるのです。

先ほど、「外資系の生命保険会社や、営業が強くて有名な会社の営業マニュアルには、プロービングがよく出てきます」というお話をしましたが、同様に、課題解決質問のプロセスも、かなりの頻度で登場します。

課題解決質問の流れは、現状把握の質問から始まる

課題解決質問のなかでもとりわけ重要なのは、「現状把握の質問」「深掘り質問」「気づかせ質問」「つなぎ質問」の4つです（図表4-8）。

まずは会話のキャッチボールが往復し、双方向にやり取りする雰囲気が必要です。

そこで双方向の雰囲気ができてきたら、早速、お客さまの置かれている立場や状況などといった「現状把握」のための質問をしましょう。

【図表4-8】押さえておきたい、課題解決質問の流れ

	質問の狙い	質問の言い回し（例）
現状把握	顧客のおかれた状況や背景を把握する	□「貴社の活動について、いくつかお伺いしてもよろしいでしょうか?」 □「貴社でターゲットとされるお客さま像をお聞かせいただけませんか?」
悩みを深掘り	顧客が抱えている現状への不満が見え隠れする発言を逃さず、原因を追求する	□「今おっしゃった『～したい』について、もう少し詳しく伺えますか?」 □「『～で困っている』というのは、具体的にどのようなことでしょうか?」
気づきを促す	問題の重要度や影響度を明らかにし、顧客に理解いただく	□「●●ができないとどのような問題が起こるのでしょうか?」 □「…が問題とおっしゃいましたが、それは…に影響を与えませんか?」
提案につなぐ	「何が解決できたらよいか」が絞り込まれ、（営業でなく）顧客の発言から出てくる	□「何が解決されると、貴社の成功に一番近づくのでしょうか?」 □「XXXが解決されると、どんなインパクトがありますか?」

普段の営業活動のなかで「最近は、何か、お困りごとはありませんか」と尋ねたり、アポイントをいただいたとき、「今回の案件の背景について、ちょっと聞かせていただけませんか」とお願いするように、無難なところで始まるヒアリングで、お客さまの現状を確認していきます。

たとえば、お客さまが中期経営計画を発表されたばかりのときには、「最近、御社は中期経営計画を発表されましたが、それについて、少し伺ってもよろしいですか」というふうに、お客さまの現状を把握する質問をぶつけていきます。

「現状把握の質問」を続けるなかで、時々、お客さまから「現状への不満」などの重要な情報が出てきます。困っていることや悩んでいることがわかったら、お客さまに価値を感じていただくチャンスです。

理想と現状のギャップが出てきたら、深掘りする

現状への不満要素が見え隠れしたら、逃さず原因を追求し、お客さまのお悩みや課題を

深掘りしていきます。現状への不満のサインが見えたら、基本編でもご紹介した「深掘り質問」によってモードを変えるのです。

「この間、御社は三か年計画を発表されましたが、どんな感じなんですか」

「上層部からおりてきた方針を、ちょうどわれわれの方でとりまとめているところです」

「そうなんですね。それなら、現場ではまさに議論が進んでいる途中ですね」

「いや、それが……」

と声の調子が変わったところで、「まとまらなくて、大変で……」といった台詞が出てきたとします。

この展開から、何か現状に「不満」や「不安」「懸念」といった要素がありそうだとわかります。まさに、このタイミングが深掘りのチャンスです。

上の方針があまりはっきりしていないのかもしれない。あるいは、その方針によって、目標がムリ目で設定されてしまったのかもしれない。何かあまり良くない要素があるからこそ、「いや、それが……」となるのです。そんなサインに気づいたら、そこにピタッと照準を合わせます。「今、『まとまらない』とおっしゃいましたが、そのお話、もう少し詳しくお伺いできますか」と深掘り質問するのです。

ここで明らかにモード・チェンジとなり、お客さまの現状への不満がクローズアップされます。顧客の課題を解決することができれば、それは、お客さまにとって大きな価値となります。そのためには、まず、課題について、より深いレベルで、お客さまに話していただくことが重要になります。

たとえば、自社の中期経営計画の内容について、当たり障りのない情報を話していたお客さまが、ふと不満をこぼされた瞬間こそ、決して逃してはいけない「深掘り質問」のタイミングです。

「今、『まとまらない』とおっしゃいましたが、そのお話、もう少し詳しくお伺いできますか」

「それがね、うちの部署で扱っている事業に関しては、年間15億円を目標にやれと言われているんです。でも、うちの売上、今、年間12億ですよ。3億円分の数字をどうやって実現するかで、いろいろと試行錯誤していまして……」

「なるほど、今おっしゃった『試行錯誤』というのは、具体的にどのような検討をされているのでしょうか」

このように、現状に対する不満や不安、懸念が見えたら、そこをどんどん深掘りしていくのです。

もし、お客さまの深い悩みや課題に気づかず、そこがスポンと抜けたまま提案をしてしまうと、営業側の都合が強く前面に押し出された提案になります。すると、お客さまから「悩みや課題を聞いてくれない」という不満を持たれてしまうので、注意が必要です。

お客さまの悩みや課題がはっきりしてきたら、次は、その課題が本当に大切かどうか、重要度をお客さまに気づいていただく「気づきの促し」を行います。

気づいていただくには、視点を「未来」に移すことが必要

お客さまに気づきを促す「気づかせ質問」で必要なのは、深掘りしたお悩み・課題が「放ってはおけない、重要度の高い問題である」と認識していただくことです。

お客さまが、ついポロッとこぼした愚痴や不満が、本当に重要度の高い問題かどうかは、確かめてみないとわかりません。そこで、気づかせ質問によって、お客さまが不満に思っていることが、重要度の低い取るに足らない話なのか、それとも、できるかぎり早く解決しなければならない重要な課題なのか、お客さま自身に考えていただくのです。

たとえば、先ほどの会話に続ける気づかせ質問とは、このようなものです。

「その3億円のギャップについて、どう実現するか、ずっとまとまらない状態が続いてしまったら、いったいどんなことが起こりますか」

すると、お客さまは「言われてみれば、そうですね。来年4月に組織体制を変える予定で、それに向けての採用計画や組織体制を具体化しなきゃいけないから、このままだと、かなりまずいんですよ」となります。

そこで、「確かに、それは放っておけない問題ですね」と、お客さまの台詞をもとにして、重要度の高さを確認するのです。

気づかせ質問におけるコツは、お客さまとの会話のやり取りが「現在」の時間軸にとどまっていると、「今は特に困っていないからいいよ」となりやすいので、お客さまとの会話を「未来」の方に向けることです。

数年後はどういう状態になっていたいのか、それに照らすと現状はどうなのか。あるいは、今、見えている問題は、以前から認識されていたことだからといって、このままずっと放置しておいてもよいものなのか。未来を想像していただき、そのあるべき姿から逆算した現在の状態を考えていただくことで、潜在的な課題が顕在化します。

視点を未来に向けていただく際には、質問力(基本)でご紹介した枕詞が特に有効です。「もし仮に……」といった形で、話題を未来に展開しやすくなります。

先日研修したG社様では、革新的なサービスを他社に先駆けて開発したものの、コンセプトが新しくて、お客さまも理解できないということに悩まれていました。あまりにも斬新だったり、差別化要素が尖りすぎてしまうと、いくら一生懸命にサービス紹介しても、お客さまの方で「今は必要とするイメージがわかない」という反応になりやすいのです。

そこで、全員で「もし仮に……」のような枕詞を使った気づかせ質問のロールプレイを練習したところ、新サービスの導入が徐々に進んできました。

それまで「今は困っていないからいいよ」という典型的な断り文句を言われていたのが、課題解決質問によって、活路が開かれたのです。

顕在化された課題を、質問力で自社の提案につなぐ

お客さまにとっては、悩みや課題の深刻さを再確認できただけでも、十分に価値がありますが、肝心なのは、どう解決するかです。そこから、提案に移る前に、重要な動作があります。

それが、提案（解決策）への「つなぎ質問」です。気づかせ質問で事の重大さに気づいたお客さまに、当社の提案で解決できたらどんなインパクトがあるかを、ご自身の言葉で語っていただくのです。

たとえば、お客さまが3億円のギャップを埋められないときの深刻な事態に頭を悩ませているとき、提案（解決策）へのつなぎ質問は、このようなものになります。

「中期経営計画で目標とされている数字に対して、どういう戦略でいこうか、まだ定まっていないということでした。もし、弊社とディスカッションさせていただきながら、その3億円のギャップを埋める戦略が明確になったら、どんなインパクトがあるでしょうか」

そのつなぎ質問に対して、「それ、すごく助かりますよ」などと前向きな反応が返ってくれば、お客さまはこちらからの提案に対して非常に前向きなマインドになります。

ここまで、課題解決質問の流れにおける重要な4つの質問、「現状把握の質問」「深掘り質問」「気づかせ質問」「つなぎ質問」を解説してきましたが、ざっくりと会話調にしたのがこちらの図（図表4-9）です。重要な発言が、お客さまから出てくる台詞に沿って進んでいくことが窺えます。

課題解決の流れにのって話が展開していくと、お客さまと営業担当者、双方が望んでいる方向に話が進みます。

【図表4-9】課題解決質問を活用した、顧客とのやり取りイメージ（売上アップを支援するサービスの例）

ステップ	会話の例
現状把握	御社で、最近特に力を入れてターゲットにされているのはどのような年代のお客さまでしょうか?
	当社では、そこまで絞り込んでできていないですね。本当は、もっとターゲットやコンセプトについて考えた方がいいのかもしれないけど…
深掘り	今おっしゃった、「本当はもっとターゲットやコンセプトを考えた方がいい」ということについて、もう少し詳しく伺えますか?
	最近、お客さまのリピート率が下がっていて、何かテコ入れしたいとは思っているんだけど、やっぱり年代によって喜ばれるツボが違うんですよね
気づかせ	なるほど…、先ほど、ターゲットは絞り込まずにやっていらっしゃるということでしたが、もし、この現状が続くとどのような影響が御社にとって出てくるのでしょうか?
	リピート率が下がると新規に力を入れないといけないから、宣伝媒体の広告費用もかさむし、利益率がだいぶ圧迫されてしまいますね
つなぎ	そうしましたら、ある年齢層に狙いを定めてリピート率を高めることができたら、どのようなインパクトが御社にとってはありますか?
	ターゲットを絞ってお客さまのリピート率が上がったら、それを会社全体の施策に展開していく、みたいに、やることがハッキリするのですごくいいですね!

結果、お客さまから提案を求められるようになり、受注率も格段に上がります。

第4章のまとめ

- ✓ ズレに対するガッカリのうち、「質問してくれない」営業に対するお客さまの不満は、大きく2つに集約される。トップは「お客さまの会社が求めていることや目指している方向性」、次が「お客さまの会社が困っている課題や悩んでいること」に対するヒアリング不足。

- 多くの営業パーソンは、お客さまのお悩みや課題を断片的な個人レベルでヒアリングしたところで止めており、会社レベルでのお悩みや課題まで届かないまま、提案を出してしまっている。

- 接戦状況では、品定め気味で警戒心の強いお客さまから、デリケートな事情や核心を聞き出すことが求められる。質問力として、基本レベルでは「土台作り」「切り込む〝聞く〟」「深掘りする〝聴く〟」「具体化する〝訊く〟」の4つを押さえておく。

- お客さまから発せられる理想と現状のギャップに対して、課題の重要性を確認できてから、自社の提案をぶつけられるようになると、質問力も応用レベル。ここで登場するのが課題解決質問。「現状把握の質問」「深掘り質問」「気づかせ質問」「つなぎ質問」を、スムーズな流れにのって展開していくと、お客さまと営業担当者の双方が望んでいる方向に話が進む。

第5章

お客さまに必要とされるための「価値訴求力」

価値訴求力がなぜ必要か

第4章で質問力について解説しましたが、「こちらが欲しい情報」は明確でも、それをお客さまが教えてくださるかどうか、という問題があります。お客さまが何でもこちらの質問通りに答えてくだされば楽ですが、接戦案件では、そう易々と情報を教えてくださらない場合が多いでしょう。

そのようなときは「情報を出すだけの価値がある」とお客さまに感じていただかなければなりません。そこで、「当社は御社と同業界のお客さまにも実績を持っていますから、お役に立てますよ」というメッセージや、「その案件の細かいリスクまで知り尽くしていますから、安心してお任せください」と、お客さまに期待や信頼を持っていただく材料を提示し、お客さまに貢献できると、こちらも、より多くの質問ができるようになります。

「お客さまに質問する」のは、いわばお客さまに〝借り〟をつくること。「お客さまに価値を提供する」のは、お客さまに〝貸し〟をつくることです。

そう考えると、貸し借りのバランスにおいて、あまり〝借り〟が大きいと、お客さまは情報を出し渋ります。逆に〝貸し〟が多くなれば、お客さまの方から情報を提供してくださいます。そこで活躍するのが、お客さまに必要とされるための「価値訴求力」です。

また、「価値訴求力」は、お客さまとの関係を深めていく「押し上げ要素」でもあります。キーマンや意思決定者にお会いできるか、お客さまから〝業者〟ではなく〝頼りになるパートナー〟とみなしていただけるか……こういったハードルを越えていくためにも、価値訴求力の発揮が欠かせません。

アポを獲得し、次に信頼が得られたら、悩みを打ち明けていただけます。課題を整理して明確化できれば、価値の提供ということで、お客さまと協業できます。そこでさらなる価値を感じてもらえれば、他社と比較して一番の位置を獲得し、稟議が通って正式発注をいただく流れに至ります。

そして、納品においても価値を認めていただければ、「次の案件も」となるのです。

「自分がどのぐらいお客さまに対して価値訴求できているか」を意識することは、非常に重要です。営業は「目標を達成したい」や「受注を獲得したい」という気持ちが常にあるので、油断すると営業視点に寄りすぎてしまい、お客さまとの間にズレが生じやすいからです。

たとえば、いつも決まった顔ぶれの会社で競争しているような業界なら、「相談したいランキングで、当社は何番目の位置につけているか」を思いきってお客さまに聞いてみるのも一つの手です。

実際、私が6か月ほどのプログラムを組んで研修を提供している先では、こういったことを何社か、実際にやってみていただいております。

ターゲットとなる特定のお客さまを決めて、およそ2か月ごとに、お客さまから「相談したいランキング」を中間課題として聞いてきていただくと、半年の研修期間中に数回のフィードバックが得られます。その結果もガラス張りにして、参加者間で共有します。

こうすると、「お客さまから営業がどう見えているのか」に対して、かなりフォーカスが当たり、業績の伸びも顕著に出てきます。

価値の感じ方は人それぞれ

第3章で、営業担当者に失望して発注を控えたお客さまのアンケートをご紹介しましたが、そのなかでも、「営業担当者としての魅力や価値を感じない、また会いたいと思わない」を選択された方は43・7％いらっしゃいました。

これは、いわば価値訴求力の不足によるものです。では、具体的に「魅力や価値が足りない」というのは、どういうことでしょうか。実際にお客さまに尋ねたのが、次のページのグラフ（図表5-1）です。

第4章の冒頭では、「質問力に不満を感じたお客さまは、何が不満だったのか」について聞いていました。その回答は上位の2つ「やりたいことを聞いてくれない・悩みや課題を聞いてくれない」に集中していました。

一方で、価値訴求力の不足については、このグラフにあるように、回答がそれほど極端な偏りを見せず、ある程度バラけているのが特徴的です。「価値の感じ方は人それぞれ」ということです。

では、お客さまに価値を感じていただく（不満を感じさせない）ためには、どうしたらよいのでしょうか。

前提として考えなければいけないのは、「何に魅力を感じるのか」「どうすれば助かると思うのか」など、同じ会社のお客さまでも、役職や立場によって、「価値」を感じるものが違ってくることです。「課長のときはこう認識しておられたのに、部長になられてからはこう考えておられる」というふうに、たとえ同一人物であっても、役職によって価値観が変わってきます。このあたりの感度を上げていく必要があります。

【図表5-1】価値の感じ方は人それぞれ

Q あなたが「営業担当者としての魅力や価値を感じない、また会いたいと思わない」と感じた営業担当者に足りないものは何でしたか?あてはまるものを選んでください。(いくつでも)

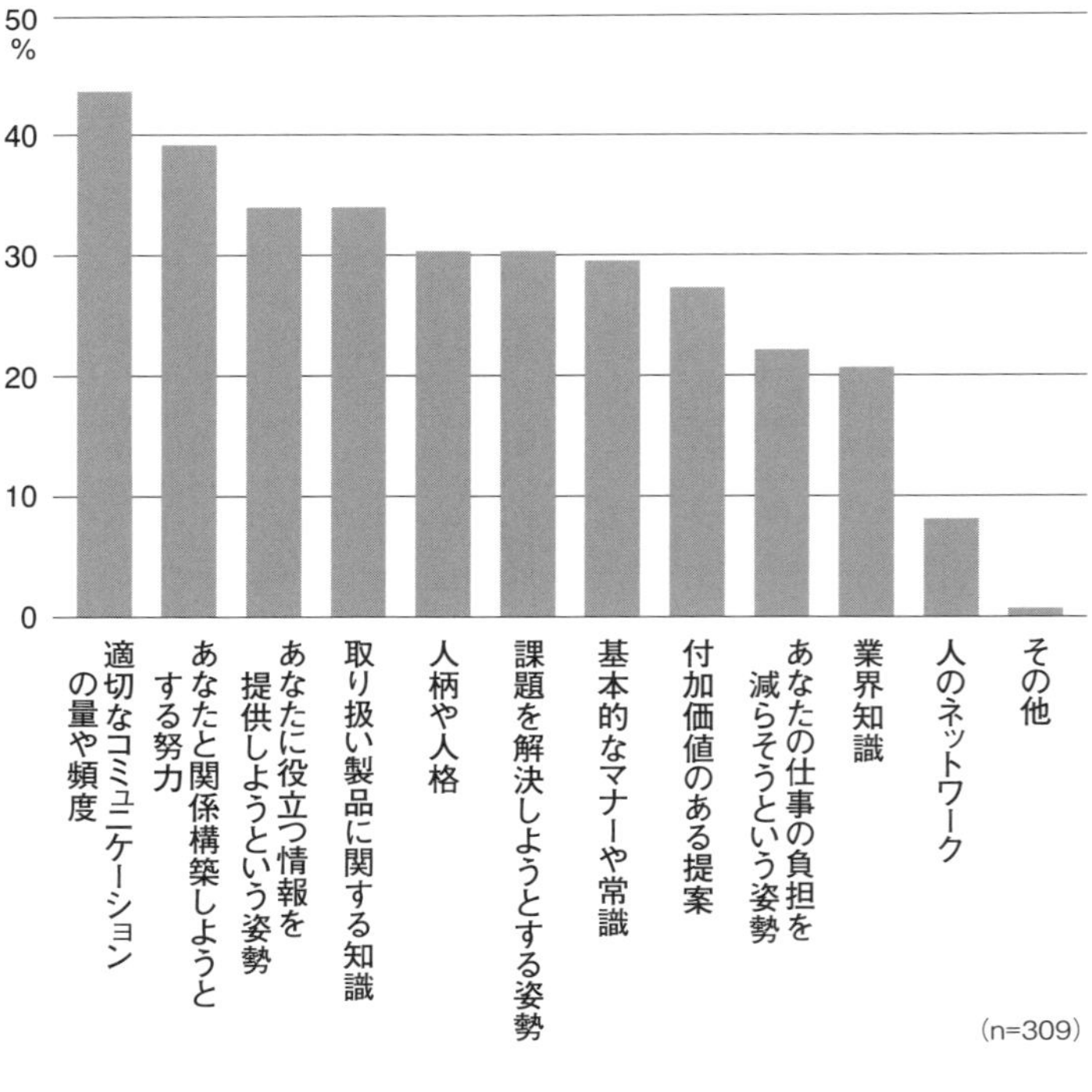

出所:マクロミルパネル利用のインターネット調査
2017年11月　TORiX調べ

また、営業活動されていて、あるときから、「お客さまが上司の同席をアレンジしてくれた」とか「ほかの会社よりも前に情報を教えてくれた」、「ほかの会社に比べて、よく会ってくれるようになった」などの変化を感じたことはありませんか。お客さまからの扱われ方や頼られ方、優先順位、ポジションなどが、ちょっと変わる瞬間です。

こういった、お客さまの「実感価値が変わったタイミング」に注目しましょう。「実感価値が変わったタイミング」とは、お客さまが急に「情報を教えてください」「会ってください」と頼んでくるようになったり、突然、他社の愚痴を言ってくる、などです。

こういうときは、「お客さまが自分に対して、価値を感じてくださるようになったきっかけがあったから、お客さまの反応が変わったのではないか」ということを考えてみましょう。その価値がいったい何か、きちんと認識すれば、その部分での価値訴求を強化することで、さらに、お客さまに価値を感じていただけて、プラスの貢献ができます。

また、時折ふり返って、自分が提供している価値に、お客さまは満足されているのか、確かめることも重要です。

お客さまに不満がありそうなときに改善点を尋ねる方も多いでしょう。しかし、そのタイミングでは、もう遅いのです。

むしろ、「お客さまにとって良いことをしている」という確信があるときこそ、さらにお役に立てるように、「ご要望や改善点があったら教えてください」と聞きましょう。もし、満足されていれば、お客さまは「いえいえ、よくやってくださっています」と答えて、何を価値として感じているか、教えてくれる場合もあります。それも非常に貴重な情報で、営業担当者は、その価値提供をさらに強化すればよいわけです。

高校・大学のときに飛び込み営業とテレアポをアルバイトで経験した私が、初めて企業向けの営業訪問をしたのは、25歳で起業したときでした。最初は勝手がつかめなかったので、当時よくやっていたのは、自分の営業活動についてお客さまからフィードバックをいただくことでした。なにしろ、自分がやっていることが、お客さまのためになっているかどうかもわからないですし、正しいかどうかの確信が持てなかったのです。

毎回、商談が終わってオフィスに帰ってくるとすぐ、お客さまにお電話して、「本日はお忙しいところ、どうもありがとうございました。ちなみに……本日の私の商談は、１００点満点でいうと何点ですか」と聞きました。お客さまのご反応は、「苦笑やスルーが8割」「親切に教えてくださる方が2割」といった感じでした。

「苦笑やスルーが8割」というのは大変に感じられるかもしれませんが、この電話を5件すれば、1件はフィードバックをいただけるわけですから、当時の私にとっては、非常に大きなインパクトでした。

なにしろ、営業に対して不満があっても、お客さまには口に出して言っていただけないことがほとんどなので、こういったフィードバックは、かなり貴重な情報なのです。

調子に乗った私は、さらに、毎回の電話の最後に「ちなみに、こういうことを商談後に聞いてくる営業の方はいらっしゃいますか」と聞きました。どのお客さまも笑いながら、「いえいえ、こんなことを毎回聞いてくるのは、高橋さんぐらいですよ」とおっしゃいました。「これって、いつもこうやってフィードバックをもらっていれば、いつか、ぶっちぎりになるのでは？」と、受注もろくにいただけない頃から、私は勝手に妄想していました。そうなるまでには、数年かかってしまいましたが……。

今では「本日はお忙しいところ、どうもありがとうございました。ちなみに、先ほどの商談では、時間の関係で出てこなかったり、言いづらかったたような、ご要望あるいはフィードバックなどございますか」のように、もう少しスマートな聞き方に変えており、弊社内でも、メンバーに対して、接戦案件は「初回訪問から翌日、遅くとも2日以内に、お客さまと認識をすり合わせて、フィードバックをいただく」というのをルール化しています。

価値訴求の種類を四象限に分けて考える

価値訴求において大事なことは、引き出しの数が多いことです。人によって感じる価値はそれぞれ異なるので、なるべく多くの価値訴求手段を持っておくと、お客さまから必要とされる度合いは高まっていきます。

そこで、営業担当者がお客さまに提供できる「価値」を整理してみました。

マーケティング用語で「機能価値」「情緒価値」という言葉があります。

機能価値は、お役立ち度や便利さといった「頭で感じる価値」です。情緒価値は、プラスの印象を持ったり、特別な意味を感じるなど、「心で感じる価値」です。

機能価値を思考軸として横軸に、情緒価値を感情軸として縦軸に置いてみると、本章冒頭のアンケートで出てきたお客さまの声は、左のページの図のように分類できます(図表5-2)。

左下のゾーンは、機能価値も情緒価値もそれほど高くない領域です。ここには、お客さまの負担を軽減する「労務提供」や、適切な量と頻度でお客さまとコミュニケーションをと

【図表5-2】価値の四象限

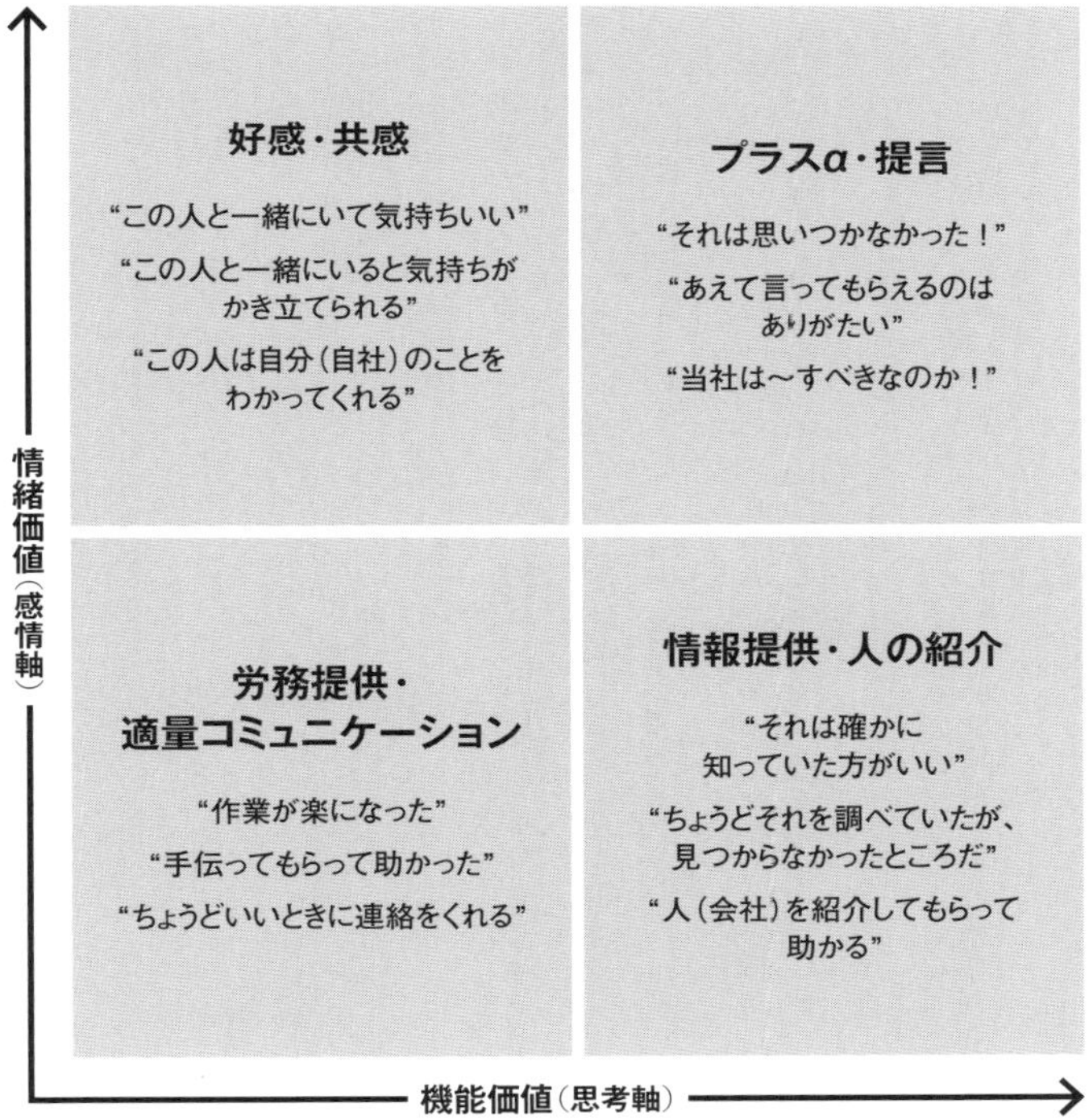
好感・共感
“この人と一緒にいて気持ちいい”
“この人と一緒にいると気持ちがかき立てられる”
“この人は自分（自社）のことをわかってくれる”
プラスα・提言
“それは思いつかなかった！”
“あえて言ってもらえるのはありがたい”
“当社は～すべきなのか！”
労務提供・適量コミュニケーション
“作業が楽になった”
“手伝ってもらって助かった”
“ちょうどいいときに連絡をくれる”
情報提供・人の紹介
“それは確かに知っていた方がいい”
“ちょうどそれを調べていたが、見つからなかったところだ”
“人（会社）を紹介してもらって助かる”
情緒価値（感情軸）
機能価値（思考軸）

る「適量コミュニケーション」といったものが相当します。

「適量コミュニケーション」というのは、その内容をイメージしやすいですが、労務提供とは、どのようなものでしょうか。

たとえば、お客さまが社内で作ることになっている資料を一部、こちらが肩代わりして作成するといったことが労務提供です。あるいは、店舗の店長やオーナーに対する商材を扱っている営業の方であれば、自分の仕事とは関係なく、店舗の運営に必要な諸業務をお手伝いすることも、労務提供になります。

左上は、情緒価値の高さに通じる「好感」「共感」です。きちんとしたビジネスマナーや人柄・人格というのは、お客さまに対する好感度を左右します。また、お客さまとの間で共感が深まり、関係が構築されていくというのも、お客さまからすると「ミッションや目的を達成するための心強いパートナー」という意味で、プラスに感じられます。

右下は、機能価値に訴求する「情報提供」「人の紹介」です。業界知識や製品知識をもとに、まだご存じでない情報をこちらから提供することでお客さまに喜ばれれば、それも一つの価値訴求です。また、業種や商材によっては、営業自身が豊富な人脈を持ち、紹介できることが、お客さまにありがたがられる場合もあります。

右上は、情緒価値・機能価値とも高いレベルにある「プラスα」「提言」です。付加価値のある提案や斬新なアイデア、あるいは外部からの「こうした方がいいですよ」というアドバイスなども、意味のあるアクションにつながるのであれば、お客さまにとっては非常にありがたいものです。

お客さまが感じる価値を四象限に分類してみましたが、営業の側からすると、何でもかんでもいっぺんに、というのは厳しいでしょう。特に、右上の「プラスα」「提言」というのは、経験値の少ない営業が一朝一夕にできるものではありません。ですから、まずは自分のやりやすい得意領域を作り、徐々に引き出しを増やしていくとよいでしょう。

価値訴求の一歩目は、「労務提供」「適量コミュニケーション」から

価値訴求のなかでも、比較的難易度の低いものは、「労務提供」や「適量コミュニケーション」です。お客さまの負担が軽くなるように、こちらの時間を割いたり、コミュニケーションの回数やタイミングを見計らうことも、お客さまから喜ばれることがあります。

こういったことを申し上げると、特に名刺の役職欄に「コンサルタント」と書いてあるよ

うな営業パーソンから、「労務提供というのは、ただの作業で、価値ではないですよね」や「適切なコミュニケーションは当たり前で、ことさら『価値』というほどのことでもないのでは？」といったご質問をいただくことがあります。

もちろん、「価値の大きさ」を考えれば、お客さまに対するインパクトはそれほど大きくないかもしれません。しかし、まだ営業経験がそれほど多くない若手の営業パーソンにとっては、「労務提供」や「適量コミュニケーション」も一つの武器になります。

25歳で起業したとき、私は一部上場企業をターゲットにアプローチしていました。実績も商品もろくにない無名の会社が大企業に営業をかけて、相手の時間をいただくことに恐縮していましたが、一方で、お客さまはいわゆる企画職の方ばかりでしたので、連日、資料作成などに時間を奪われていることは、何となく、日々感じていました。

そこで、提案機会をいただくために私がやったのは、「お客さまの会社のドキュメント・テンプレートをファイルでいただき、役に立ちそうなスライドを作成して、お客さまにお送りすること」でした。

お客さまの資料に使用されているフォントの種類や大きさ、図形の色使い、スライド表現の癖をなるべく崩さないようにしながら、お客さまの会社のドキュメント・テンプレートを使用して作成した資料をお送りすると、一定の好反応がありました。

【図表5-3】お客さまの業務を理解していると、「労務提供」や「適切な量・頻度のコミュニケーション」がしやすい

発注担当者の一連業務と、そこで生じる「負担の大きいタスク」の例

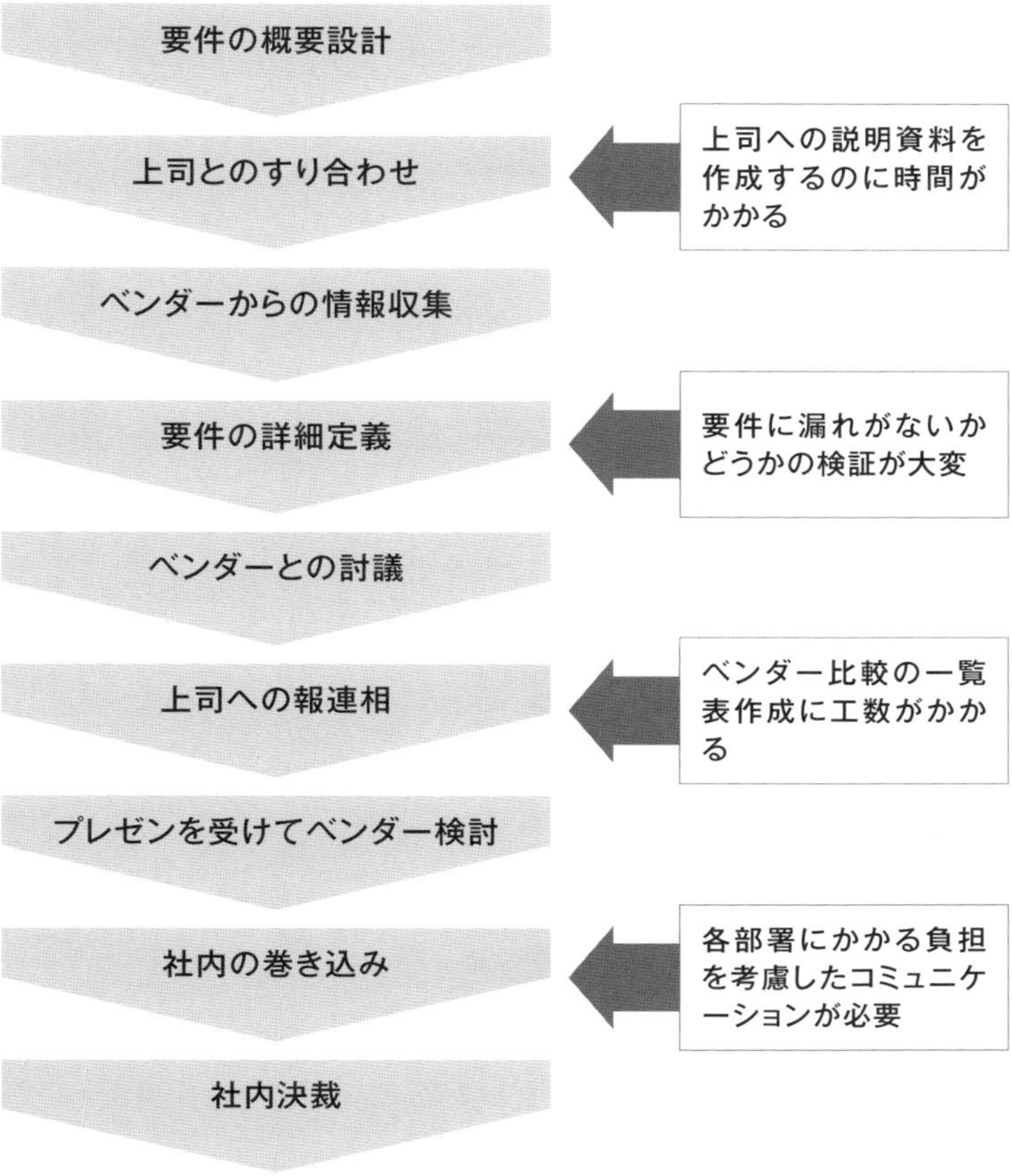
要件の概要設計
上司とのすり合わせ
上司への説明資料を作成するのに時間がかかる
ベンダーからの情報収集
要件の詳細定義
要件に漏れがないかどうかの検証が大変
ベンダーとの討議
上司への報連相
ベンダー比較の一覧表作成に工数がかかる
プレゼンを受けてベンダー検討
社内の巻き込み
各部署にかかる負担を考慮したコミュニケーションが必要
社内決裁

結果として、その資料作成をきっかけとして、大口の新規取引が何本も決まりました。いわゆる「労務提供による価値訴求」が実を結んだケースです。

ただし、労務提供や適量コミュニケーションを行ううえでは、「お客さまの業務がどうなっているのか」に対する理解度が非常に重要です（図表5-3）。こちらがよかれと思ってしたことでも、お客さまから感謝されないかもしれないですし、あるいは、連絡したタイミングが、お客さまからしたら迷惑になってしまうこともあります。

これまでお伝えしてきた「営業とお客さまの間にある情報ギャップ」を思い出してください。お客さまの業務がどのように進むのか、プロセス分解して、特にどこの工程に負担がかかるのか、そこでお客さまにどのようなタスクや作業が発生するのか、ヒアリングしておきましょう。ここで、質問力の「裏にある背景を問う質問」が発揮できていると、こちらには見えていないお客さまの業務状況がわかってきます。

業務プロセスを詳細にヒアリングするのが難しければ、定例会議のスケジュールを聞いておくだけでも違ってきます。大概のお客さまは、定例会議の前、何らかの報告や宿題を抱えています。また定例会議のあとには、チーム内で発生した何らかのアクションがあるはずです。お客さまが会議の準備でかなりお忙しいタイミングに注意する必要はありますが、定例会議の前後は、お役立ちにおける絶好のチャンスなのです。

先日、あるコンサルティングで、その会社にとってのお客さま（購買担当者）にヒアリングを行い、「購買担当者の観点から、営業がどう見えているか」をお客さまと一緒にお聞きするという場がありました。印象深かったのは、「できない営業は、間の悪いときに連絡してくるし、こちらが必要なときにつながらない。それが嫌なので、むしろこちらから、定例会議や作成資料のスケジュールを各社の営業に共有している」というお言葉でした。

お客さまとの間にある情報ギャップが価値訴求に大きく関わってくる一例です。

「好感」「共感」のレベルを高める

労務提供や適量コミュニケーションによってお客さまの負荷が減らせると、お客さまに対する価値がアップします。では、さらに関係を深めていくうえで、「好感」「共感」レベルをどうやって高めていけばよいのでしょうか。

先にも申し上げた通り、ビジネスマナーや人柄・人格というのは、お客さまに対する好感度を左右します。マナーについて配慮したうえで振る舞うのは当然ですが、人柄・人格については、急に高めるのは難しいですし、取り繕おうとしても、むしろ逆効果になったりします。

そこで、お客さまとの会話のなかから共感レベルを上げていくことを考えてみましょう。ヒントとなるのが、有名な「ジョハリの窓」という概念です。

ここでのポイントは、「お互いが知らないことを共有すること」です。人間関係は、秘密を共有することで、一気に深まります。たとえば、同じ高校で一緒に悪さをした仲だと、「あいつのやった〝いけないこと〟を俺は知っている」という事実が、互いの絆を強めたりします。

営業活動で言うならば、「お客さまと、お互いに知らないことを共有していくと、関係が深まっていく」ということです。この共有がうまく進むことで、共感レベルが上がります。

ビジネスの文脈での「ジョハリの窓」と「共有する秘密」の内容は、左の表のようになります(図表5－4)。

「ジョハリの窓」に出てくる4つの窓には順番があります。

「開放の窓」、「秘密の窓」、「盲点の窓」、「未知の窓」の順です。

ある営業担当者とお客さまの関係で例をあげて考えてみましょう。

最初は「開放の窓」からスタートします。

【図表5-4】ジョハリの窓を広げる"自己開示"の姿勢があると共感レベルが高まる

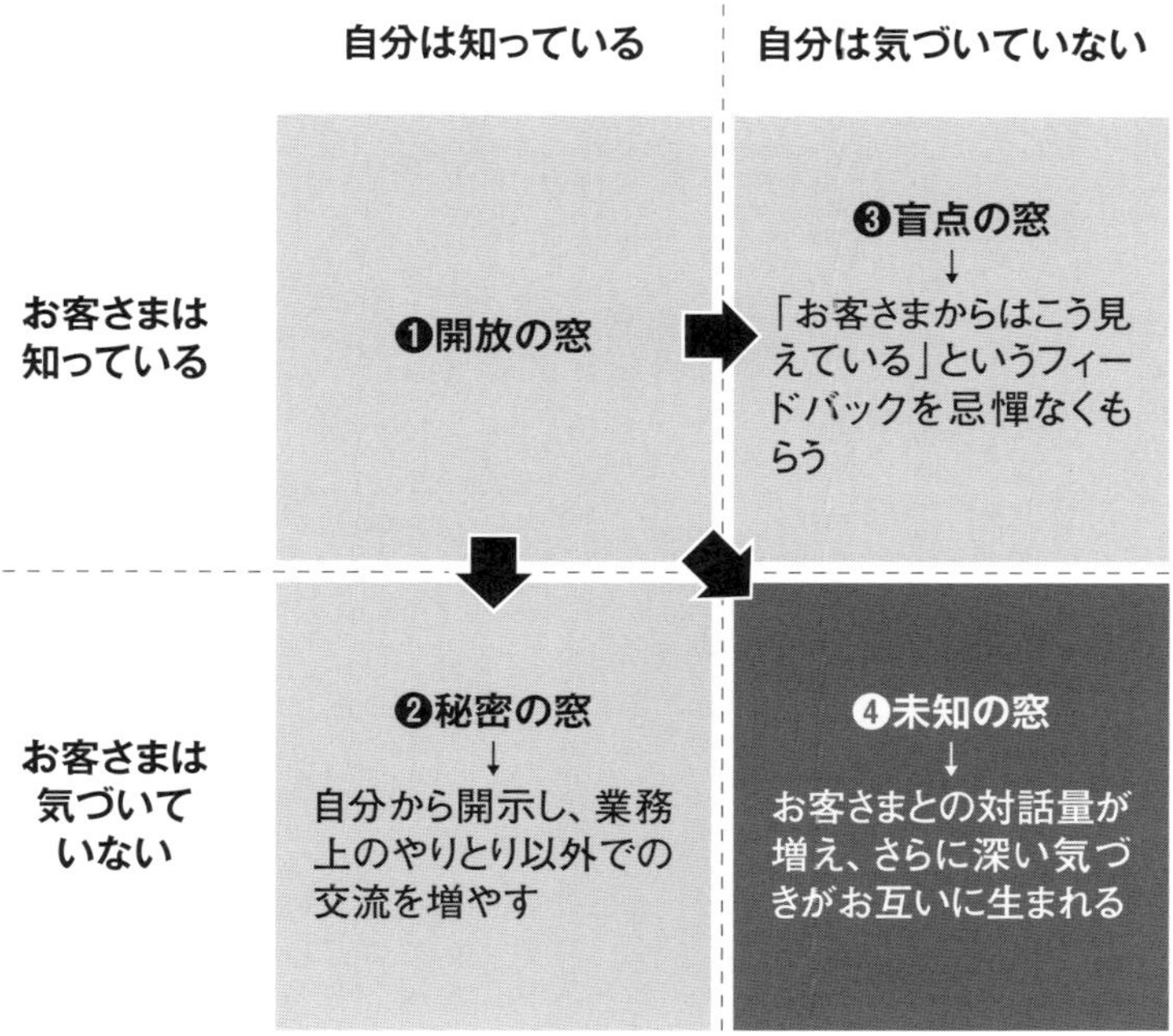
自分は知っている
自分は気づいていない
お客さまは知っている
お客さまは気づいていない
❶開放の窓
❸盲点の窓
↓
「お客さまからはこう見えている」というフィードバックを忌憚なくもらう
❷秘密の窓
↓
自分から開示し、業務上のやりとり以外での交流を増やす
❹未知の窓
↓
お客さまとの対話量が増え、さらに深い気づきがお互いに生まれる

お客さま（担当者）の上司は、割と気が短くて、すぐ「結論は？　結論は？」と聞いてくるキャラクターだとします。そのことは、お客さまはもちろん、営業担当者も、多くの関係者が知っている公然の事実で、秘密ではありません。そのお客さまの上司について、営業担当者はお客さまと話し始めます。

「お客さまの上司の方は、結論をすぐに求めてこられますね」

「そうなんです」

ここで、営業担当者は次の「秘密の窓」を開きます。まずは自分の方から、お客さまがご存じでないようなことを開示するのです。

「実は、ご存じないと思いますが、うちの上司も、ああ見えて相当、気の短い方なんですよ」

「え、そうなんですか！」

「お互い、上司への報告も、なかなか大変ですよね」

お客さまは、営業担当者が身内の秘密を打ち明けてくれたことで、心を開きます。

今度は、お客さまが「盲点の窓」を開きます。

「そういえば、うちの上司が、この前、打ち合わせ中は黙っていましたが、終わった後、御社が出した資料について『ここが気になる』と言っていましたよ」

ここまでくれば、営業担当者とお客さまの間には、秘密（貴重な情報）を共有するほどにまで関係が深まります。

そして、関係が深まってくると、お互いに知らなかったことが、対話によって深まってきます。いわば、「未知の窓」が開いていく段階です。こうなると、お客さまと営業担当者は「パートナー」の関係に近づいていきます。

あまりこういうことばかり計算して会話するのもよくありませんが、「ジョハリの窓」の概念をしっかりと理解して、「知らないことの共有」という枠組みを意識していると、お客さまとの関係を深めることに役立ちます。

先日、私がよくお会いするお客さまの担当者が、雑談の際に「実は私、酒乱の癖がありまして……」とカミングアウトされたことがありました。そのときは、「すみません、こんなこと、仕事の相手にお話しすることではないのかもしれませんが……」と先方がおっしゃいましたが、一見して仕事に関係のない話であっても、何がしか深い悩みなども共有いただける間柄になることで、ビジネスの方でも「お互いに深い話ができるようになる」という面では、意味があるとも言えます。

情報提供や人の紹介は「5つのC」で考える

組織を相手に営業していると、担当者が異動されることもありますし、相手が複数いると、特定の方とベタベタの関係になれないなど、複雑な状況が生まれます。

このようなとき、お客さまがお持ちの情報や人間関係に詳しくなると、「こんな情報を提供すればお役に立てる」「こんな人をご紹介すると喜ばれる」と思い浮かぶ瞬間があります。

価値訴求の中でも、「情報提供」や「人の紹介」をするチャンスです。

情報提供や人の紹介におけるお客さまのニーズを考えるために、押さえておかなければならないのが「5つのC」の情報です。

普段のビジネスの場面でも、「3つのC」というのは、よく耳にします。

「カスタマー(Customer)＝お客さま」、「カンパニー(Company)＝当社」、「コンペティター(Competitor)＝競合」です。

この「3つのC」に、さらに「カスタマーのカスタマー＝お客さまのお客さま」「カスタマーのコンペティター＝お客さまの競合」を加えたのが「5つのC」です(図表5-5)。

【図表5-5】情報提供や人の紹介は「5つのC」の観点から考える

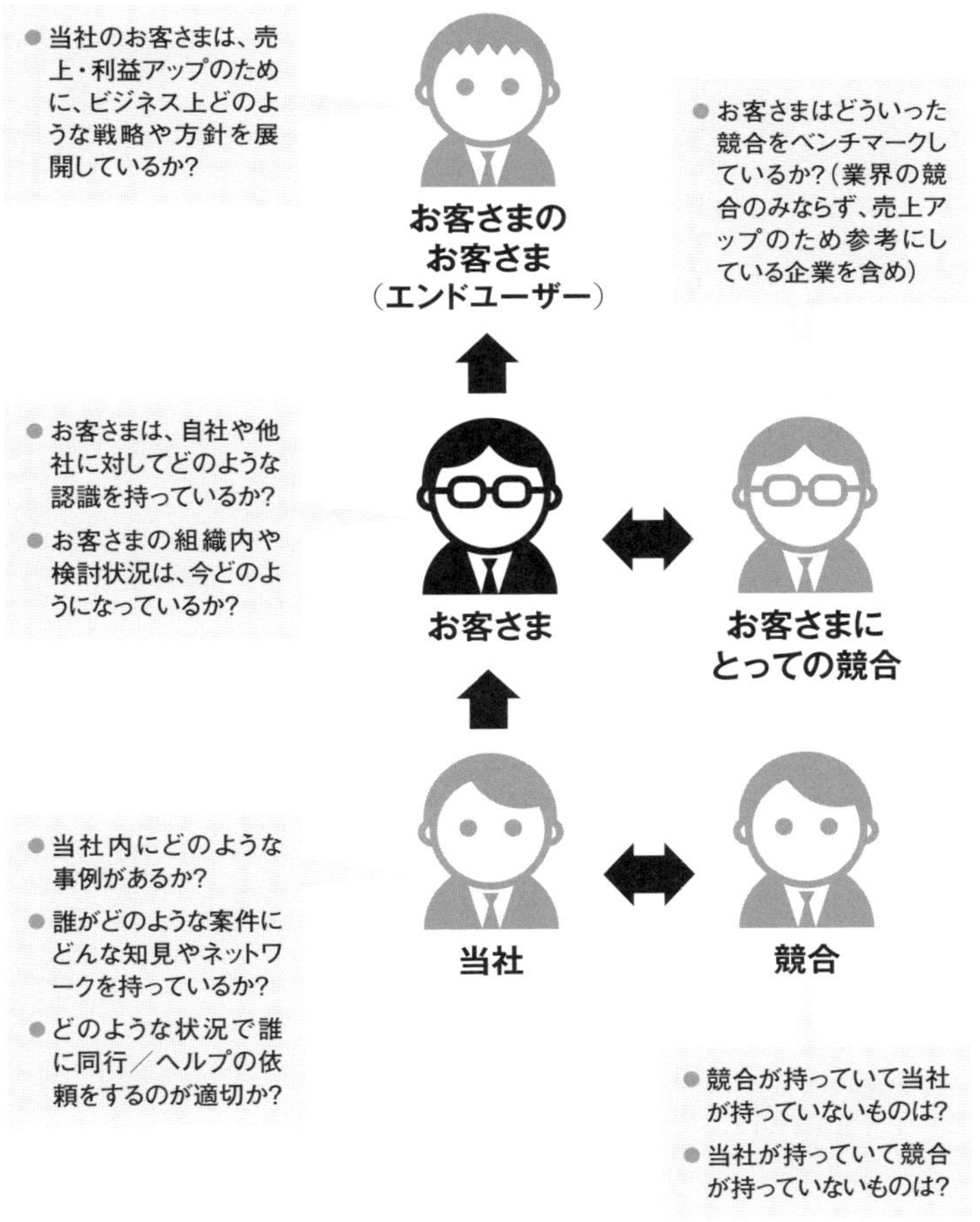
●当社のお客さまは、売上・利益アップのために、ビジネス上どのような戦略や方針を展開しているか?
お客さまのお客さま（エンドユーザー）
●お客さまはどういった競合をベンチマークしているか?（業界の競合のみならず、売上アップのため参考にしている企業を含め）
●お客さまは、自社や他社に対してどのような認識を持っているか?
●お客さまの組織内や検討状況は、今どのようになっているか?
お客さま
お客さまにとっての競合
●当社内にどのような事例があるか?
●誰がどのような案件にどんな知見やネットワークを持っているか?
●どのような状況で誰に同行／ヘルプの依頼をするのが適切か?
当社
競合
●競合が持っていて当社が持っていないものは?
●当社が持っていて競合が持っていないものは?

お客さまに何か情報提供や人の紹介をして喜ばれようとしているときは、この「5つのC」について、「お客さまが欲しがっているのは何か」と考えてみるとよいでしょう。

たとえば、「お客さま」に関しては、「お客さまの組織のなかでは、どんな事が起こっているのか」をふまえたうえでの情報提供が喜ばれます。

「お客さまのお客さま」については、「どんな戦略や方針を展開しているのか」というのが関係してきますから、そこに役立つものが有益な情報となります。

「お客さまの競合」といえば、「お客さまはどういうところをベンチマークしているのか」が気になります。たとえばメーカーのお客さまに営業に行くとき、「トヨタさんとお付き合いがあります」という前提があると、メーカーのお客さまの食いつきが、非常によくなったりします。メーカーの世界では、トヨタのやっていることを強く意識する会社が多いからです。また、「競合」の観点からは「競合が持っていて、自社が持っていないもの」や「競合がお客さまに出したけれど、自社が出していないもの」を意識しておきましょう。

「自社」については「社内の事例にはどういうものがあるのか」や「社内のどういう人の力を借りると営業がうまくいきやすいか」なども押さえておくべきです。

このように、自分が考えていく〝フレームワーク〟を「5つのC」で用意しておくと、情報提供や人の紹介が格段にやりやすくなります。

最近では、MA（マーケティング・オートメーション）などの便利なツールもありますが、営業の方から個人的にお役立ち情報を定期的にお送りするのも、ハイパフォーマー営業がよくやっていることです。

特に、お客さまからよく聞かれることへの回答や、お役立ち情報をお送りして喜ばれたりしたら、それをストックしておく癖をつけるとよいでしょう。

弊社では企画職の方がお客さまになるのですが、企画職はビジネス本を読まれる方が多いので、私のメモフォルダのなかには、状況や課題別の「お送りする参考書籍リスト」が、書籍のタイトル、著者、購入URL、書籍内容の簡単な紹介、個人的なレコメンドを一冊ずつ揃えた形で保存されています。

こういったものは、使用頻度が多いので、テンプレート化したものをいつでも使えるようにしておくと便利です。

満たされていないお客さまの優先課題に「プラスα」「提言」を

価値訴求のなかでも、「プラスαの付加価値」や「提言」は難易度の高いものです。

お客さまが何を望んでいらっしゃるかだけでなく、今は何に困っていて、どう対処されているのかが見えていないと、こちらとしては斬新な付加価値提案のつもりでも、お客さまからすると「そんなの、どこでもよく聞く話だよ」となってしまうからです。

付加価値のあるプラスαの提案と聞くと、「奇抜なアイデアやクリエイティブな発想が必要では？」と思われる方がいらっしゃいます。しかし、そういった斬新なアイデアに頼りきるのは危険です。営業とお客さまには大きな情報ギャップがありますから、むしろ、「お客さまが困っている優先課題で、何が満たされていないのか」を正確に特定し、そこに寄り添っていく方が重要です（図表5-6）。

ここでいう「お客さまが困っている優先課題」というのは、言うまでもなく、個人レベルの課題ではなく、組織レベルの課題です。第4章でもお伝えしましたが、組織単位での課題を正確に押さえて、お客さまとすり合わせるというのは、多くの営業ができていないことであり、難易度も高くなります。

今から12年前、あるＩＴ系の企業に対する提案で、20社が競う大型コンペを戦い、敗れた、悔しい経験がありました。どこが受注したのかは、当時の私の力不足もあって、お客さまから教えていただけませんでした。私は、いろいろなツテをたどりながら、受注した

【図表5-6】お客さまにとって優先度が高く、競合が満たせていないが、当社サービスで対応可能なことは何か？

課題	重要度	緊急度	競合状況	競合に対するお客さまの満足度	当社が提供可能なこと
XXXXX	高	低	XXXXX	◎	XXXXX
XXXXX	低	高	XXXXX	○	XXXXX
XXXXX	中	高	XXXXX	◎	XXXXX
XXXXX	高	中	XXXXX	△	XXXXX
XXXXX	低	低	XXXXX	△	XXXXX

会社を3か月ほど探し回りました。

そして、私が敗れた相手であるHさんを見つけて、直接会いに行きました。

そのとき、Hさんが発した言葉は、「ああ、あのコンペね。とにかく要件がややこしくて複雑だったから、〝問い〟を変えたんだよ」というものでした。

「〝問い〟を変えた」とは、どういうことかと言うと、お客さまからの依頼にあった課題に応える提案ではなく、「本当に重要な課題は、むしろ、ここにあるのではないですか」と、お客さまも気づかなかった観点を提示したというのです。

私は、ハッとしました。当時、私がお会いできていたのは現場担当者のみで、現場担当者が議論して作成された提案依頼に対して、真正面から応えるプレゼンをしていました。Hさんも同様に、決裁者には会えておらず、現場担当者との議論から提案内容を作ったというのは、私と同じ条件でした。

違っていたのは、私の場合、お客さまから提示された情報をそのまま受け取ってしまったのに対して、Hさんは、お客さまが困っている優先課題で、何が満たされていないのかを考え抜き、「プラスα」「提言」のレベルまで落とし込んだことでした。

苦い記憶として残っていますが、逆に、貴重な教訓をもたらしてくれた案件でもあります。

価値訴求力をどうレベルアップさせていくか

価値訴求力は、質問力と異なり、プロセスの流れより、お客さまに対して響くポイントの引き出しを増やしていく感覚が重要です。価値の感じ方は人それぞれで、労務提供をありがたいと感じるお客さまもいれば、とにかく共感重視のお客さまも珍しくありません。

「どの行動をすれば、お客さまへの価値が一番上がるか」についての正解はないのですが、これまで、3万人以上の営業の方々と関わってきて、ハイパフォーマーの方が、いわゆる〝何もない状態〟から、どうやってハイレベルな価値訴求をできるようになったのかについては、一定の法則が見えてきました。

ハイパフォーマーにとっての〝何もない状態〟というのは、たとえば新人のとき、どういうことをしていたのか、あるいは異動したばかりで新しいお客さまを担当したときにどうするか、といった観点です。

入り口は、労務提供や適量コミュニケーションから入ることが多いようです。理由は、比較的難易度が低く、自分の時間さえ捻出すれば、まだ関係が構築できていないお客さまに対しても、実践することができるからです。

ただ、もしこれだけで終わってしまうと、お客さまからすると「やってくれてありがとう」で終わってしまい、こちらの時間がなくなってしまいます。というのは、労務提供や適量コミュニケーションは、それなりに準備や実行に時間がかかるからです。

労務提供や適量コミュニケーションができてくると、何が起こるでしょうか。お客さまの業務に詳しくなる一方、競合が持ち得ない情報にコンタクトする機会が増えます。

その段階で、「こういった情報がお役立ちできるのではないか」「こういった人をご紹介すると喜ばれるのではないか」といったように、情報提供や人の紹介にシフトしていきます。特に情報提供については、自社内で共有されているお役立ち情報をお客さまに送付するだけで喜ばれることもありますから、ずいぶん時間の節約になります。

ただ、これも、情報提供のみしていると、お客さまからは「教えてくれてありがとう」と言われるものの、マンネリ化してきたり、ネタが尽きてしまいます。

そこで、情報提供をくり返すうちに、「どの情報が響くのか」「それはなぜか」を仮説・検証して、思いきってプラスαの付加価値提案や提言に踏み込みます。

これは、単に情報をお送りするのみならず、ある程度の作業や準備を必要としますし、踏み込んで提案や提言を行うことには、一定のリスクも伴います。ですので、情報提供において、ある程度、お客さまの反応を確かめてからの方が無難です。

図をご覧いただくと、「労務提供・適量コミュニケーション」→「情報提供・人の紹介」→「プラスα・提言」までが縦のラインになっています。これは、営業側の「価値訴求をレベルアップさせるぞ」という意思が伴ってこその流れです。

これらの縦ラインのレベルアップを支えるのが、「好感・共感」です。お客さまの好感度が高かったり、共感を伴う関係構築ができていると、スムーズに縦ラインのレベルアップ

【図表5-7】価値訴求力をどうレベルアップさせていくか

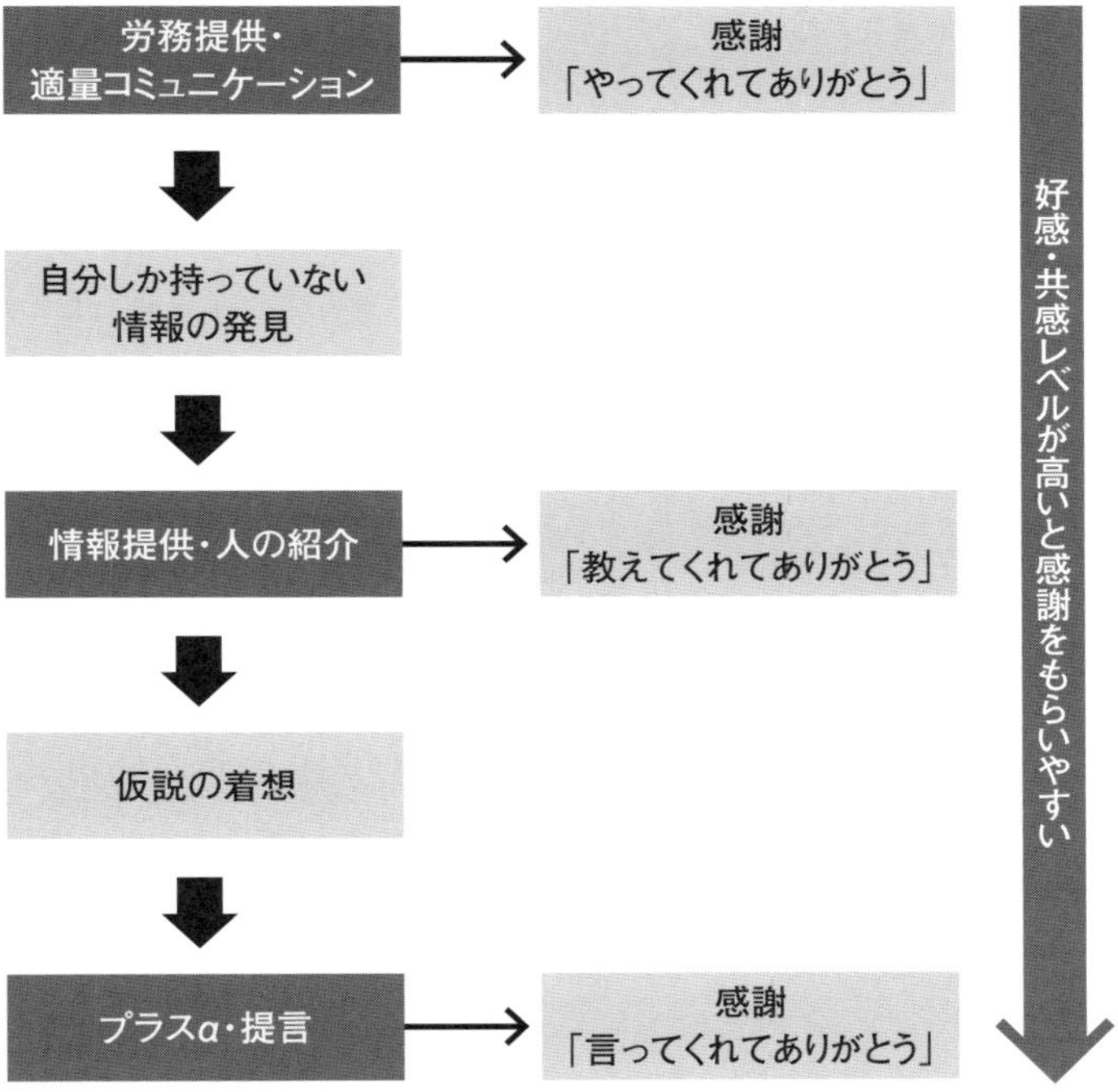

ができます。

先日お会いしたハイパフォーマーのIさんは、それまでの活躍が認められて、社内でも「最も難しいお客さま」として有名な企業J社を担当することになりました。

異動直後のため、新しいお客さまと関係が構築できていなかったIさんは、最初はひたすら労務提供をくり返していました。J社は取引規模がものすごく大きい一方、営業への要望がとにかく厳しいことで有名で、「あれをやってくれ」「この資料も作ってほしい」ということが、絶えず飛んでくる状況でした。

ハードな労務提供は3か月ほど続き、「いつまで続くんだろう」と先の見えなかったIさんですが、途中で「自分にしか見えない情報は何か」という観点に気づき、J社からのリクエストが来る前に先手をとって、お役立ち情報を提供する流れを作りました。

それから2か月ほどたったとき、J社にとっても勝負のかかった大型イベントに、Iさんからの「プラスα」を備えた提案が刺さり、そこで一気に、お客さまとの力関係が変わりました。

のべ半年間にわたるプロセスでしたが、それを支えていたのは、「どんなに厳しいお客さまでも、自分から会いに行って、とにかく、たくさん会話して、関係を築こう」というIさんの姿勢でした。

まさしく、先ほどの図そのままの価値訴求サイクルが回っていたのです。

第5章のまとめ

- ✓ お客さまに質問力を発揮しようとしても、「つっこんで聞きづらい」と思う場面も出てくる。そんなとき役に立つのが価値訴求力。普段から価値訴求ができていると、質問もしやすくなるし、お客さまとの関係を深めていく「押し上げ要素」にもなる。
- ✓ ズレに対するガッカリのうち、「営業担当者としての魅力や価値を感じない、また会いたいと思わない」といった価値訴求力不足については、回答がそれほど極端な偏りを見せず、ある程度バラけているのが特徴的。お客さまは、不満があっても口に出して言わないことがほとんどなので、フィードバックをいただくことが重要。

☑ 価値訴求の四象限を押さえて、引き出しを増やしていく。

❶難易度が低く実行しやすいのは、

「労務提供」「適量コミュニケーション」

❷情緒価値に訴える「好感」「共感」

❸機能価値なら「情報提供」「人の紹介」

❹情緒価値も機能価値も高いレベルを目指す「プラスα」「提言」

☑ ハイパフォーマー営業が価値訴求をレベルアップさせる流れは、「労務提供・適量コミュニケーション」→「情報提供・人の紹介」→「プラスα・提言」というラインを、「共感・好感」による潤滑油が支えている状態。

第6章

お客さまの意思決定を助ける「提案ロジック構築力」

提案内容の「ズレ」にはどんなものがあるか

質問力と価値訴求力が上がってくると、お客さまとの関係がどんどん強固になっていきます。お客さまとの情報ギャップが質問によって埋まり、理解したお客さまの状況に対して喜ばれる価値を提供したところで、さらに質問し、そこで聞いた情報に合わせて、さらなる価値訴求をする……このサイクルが回ってくると、お客さまからは「わかってくれる営業」と認識していただける可能性があります。

しかし、肝心なのは、ここからです。

どんなにお客さまから「わかってくれる営業」と思っていただいたとしても、提案を成就させなければなりません。

提案を実現させるには、お客さまの稟議や意思決定を通る必要があります。

そのための思考力が「提案ロジック構築力」です。

第3章で、営業担当者に失望して発注を控えたお客さまのアンケートをご紹介しましたが、そのなかでも、「顧客（あなた）の意図に沿わない提案を出してくる」を選択された方は

37・2％いらっしゃいました。

では、「意図に沿わない提案を出してくる」と感じた営業に足りなかったものは何か。それを表したのが次のページのグラフ（図表6－1）です。

過半数を超えたのは「要件に対してこの提案がマッチするという納得感がなかった」の61・7％、「会社の課題や状況を理解していなかった」の56・5％です。営業とお客さまの間に生じる情報ギャップを解消することの重要性がここでも窺えます。

続いて「価格に対する納得感がなかった」の47・8％、「あなたの不安に対する対応策や回答が提示されていなかった」の32・2％となっています。この次の項目が「提案内容の情報量が少なすぎた」の21・7％という回答になりますので、提案書を書く際に気をつけたいポイントとしては、「要件への合致度」「課題や状況に対する理解度」「費用対効果」「懸念や不安への対応」あたりが、重要な位置を占めることになります。

ちなみに、興味深い傾向として、「強みが響かなかった」「他社との違いがよくわからなかった」という回答が意外と少ないことが挙げられます。自社の独自性や差別化ポイントを強調するあまり、お客さまへの理解度が下がらないように注意したいところです。

【図表6-1】提案におけるガッカリの原因は「ズレ」にあり

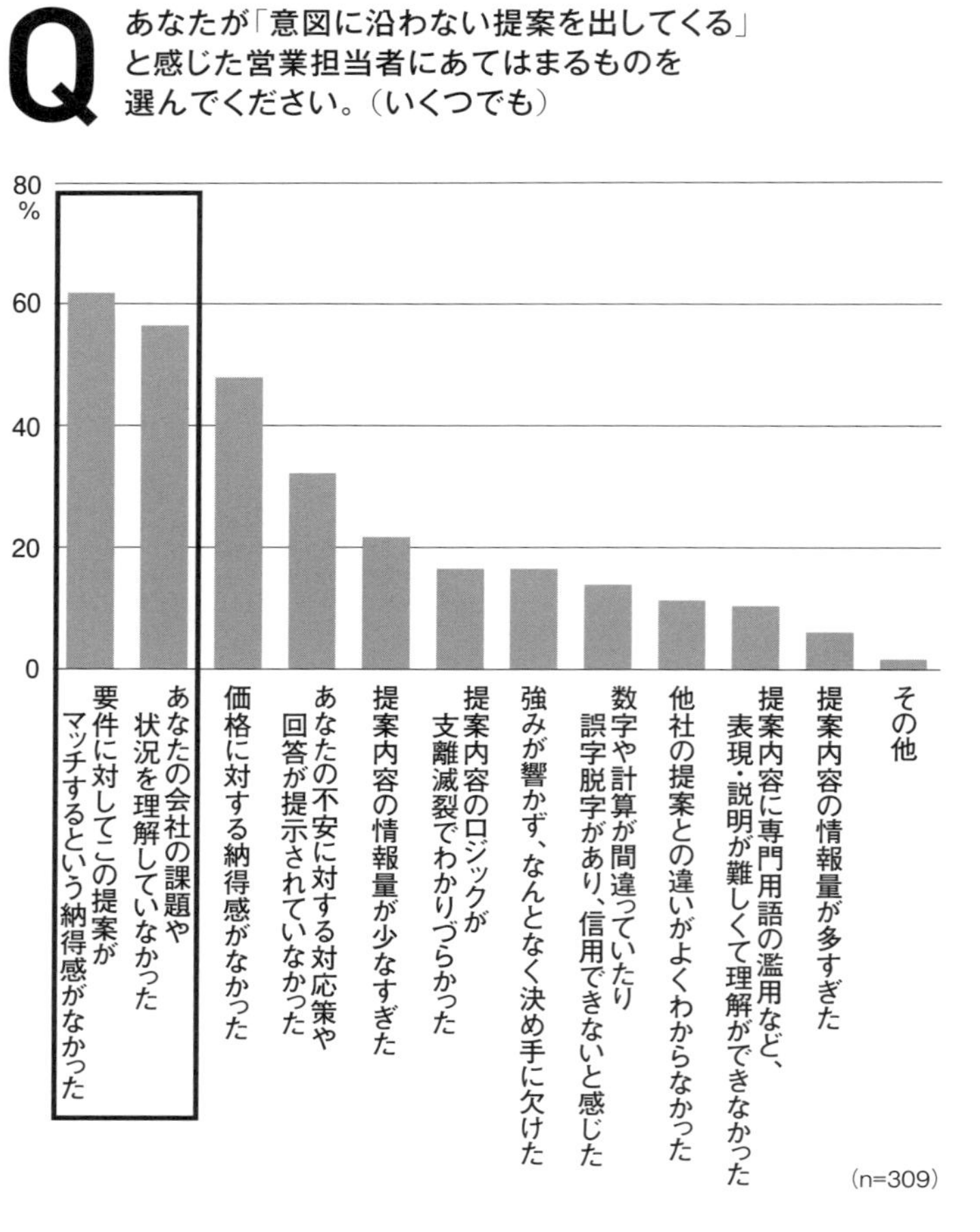
Q
あなたが「意図に沿わない提案を出してくる」
と感じた営業担当者にあてはまるものを
選んでください。（いくつでも）
80
%
60
40
20
0
要件に対してこの提案がマッチするという納得感がなかった
あなたの会社の課題や状況を理解していなかった
価格に対する納得感がなかった
あなたの不安に対する対応策や回答が提示されていなかった
提案内容の情報量が少なすぎた
提案内容のロジックが支離滅裂でわかりづらかった
強みが響かず、なんとなく決め手に欠けた
数字や計算が間違っていたり誤字脱字があり、信用できないと感じた
他社の提案との違いがよくわからなかった
提案内容に専門用語の濫用など、表現・説明が難しくて理解ができなかった
提案内容の情報量が多すぎた
その他
（n=309）

出所：マクロミルパネル利用のインターネット調査　2017年11月　TORiX調べ

提案書における「ズレ」が発生する原因

私も会社の経営者として、日々、いろいろな会社からの商品やサービスの購買を検討しますが、提案の内容に対して「ズレているな」と違和感があったものに対しては、自然と「お金を払いたくない」という心理が働きます。

提案内容を検討する前、営業には営業側の〝思惑〟があります。営業の思惑が強すぎると、提案の際、内容がその思惑に寄りすぎてしまいがちです。

一方で、買う方にもお客さま側の〝事情〟があります。お客さまの事情というのは、やりたいことや悩み、課題といったものから、検討状況など、多岐にわたります。

これらは通常、両方とも頭のなかで考えていることですから、当然、最初は全く噛み合いません。

そのため、営業担当者の側では、「自社の提案に早く落とし込みたい」「自社の提案の勝ちパターンに持っていきたい」という思いが強くなりすぎると、結果として、「提案自体が、お客さまの思っていることとズレてしまう」ということが起こります。（図表6-2）

【図表6-2】思惑の「ズレ」が見えないままにプレゼンを行うと、提案内容の「ズレ」が防げない

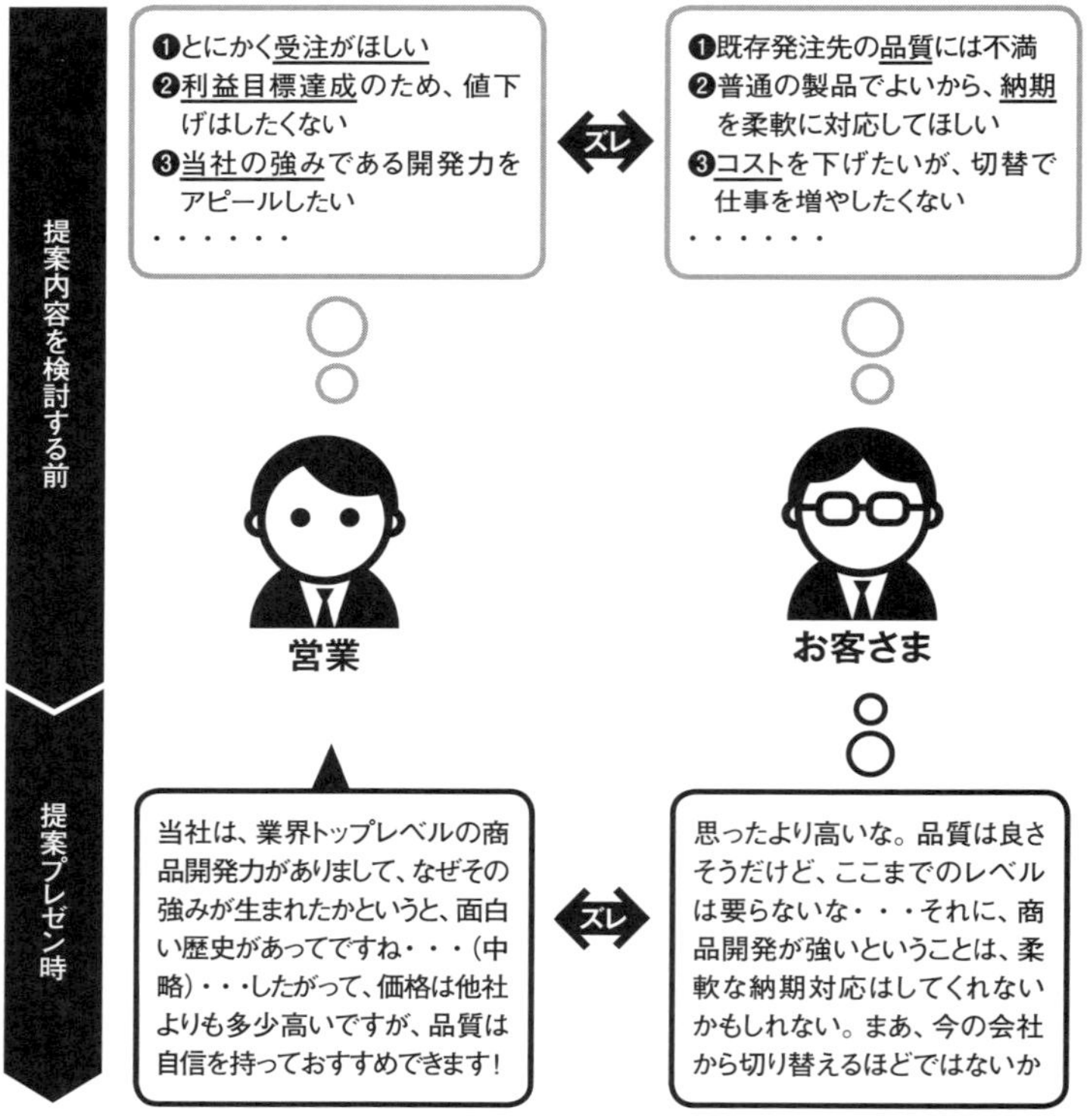
提案内容を検討する前
❶とにかく受注がほしい
❷利益目標達成のため、値下げはしたくない
❸当社の強みである開発力をアピールしたい
・・・・・・
ズレ
❶既存発注先の品質には不満
❷普通の製品でよいから、納期を柔軟に対応してほしい
❸コストを下げたいが、切替で仕事を増やしたくない
・・・・・・
営業
お客さま
提案プレゼン時
当社は、業界トップレベルの商品開発力がありまして、なぜその強みが生まれたかというと、面白い歴史があってですね・・・(中略)・・・したがって、価格は他社よりも多少高いですが、品質は自信を持っておすすめできます!
ズレ
思ったより高いな。品質は良さそうだけど、ここまでのレベルは要らないな・・・それに、商品開発が強いということは、柔軟な納期対応はしてくれないかもしれない。まあ、今の会社から切り替えるほどではないか

たとえば、マーケティングや人事など、いわゆる購買予算をたくさん持っている企画部署の方は、いろいろな会社からの営業提案を受ける機会があります。そういった企画部署の方々とお話ししていて、よく出てくる不満の一つは「提案書がほぼテンプレートのまま」というものです。

提示されている資料が明らかに「どこの会社にも出していそうな内容」で、当社の課題に関する言及もなく、打ち合わせ中に伝えたはずの要望に対する回答も記載されていない提案書。企画部署ともなると、このような〝テンプレ提案書〟を年がら年中、受け取ることになります。なかには、うっかり間違えて別の会社の名前が表紙に書いてあるテンプレ提案書すら見受けられます。

提案書では、「お客さまと営業との情報ギャップによるズレ」が、最も顕著に出やすいのです。

お客さまの求めているものがはっきりしていて、「これとこれがほしい」とか「こういうことを大事にしている」と言ってくださる場合は、とてもやりやすくなります。

しかし、目の前のお客さまが、「考えがまとまっていない」、「そもそも、あまり考えていない」、「自分だけでは意見を決められない」という状況になると、質問しても、あまり手応えがなかったり、話が散らばって、商談がちっとも前に進まなくなります。このまま提案を出しても、お客さまはぴんとこず、「何か違うな」という違和感（＝ズレ）を感じてしまうでしょう。

何を求め、何に困り悩んでいるのか、あまりはっきりと認識できていないお客さまは、課題について、できれば、営業担当者との商談を通じて、しっかりと理解し、把握していきたいと望んでいるのです。

そうなると、お客さまの課題解決につながる提案を行うためには、困っていることや、やりたいことを整理する「ヒアリング」と「見える化」を行って、お客さまの悩みや課題に寄り添った提案ができるようになることが重要になります。

そこで必要なのが、「4つの力」の一つである「提案ロジック構築力」です。

「提案ロジック構築力」を活用した商談の進め方（基本）

それでは、提案ロジック構築力を活用した商談の進め方の基本について、次の図（図表6-3）を見ながら確認しましょう。

【図表6-3】提案ロジック構築力（基本）：スキル習得のポイント
“要件の整理とすり合わせを行い、お客さまの課題に沿った提案をする”

目的	課題ややりたいことがはっきりしない顧客に対して、要件整理のヒアリングと見える化を行い、顧客の悩みや課題に対して寄り添った提案ができるようになる			
フェーズ	❶引き出すヒアリング	❷まとめるヒアリング	❸要件の確認	❹弊社対応の提示
ポイント	**質問力の発揮** □ 悩みや課題の要素を聞き出し、相手からうまく出てこない場合の助け船を出せている	**課題のキーワード化** □ キーワード化の3要点（具体化・抜け漏れ・優先順位）を確認する質問ができている	**要件整理** □ 要件整理について、顧客の納得感を確認するすり合わせができている	**提案骨子の説明** □ 顧客の理解を確認しながら、弊社対応（提案の骨子）を説明できている
	価値訴求力の発揮 □ 深いレベルでの悩みや課題を吐き出そうと思わせる価値の訴求ができている	**BANTCHの確認** □ BANTCH情報（予算・意思決定者・ニーズ・時期・競合・体制）を漏れなく確認できている	**論点の投げかけ** □ 要件の抜け漏れや優先順位を考えさせる質問により、顧客に気づきが生まれている	**テストクロージング** □ BANTCH情報に照らして、意思決定のためのネックを洗い出せている
よくある失敗	□ 顧客からうまく情報が出てこないと、営業側も言葉に詰まってしまう □ ヒアリング一辺倒で価値の訴求がない	□ キーワード化ができず、話が拡散したままになっている □ BANTCH情報（予算・意思決定者・ニーズ・時期・競合・体制）について抜け漏れがある	□ 要件整理について納得感を確認しないままに、弊社対応の説明をしている □ 要件の抜け漏れや優先順位を考えさせる問いかけがない	□ 顧客の理解を確認せず、一方的に弊社対応部分を説明してしまっている □ BANTCH情報に沿ったネック洗い出しがなく、提案への感触を確認していない

これまで学んだ質問力や価値訴求力もあわせて使うことで、商談における提案ロジック構築力が生きてきます。

最初の「引き出すヒアリング」のフェーズでは、質問力と価値訴求力が非常に重要になります。質問力と価値訴求力のキャッチボールによって、お客さまの悩みを引き出していくのです。引き出すヒアリングで、お客さまの悩みや課題を引き出すことができたら、次のフェーズ「まとめるヒアリング」に移ります。

まとめるヒアリングでは、「お客さまの悩みや課題について、キーワードの形にしたあと、具体化できているか、抜けや漏れがないか、優先順位は正しいか、確認すること」と、「BANTCH情報を漏れなく確認すること」が目的となります。

BANTCHとは、第2章でも説明しましたが、「B」が「Budget＝予算」、「A」は「Authority＝決裁者・意思決定者」、「N」が「Needs＝課題や要望」、「T」が「Timing＝検討スケジュール」、「C」が「Competitor＝競合」で、「H」が「Human Resources＝相手側の体制」を意味します。

「課題のキーワード化」と「BANTCHの確認」が済むと、次のフェーズに進み、お客さまのご要望と自社の提案のすり合わせができます。

受注を決めるために重要なポイントは、ズレた提案を出す前に、「要件の確認」というワンステップを挟むことです。そうすると、まだ提案を正式に受けてはいないけれど、お客さまは「この営業担当者は理解してくれているな」と感じます。

また、要件整理ができていれば、お客さまは、社内でも「この課題を解決してくれるのが、今回採用した提案です」というふうに説明しやすくなるのです。

提案におけるズレを防ぐには、要件整理を行ってから提案をぶつけることです。「弊社対応の提示」を行う際には、お客さまのやりたいことやお悩み、課題といったものに対して、いかにフィットしているかを示す必要があります。

要件整理をしてから提案を出すことが、提案ロジック構築力の基本においては、極めて大事な役割を果たすのです。

「要件整理」でお客さまの課題と自社の提案方針を見える化

外部発注の際、「課題や要望」がきれいに整理されていないお客さまは意外と多いので、課題や要望を整理するお手伝いができれば、お客さまにとても喜ばれます。

その要件整理について、次の図(図表6−4)をもとに解説していきます。ちなみに、図に記載されているのは、いわゆる研修業界で、幹部候補の育成を依頼されたときの例です。

この表の左半分は、お客さまが「達成したいと求めていること」「解決したいと悩んでいること」などの要件です。それに対して、右半分は、「自社がどんな提案を出せるか」という、弊社対応の提示になります。要件整理は、いっきに弊社対応の提示までいかずとも、まずは左半分の要件を箇条書きにした段階で、お客さまとすり合わせるという形でも構いません。

この要件整理の表をつくるうえでの最初のポイントは、お客さまが抱えている悩みや課題を「キーワード化」することです。

お客さまのお話を伺いながら、「今回悩まれているのは、一つはこうで、あとは、こういうこともお考えですね」というふうに、悩みや課題をキーワードにして、指を折りつつ整理していきます。指折りで話をしていくと、お客さまには、「この営業担当者と一緒に話すと、要件が整理されるな」と感じていただきやすくなります(あるいは、目の前の大きな紙などに書き出す形でもよいでしょう)。キーワードを洗い出したら、抜け漏れがないか、「網羅感」を確認しておきましょう。

次に、お客さまと確認した今回の案件のキーワードを、「それはいったいどういうことな

【図表6-4】自社提案がお客さまの課題や要望に応えていることを示すのが「要件整理」

	今回の要件	具体的な内容	弊社の対応
1	マネジメントスキルの強化	部下に対して権限移譲や育成を効果的に行うための必要スキルを習得	実践度の高い臨場感ある演習や講義を盛り込んだプログラム設計（実際の教材サンプルを添付）
2	講師の確保	複数クラスでの開催にあたり、マネジメント経験を豊富に持つ講師を揃える	万全の育成体制に基づく講師層（実際のプロフィールをご提示）
3	費用	ご予算枠との対応	段階的な見積もりオプションを作成
4	運営支援	対象人数が多いため、案内や事前・事後課題及び職場の巻き込みへの支援が必要	運営面で必要なタスクとスケジュールの一覧、および弊社の支援ポイントをご提示
5	リーダーシップへの意欲醸成	現場目線に陥りすぎず、経営目線で組織を強く牽引できるマインドセットへの刺激	将来を見据えた意識醸成を図るため、貴社経営メッセージと照らして、目線を上げる仕掛けや仕組みを構築

❶網羅感の確認
❷具体化
❸優先順位の確認

のか」という観点で「具体化」していきます。

たとえば、お客さまから、「マネジメントスキルや部下育成力を強化したい」というキーワードが出されたとします。これがお客さまの要件です。営業担当者は「具体的には、どういうことなんですか」と質問(ヒアリング)して、お客さまから、「権限移譲や育成を効果的に行うために必要なスキルを部下に習得させたいんです」という回答をいただければ、それが「具体的内容」となり、お客さまの要件の一つが整理されます。

このような形で、お客さまの話に出てきた今回の要件を漏れなくキーワード化して、さらなる質問(ヒアリング)によってキーワードの内容を具体化することで、お客さまの望みや悩みや課題といった要件を次々とあぶり出していきます。

そして、あぶり出した要件の一つひとつに対して、「弊社では、このような対応策が用意できます」という形で、その「解決方法」も添えられると望ましいです。

そうすれば、お客さまの要件に対する理解が深まると同時に、上層部にも説明しやすくなるでしょう。

こうして、網羅的に洗い出した要件の「キーワード」と「具体的な内容」、それに対して「自社が提供できる解決方法」が出てきたら、今度は、それらを理解しやすいように整理します。

課題がキーワードとして漏れがない状態を確認できたら、どの要件の重要度が高いかを考える必要があります。それが「優先順位の確認」です。表では、上から優先順位の高い順に並んでいるので、一目瞭然です。

こうして、要件を整理した上ですり合わせがうまくいけば、提案する前に〝ズレ〟を未然に防ぐことができるので、受注率は格段に上がります(図表6-5)。

当社では、業界未経験・営業未経験のメンバーも営業担当として採用していますが、新規開拓活動を行いながら、会社全体でも高い受注率を維持しています。私が訪問同行しなくとも、皆、単独訪問で高い受注率を獲得できているのは、要件整理にかなりのプライオリティを置いているという背景があります。

当社内では「案件化した場合、初回訪問から2日以内に要件整理をして、お客さまに送付し、電話ですり合わせのコミュニケーションを取る」というルールがあります。

要件整理が規定の期日までに行われているかどうかは、提案中の商談について、すべてSFA(営業支援システム)上で「見える化」しています。

ここまでやるのは、お客さまに「この営業はわかってくれている」と感じていただけるかどうかにおいて、要件整理こそ、時間を投資する価値のある重要なアクションだからです。

【図表6-5】お客さまの頭のなかを見える化し、当社の提案に結びつくストーリーを描くと、ズレを防ぐ「すりあわせ」によって受注率が上がる

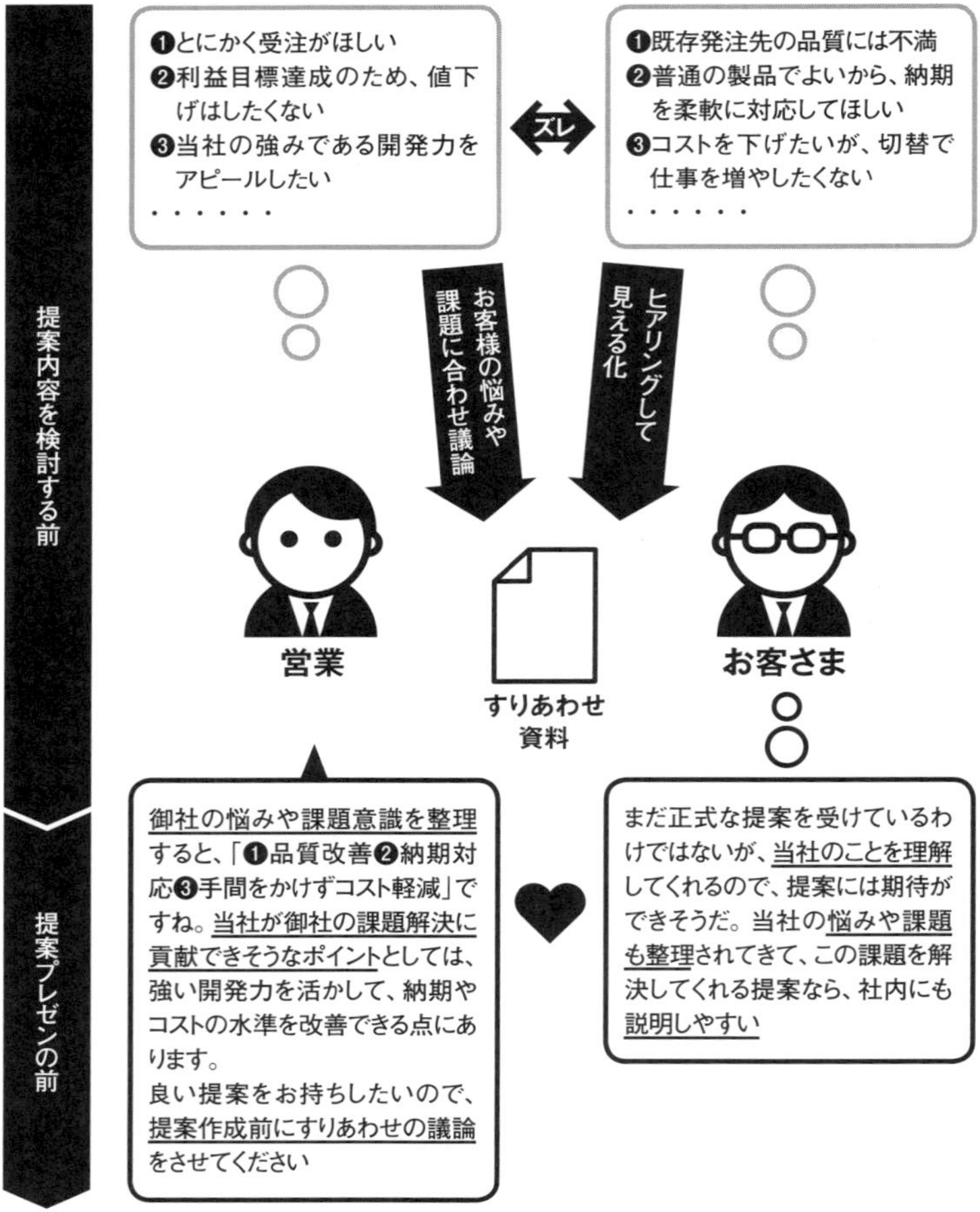

提案内容を検討する前
提案プレゼンの前
❶とにかく受注がほしい
❷利益目標達成のため、値下げはしたくない
❸当社の強みである開発力をアピールしたい
・・・・・・・
ズレ
❶既存発注先の品質には不満
❷普通の製品でよいから、納期を柔軟に対応してほしい
❸コストを下げたいが、切替で仕事を増やしたくない
・・・・・・・
お客様の悩みや課題に合わせ議論
ヒアリングして見える化
営業
すりあわせ資料
お客さま
御社の悩みや課題意識を整理すると、「❶品質改善❷納期対応❸手間をかけずコスト軽減」ですね。当社が御社の課題解決に貢献できそうなポイントとしては、強い開発力を活かして、納期やコストの水準を改善できる点にあります。
良い提案をお持ちしたいので、提案作成前にすりあわせの議論をさせてください
まだ正式な提案を受けているわけではないが、当社のことを理解してくれるので、提案には期待ができそうだ。当社の悩みや課題も整理されてきて、この課題を解決してくれる提案なら、社内にも説明しやすい

要件整理をもとにした質問から、重要な気づきが起こる

要件整理をしていくと、そこで初めて、お客さまに気づきや発見が起こることも、決して珍しくありません。

たとえば、製造業のお客さまが「生産の柔軟性も、対応も、価格も、全部大事なんだよね」のように、「どれも大切」とおっしゃる場合や、「とにかく早く(安く)」のような曖昧な表現があるケースについて考えてみましょう。

お客さまも忙しいなかで発注検討のための要件を考えているので、こちらに当初伝わってきた要件については、それが十分に整理されているか否か、疑わしいこともあります。

そのようなときこそ、質問力と価値訴求力の出番です。

まずは質問力によって、「網羅感」「具体化」「優先順位」を確かめていきましょう。

ただ、お客さまがストレートに答えてくださるとは限らないので、価値訴求力も組み合わせて、お客さまと一緒に考えるモードになれることが望ましいです。

要件整理のディスカッションがうまくいくと、そこで「わかってくれる」というポジショ

【図表6-6】要件の「網羅感」「具体化」「優先順位」をはっきりさせるためにも、質問が有効

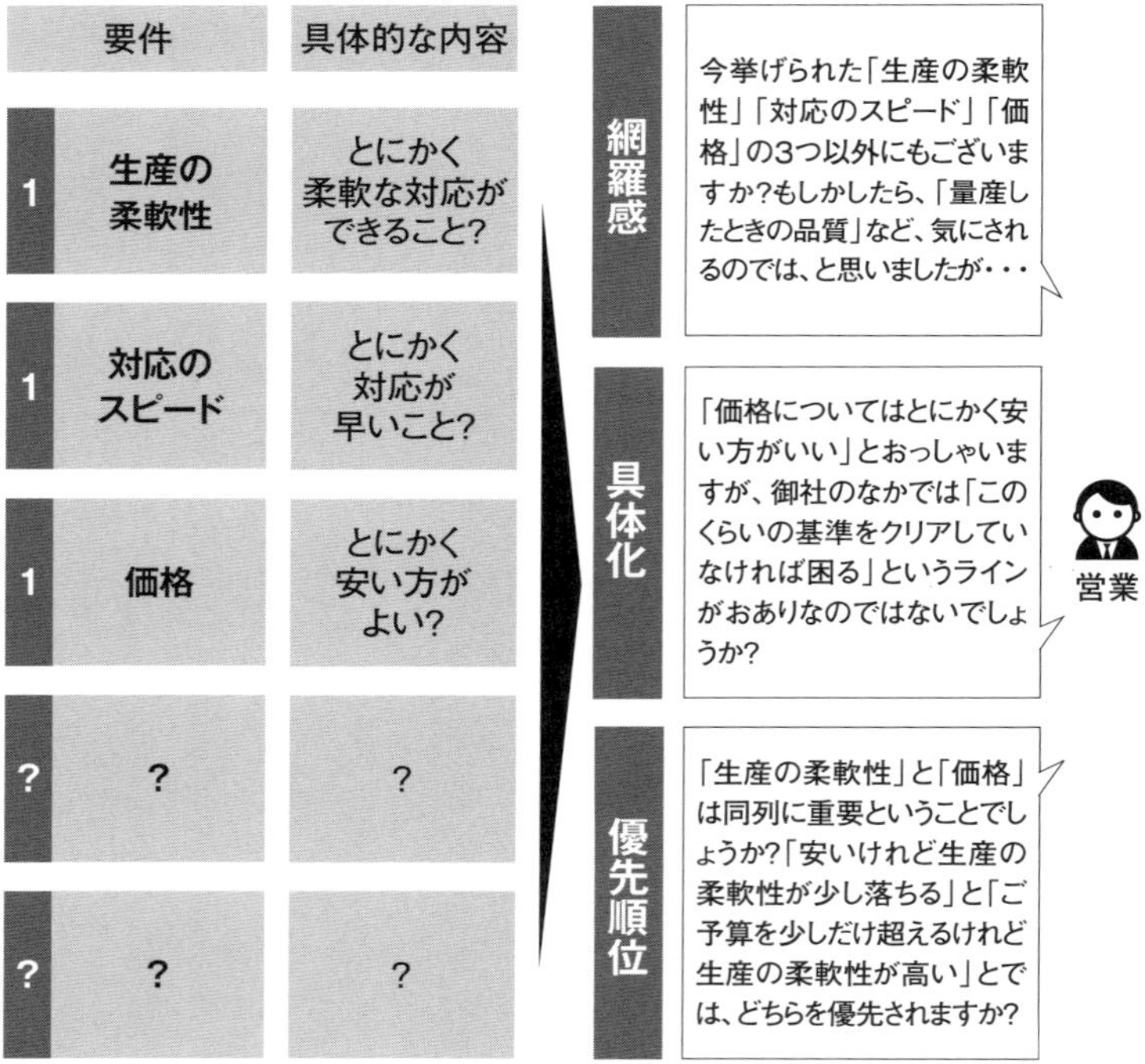
要件
具体的な内容
1
生産の柔軟性
とにかく柔軟な対応ができること?
1
対応のスピード
とにかく対応が早いこと?
1
価格
とにかく安い方がよい?
?
?
?
?
?
?
網羅感
今挙げられた「生産の柔軟性」「対応のスピード」「価格」の3つ以外にもございますか?もしかしたら、「量産したときの品質」など、気にされるのでは、と思いましたが・・・
具体化
「価格についてはとにかく安い方がいい」とおっしゃいますが、御社のなかでは「このくらいの基準をクリアしていなければ困る」というラインがおありなのではないでしょうか?
優先順位
「生産の柔軟性」と「価格」は同列に重要ということでしょうか?「安いけれど生産の柔軟性が少し落ちる」と「ご予算を少しだけ超えるけれど生産の柔軟性が高い」とでは、どちらを優先されますか?
営業

ンを獲得し、信頼度が一気に上がります(図表6-6)。

要件整理を行ううえで、注意すべきリスクは、要件整理したものを送付して、「こちらの認識は合っていますか」という質問を一言だけ投げて、お客さまから「大丈夫です」という返事をいただいたら、そこでアクションを止めてしまうことです。

お客さま側で課題や要望がきれいに整理されていないのに、その時点で止めてしまうと、お客さま側の要件が社内事情や競合の提案によって変わった場合、その変化をキャッチできずに失注する可能性が大きくなるからです。

そこで、要件整理をして、確認のコミュニケーションを取る際には、「認識は合っていますか」の一言で止めるのではなく、「網羅的に考えると、これが抜けているかもしれない」「これは、もう少し具体化した方がいいのではないか」「この優先順位が曖昧ではないか」といった点をあらかじめ考えておくとよいでしょう。

「要件整理」のさらに先が必要になるとき

【図表6-7】商談の状況によっては、要件整理をするだけでは勝ちきれない

商談の状況	要件	内容	当社対応	競合対応
当社有利の接戦案件（当社＞競合）	① 生産の柔軟性	XXXXX	◎	◎
	② 対応のスピード	XXXXX	○	×
	③ 価格	XXXXX	△	○
	④ 量産時の品質	XXXXX	○	○

（想定される顧客認識）

トータルをきちんと整理すると、当社有利

商談の状況	要件	内容	当社対応	競合対応
接戦の中でもビハインドの案件（当社＜競合）	① 生産の柔軟性	XXXXX	△	◎
	② 対応のスピード	XXXXX	○	○
	③ 価格	XXXXX	×	○
	④ 量産時の品質	XXXXX	○	△

（想定される顧客認識）

最重要項目で競合有利のみならず、トータルでも競合優勢

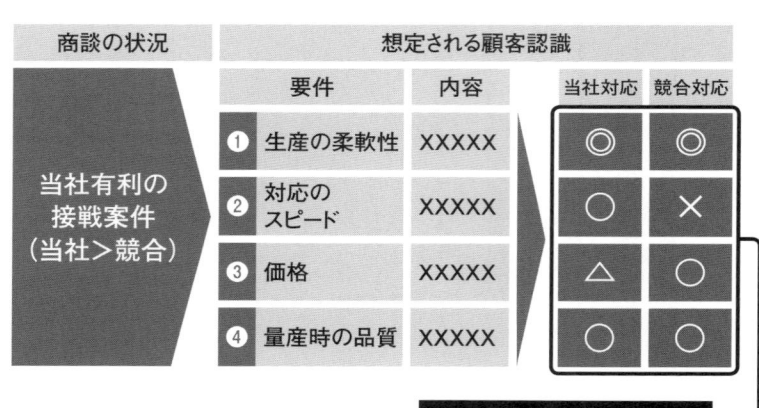

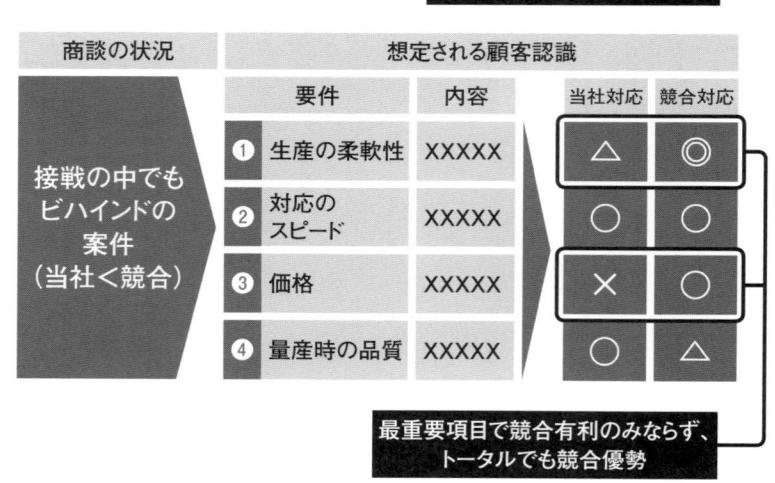

そこまで難易度の高くない接戦案件については、質問力と価値訴求力を駆使して、きちんと要件整理をすれば、提案ロジック構築力の基本を押さえた提案活動によって、「当社を選ぶ理由」が作りやすくなります。

しかし、たとえば「すでにお客さまが競合になびいているところから、どうひっくり返すか」といった、難易度の高い接戦案件もあります。

このような「難易度の高い接戦案件」の場合、そのまま要件整理をして、他社と提案内容を比較されると、お客さまは競合に傾きかねません（図表6-7）。

競合に勝つためには、さらに先の応用レベルが必要になってきます。

そこで、応用編の提案ロジック構築力について、これからご紹介していきます。

「提案ロジック構築力」を活用した商談の進め方（応用）

提案ロジック構築力を活用した商談の進め方の応用編でも、前半の「引き出すヒアリング」と「まとめるヒアリング」のフェーズは、基本編と同じです（図表6-8）。

【図表6-8】提案ロジック構築力（応用）：スキル習得のポイント
“ビハインドの状況から、逆転受注するためのロジックを作る”

目的	ビハインドの状況から、顧客の意思決定ロジックを分析し、当社提案がベストの選択肢であるということを見える化できるようになる			
フェーズ	❶引き出すヒアリング	❷まとめるヒアリング	❸競合へのキャッチアップ	❹競合を逆転
ポイント	**質問力の発揮** □ 悩みや課題の要素を聞き出し、相手からうまく出てこない場合の助け船を出せている **価値訴求力の発揮** □ 深いレベルでの悩みや課題を吐き出そうと思わせる価値の訴求ができている	**課題のキーワード化** □ キーワード化の3要点（具体化・抜け漏れ・優先順位）を確認する質問ができている **BANTCHの確認** □ BANTCH情報（予算・意思決定者・ニーズ・時期・競合・体制）を漏れなく確認できている	**気づかせ質問** □ 要件の抜け漏れやトレードオフを問う質問によって、顧客に気づきを生み出せている **当社のプラス要因訴求** □ 当社にあって競合にない独自のプラス要因を、顧客が腹落ちするように伝えられる	**競合とのギャップ特定** □ 顧客が認識している当社のマイナス要因と競合のプラス要因をヒアリングできている **逆転の価値訴求** □ 競合のプラス要因は当社も満たせると示した後、当社のマイナス要因を払拭できている
よくある失敗	□ 顧客からうまく情報が出てこないと、営業側も言葉に詰まってしまう □ ヒアリング一辺倒で価値の訴求がない	□ キーワード化ができず、話が拡散したままになっている □ BANTCH情報（予算・意思決定者・ニーズ・時期・競合・体制）について抜け漏れがある	□ 単なる要件の確認のみ問う質問になってしまい、顧客に気づきが生まれない □ 当社独自のプラス要因を顧客に伝えないまま、競合状況のヒアリングに移ってしまう	□ 当社のマイナス要因か競合のプラス要因のいずれかを聞き漏らしてしまう □ 競合のプラス要因を否定してしまったり、当社のマイナス要因を解消しきれない

しかし、応用編の後半フェーズでは、「お客さまには、長く付き合うひいきの競合がいる」など、ビハインドの状況からの逆転を図るため、基本編から一段上の「どうやって現状の不利をひっくり返していくか」というプロセスが発生します。

お客さまが「現時点では競合の案になびいている」という不利な状況では、この前提のまま提案を出すと、競合優位で決着してしまいます。

したがって、「競合へのキャッチアップ」のフェーズにおいて、この前提に対して変化を生み出すための「気づかせ質問」で、この要件に対する再考を促します。

気づかせ質問は、第4章の「課題解決質問」でも登場しました。ここでは、お客さまに「現状の前提のまま検討を進めてよいか。いや、それでは足りないので、抜け漏れや優先順位について、再検討の必要がある」という点に気づいていただくのが目的です。

気づかせ質問で、お客さまに「現状の前提のまま進めるのではなく、もう少し要件を再考してみよう」というモードになっていただくと、当社にもチャンスが生まれます。

お客さまが要件を再考したタイミングで、すかさず当社の強みを訴求して、「そのまま落とすには惜しい」というポジションを取ります。お客さまとしても、「保険のため、この会社も最後まで残しておこう」となるわけです。このポジションさえ獲得できれば、「競合を逆転」のフェーズでの一騎打ちで、ひっくり返せる可能性が出てきます。

「競合を逆転」のフェーズでは、接戦において、当社が断られるリスクとなる「当社提案のマイナス要因」と「競合提案のプラス要因」をまず聞き出します。このヒアリングに漏れがあると致命的なので、注意が必要です。

そして、再提案をくり返しながら、「当社提案のマイナス要因」と「競合提案のプラス要因」を徐々に消し去り、競合との差を詰めていきます。

こうして、選ばれる理由をしっかりと作り上げ、最後はお客さまの「2社とも良い提案で、決めきれない」という認知的不協和を解消して、クロージングします。

この「競合を逆転」のフェーズで最も重要となる「当社提案のマイナス要因と競合提案のプラス要因への対応」について、このあと具体的に説明したいと思いますが、まずは、その前提として理解しておくべき「お客さまの認知的不協和を解消する方法」について確認しておきましょう。

認知的不協和を「お客さまが当社を選ぶ理由」で解消する

発注を検討する際に複数の選択肢があり、どちらを取るか決めきれないというのは、お客さまにとって、ある種の「矛盾」状態です。人間は、自分の持っている複数の情報の間で矛盾が生じると、自分を正当化する形で、その矛盾を低減、もしくは解消しようとします。これが、第2章でもお話しした「認知的不協和理論」です。

たとえば、ある会社に発注しているお客さまが、ほかの会社からも提案を受け、新しい提案もまんざらではなかったとします。お客さまは、「新しい会社の提案は魅力的だが、怖い」と「既存先は改善の余地ありだが、リスクが低い」という認識の間で迷います。

しかし、そのまま決めない状態ではいられないので、お客さまは「まだ関係のない新規提案の方が断りやすいから、そこの提案内容をそれとなく既存の取引先に漏らして、安心できる既存先に発注し、新規先には、何か理由をつけて断ろう」などと考えます。

この場合のポイントは、「迷ったお客さまは〝言いやすい理由〟を正当化する」ということです。断りやすい人に、断りやすい理由で、断るのです。

基本的に、お客さまは、購買経験が長くなってくると、「営業を断る言い訳」に長けてきます。そのため、特に法人営業では、「お客さまが選ぶ理由」を具体的かつ論理的に作れないと、こちらを断りやすいと認識されて、ピンチに陥りやすくなります。

お客さまが営業パーソンのキャラクターを気に入って、「この営業が魅力的なキャラだから」では上司に説明できません。しかし、「この提案の費用対効果はこれこれで、ほかの選択肢より明らかに効果が高い」という理由ならスムーズに説明できます。「お客さまが当社を選ぶ理由に関する客観性の高いロジック」があれば、社内の意思決定プロセスを通しやすくなるのです。

では、どのようにして「お客さまが当社を選ぶ理由」をつくればよいのでしょうか。

そこで登場するのが「対立ロジック」をもとにした思考プロセスです。

対立ロジックから「お客さまが当社を選ぶ理由」を作る

当社の提案のほかに「競合」「保留」「内製」といった選択肢があり、現状はほかの選択肢の方が有利で、当社がビハインド状態となると、商談の難易度は非常に高くなります。結果、基本編で紹介した要件整理だけでは勝てなくなります。

不利な状況を逆転するには、お客さまの〝迷い〟のもとである認知的不協和を「当社を選ぶ理由」で解消しなければなりません。そのための具体的な取り組みとして、「当社提案のマイナス要因と競合提案のプラス要因」に対して手を打つ必要があります。

ここで、入り組んだ状況を考えやすくするため、2つの選択肢の〝対立構造〟として見える化したのが「対立ロジック」です。

それでは、次のページのチャート図(図表6-9)を参照しながら、対立ロジックに従って、提案の内容と評価を整理する方法について、詳しく解説していきましょう。

基本のプロセスとしては、大きく3つのステップがあります。

「ステップ1」では、対立ロジックに従って、「当社の提案内容」を「認知A」、「競合の提案内容(あるいは、保留、内製)」を「認知B」と設定し、認知Aと認知Bを両方同時には採用できないという構造を明示します。

「ステップ2」の前半は、認知A、認知B、それぞれを採用したときのお客さまにとっての「ポジ材料(メリット)」と「ネガ材料(デメリット)」を並べます。

このとき、「A採用のネガ材料」が「B採用のポジ材料」と重複することもありますが、すべて同じわけではないので、気にせず、それぞれ書き出すようにします。

また、「A採用のポジ材料」、「B採用のネガ材料」は、ともに「当社の提案(認知A)を選ぶ理由」になるので、この二つは、次の「ステップ3」に直結させます。

「ステップ2」の後半では、「A採用のネガ材料」が解消できるアイデアをたくさん考えて、

【図表6-9】「お客様が当社を選ぶ理由」を考えるフレームワーク

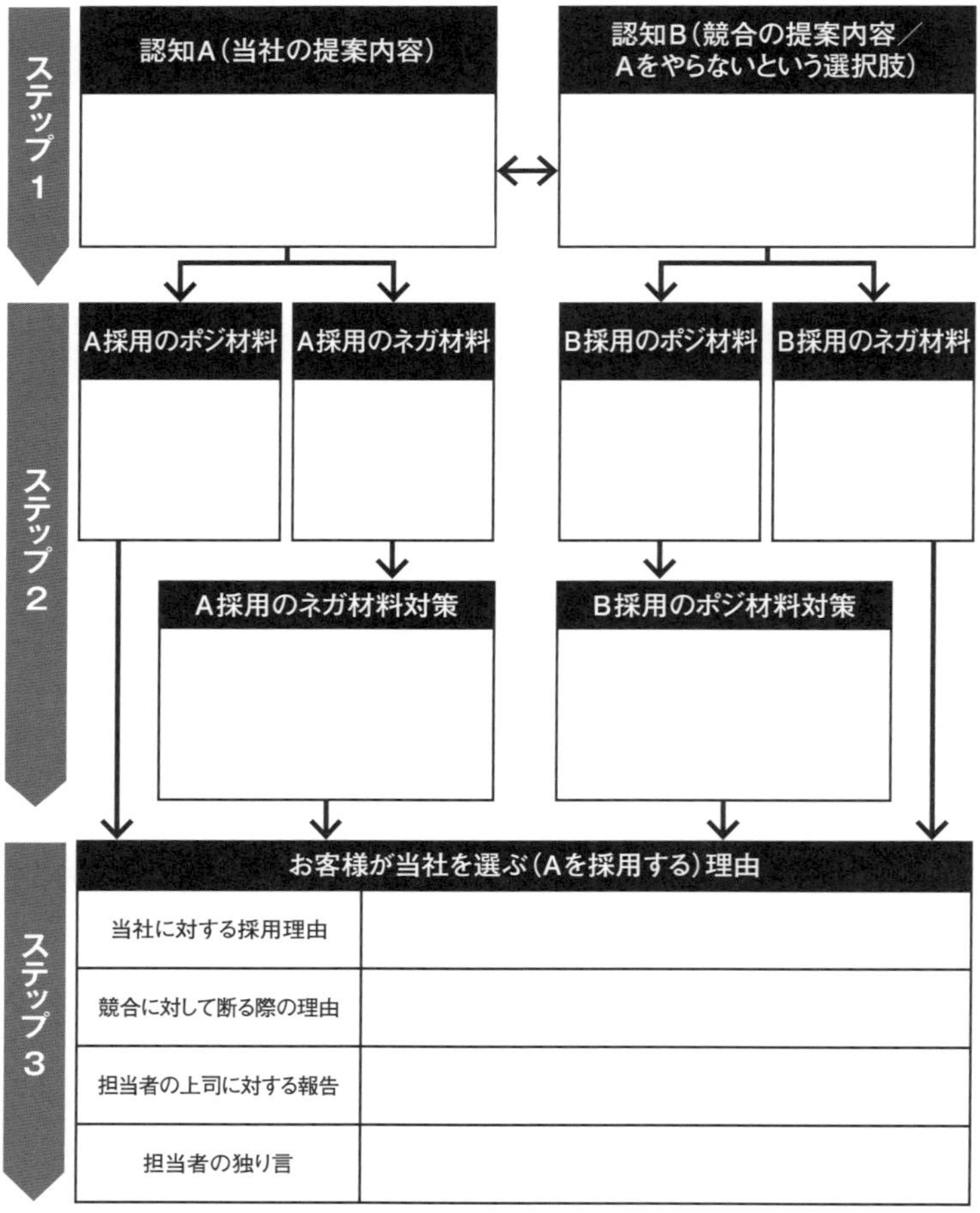

Aのデメリット解消策として「A採用のネガ材料対策」の欄に記入します。
また、「B採用のポジ材料」を打ち消すような条件や、「Bのメリットは、Aでも、こうすれば享受できる」という代替案を集めて、Bのメリット融合策として「B採用のポジ材料対策」の欄に列記します。

この「ステップ2」の後半部分が、「当社提案のマイナス要因と競合提案(内製・保留)のプラス要因を解消する」というプロセスになります。

この段階で、「当社の提案(認知A)を選ぶ理由」をつくるための4つの材料が、すべて出そろいます。

「ステップ3」では、これらの材料を組み合わせて、「お客さまが当社(の提案)を選ぶ理由」を構成します。

注意していただきたいのは、一連の情報はすべて「お客さまから」の目線で考え、特に「お客さまが選ぶ理由」の文章は、第三者に伝える形の文体で書くことです。法人営業における接戦案件では、決着する前後、「担当者(お客さま)がいろいろな関係者に理由を伝える場面」が必ず登場するからです。

ましてや、このケースでは、かつて有利な状況にあった「ほかの選択肢」をやめて、新たに「当社の提案」を選ぶわけですから、なおさら「説明しやすさ」は重要です。

よって、「競合（内製・保留）を逆転」するための「お客さまが当社を選ぶ（Aを採用する）理由」については、次の4つのバリエーションを作ります。

一つ目は「当社に対する採用理由」。二つ目は「競合に対して断る際の理由」。三つ目は「担当者の上司に対して採用を決定した旨の報告」。四つ目は「担当者自身が自分の心のなかで納得するための独り言」です。

このように、お客さまの「本音と建前」まですべて想定しておけば万全です。

それでは、競合、保留、内製といった、対立する選択肢に対するロジックの作り方を解説していきます。

他にも良い商品・サービスはあるのになぜ当社か――対・競合

3つのステップからなるこの思考プロセスを、実際のパターンにあてはめて考えてみましょう。ちなみに、チャートに書き込まれているビジネスモデルは、新規事業立ち上げを支援するコンサルティング・サービスの事例で設定されています。

最初は、お客さまが2社の提案で迷っている「対・競合（コンペ）」の場合です。お客さまは、どちらかの提案を選び、どちらかを断ることになります。

まず、ステップ1で、当社と競合それぞれの提案内容を対立する2つの認知として、その内容を具体的に書き込みます。

ステップ2では、当社と競合それぞれの提案の「ポジ材料」と「ネガ材料」を4つ並べて、当社の「ネガ材料」を打ち消すための対策と、競合の「ポジ材料」を当社で補完するための対策を書き加えます。この際、ポイントとなるのは、お客さまが「当社のポジ材料」「当社のネガ材料対策」「競合のポジ材料対策」「競合のネガ材料」のどれを検討しても、そのすべてが「当社を選べば、お客さまのメリットになる」と納得していただける内容になっていることです。

ステップ3では、目的に合った要素を選択して、お客さまに活用していただく「4つの理由」にまとめます。

こうして、対立ロジックのチャートを完成させて、「お客さまが当社を選ぶ（Aを採用する）理由」を構築すれば、たとえ最初は不利な状況であったとしても、競合との「コンペ」で逆転できるのです（図表6-10）。

【図表6-10】「他にも良い商品・サービスはあるのになぜ当社か？」

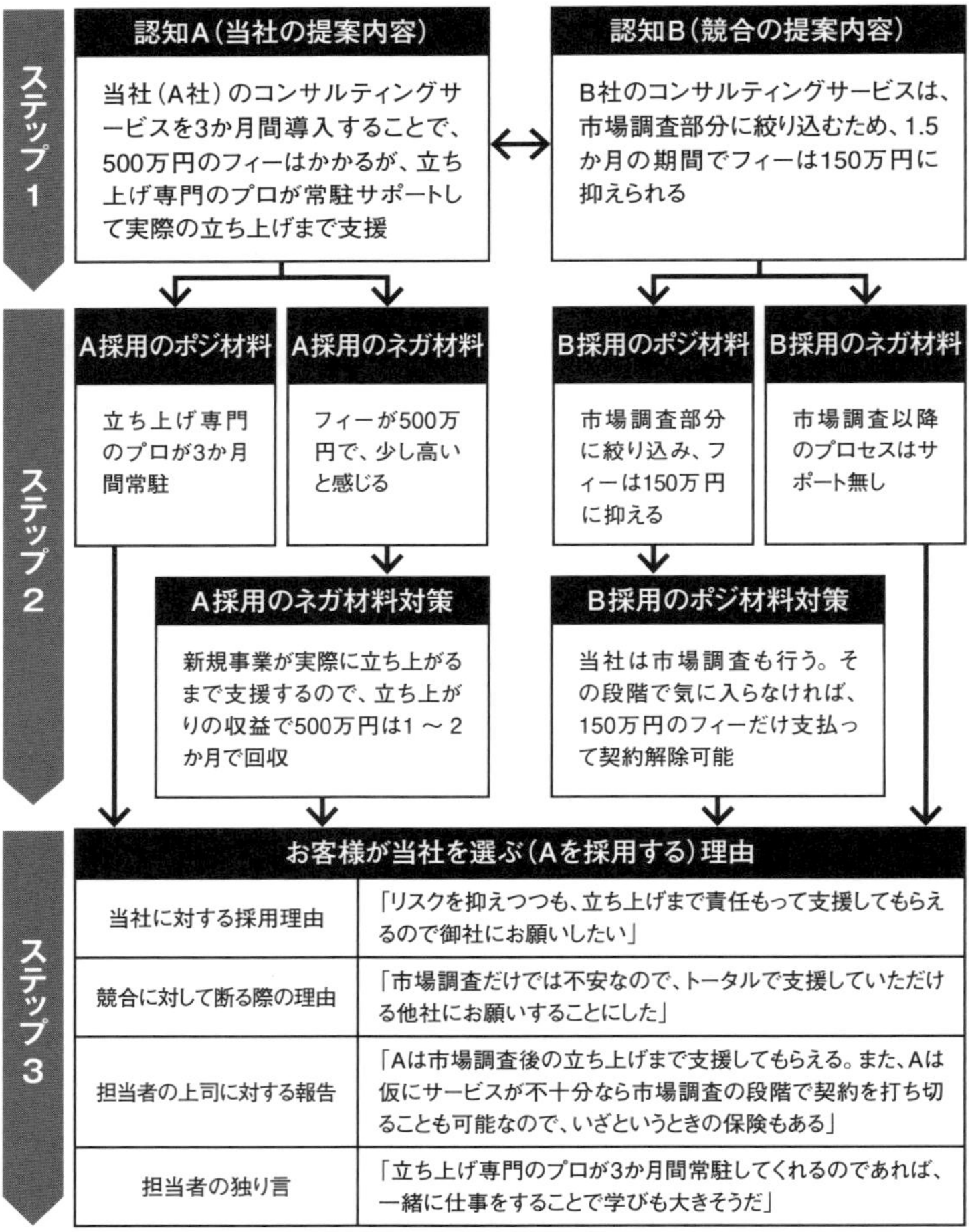
ステップ1
認知A（当社の提案内容）
当社（A社）のコンサルティングサービスを3か月間導入することで、500万円のフィーはかかるが、立ち上げ専門のプロが常駐サポートして実際の立ち上げまで支援
認知B（競合の提案内容）
B社のコンサルティングサービスは、市場調査部分に絞り込むため、1.5か月の期間でフィーは150万円に抑えられる
ステップ2
A採用のポジ材料
立ち上げ専門のプロが3か月間常駐
A採用のネガ材料
フィーが500万円で、少し高いと感じる
B採用のポジ材料
市場調査部分に絞り込み、フィーは150万円に抑える
B採用のネガ材料
市場調査以降のプロセスはサポート無し
A採用のネガ材料対策
新規事業が実際に立ち上がるまで支援するので、立ち上がりの収益で500万円は1 ～ 2か月で回収
B採用のポジ材料対策
当社は市場調査も行う。その段階で気に入らなければ、150万円のフィーだけ支払って契約解除可能

ステップ3

お客様が当社を選ぶ（Aを採用する）理由	
当社に対する採用理由	「リスクを抑えつつも、立ち上げまで責任もって支援してもらえるので御社にお願いしたい」
競合に対して断る際の理由	「市場調査だけでは不安なので、トータルで支援していただける他社にお願いすることにした」
担当者の上司に対する報告	「Aは市場調査後の立ち上げまで支援してもらえる。また、Aは仮にサービスが不十分なら市場調査の段階で契約を打ち切ることも可能なので、いざというときの保険もある」
担当者の独り言	「立ち上げ専門のプロが3か月間常駐してくれるのであれば、一緒に仕事をすることで学びも大きそうだ」

先延ばしにしてもいいのに、なぜ今なのか？――対・保留

競合がいなくともお客さまが迷う理由としては、「先延ばしにしてもいいのに、なぜ今なのか」がはっきりしないケースがあります。ほかの会社との比較ではなく、当社だけが提案していて、お客さまが「今やるか、やらないか」を判断する案件です。お客さまは、「今、提案を採用する」「今は提案を採用しない（保留する）」の二択で迷っています。

「今は提案を採用しない」という選択の方が、決断を保留できるので、お客さまにとっては、心理的に優位な状況にあるわけです。

この場合も、ステップ1で、認知Aを「当社の提案内容」とするのは同じですが、認知Bには「今は発注せず、先延ばしにする」が入ります。

ステップ2のチャートへの書き込み方は、「対・競合（コンペ）」のときと同様です。ここで、「当社のポジ材料」「当社のネガ材料への対策」「保留したときのポジ材料への対策」「保留したときのネガ材料」が出そろいます。

ステップ3では、これら4つの内容を組み合わせながら、「当社に対する採用理由」「担当

【図表6-11】「先延ばしにしてもいいはずなのに、なぜ今なのか？」

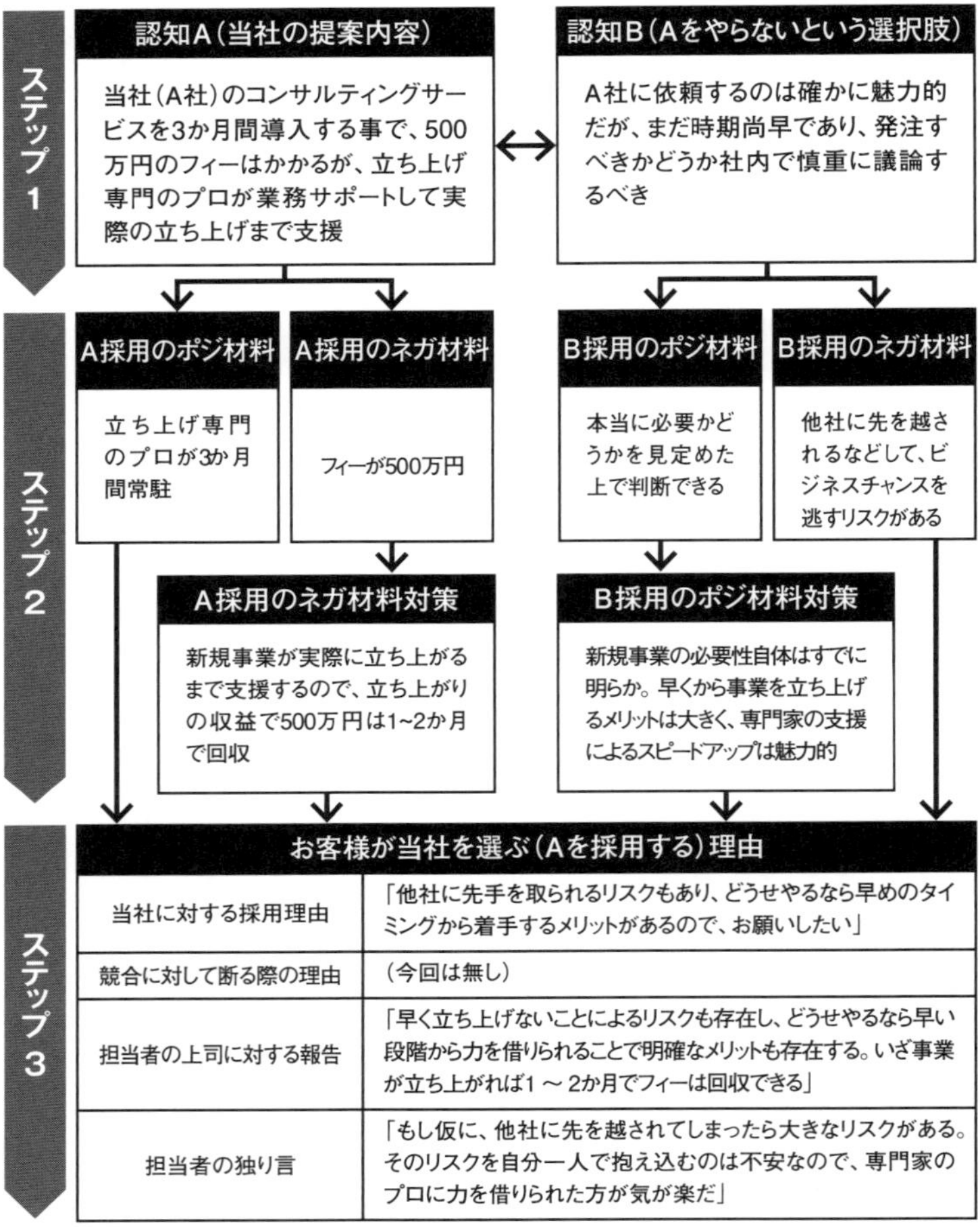

ステップ1
認知A（当社の提案内容）
当社（A社）のコンサルティングサービスを3か月間導入する事で、500万円のフィーはかかるが、立ち上げ専門のプロが業務サポートして実際の立ち上げまで支援
認知B（Aをやらないという選択肢）
A社に依頼するのは確かに魅力的だが、まだ時期尚早であり、発注すべきかどうか社内で慎重に議論するべき
ステップ2
A採用のポジ材料
立ち上げ専門のプロが3か月間常駐
A採用のネガ材料
フィーが500万円
B採用のポジ材料
本当に必要かどうかを見定めた上で判断できる
B採用のネガ材料
他社に先を越されるなどして、ビジネスチャンスを逃すリスクがある
A採用のネガ材料対策
新規事業が実際に立ち上がるまで支援するので、立ち上がりの収益で500万円は1~2か月で回収
B採用のポジ材料対策
新規事業の必要性自体はすでに明らか。早くから事業を立ち上げるメリットは大きく、専門家の支援によるスピードアップは魅力的

ステップ3

お客様が当社を選ぶ（Aを採用する）理由	
当社に対する採用理由	「他社に先手を取られるリスクもあり、どうせやるなら早めのタイミングから着手するメリットがあるので、お願いしたい」
競合に対して断る際の理由	（今回は無し）
担当者の上司に対する報告	「早く立ち上げないことによるリスクも存在し、どうせやるなら早い段階から力を借りられることで明確なメリットも存在する。いざ事業が立ち上がれば1 ～ 2か月でフィーは回収できる」
担当者の独り言	「もし仮に、他社に先を越されてしまったら大きなリスクがある。そのリスクを自分一人で抱え込むのは不安なので、専門家のプロに力を借りられた方が気が楽だ」

者の上司に対して採用を決定した旨の報告」「担当者自身が自分の心のなかで納得するための独り言」の3つをそれぞれ文章化すれば、「保留して問題を先送りするのではなく、今のタイミングで外部（当社）に発注する理由」が構築できます（図表6-11）。

外注せずに内部でやる選択もあるのになぜ当社か——内製

コンサルティングやアウトソーシング系のサービスを提案する場合、お客さまには、「外注せずに内部でやるという選択」もあります。お客さまは「外部の会社に発注する」「外部に発注せずに自前でやる」の二択で迷われることもあるのです。

この場合、「外部に発注せずに自前でやる」方が、コストも抑えてノウハウもたまるので、優位な状況にあると言えます。

そこで、ステップ1で、認知Aを「当社の提案内容」とするのは同じですが、認知Bには「外部に発注せずに自前でやる」が入ります。

ステップ2のチャートへの書き込み方は、これまでと同様です。ここで、「当社のポジ材

【図表6-12】「外注せず内部でやるという選択もあるのになぜ当社か？」

ステップ1

認知A（当社の提案内容）

当社（A社）のコンサルティングサービスを3か月間導入することで、500万円のフィーはかかるが、立ち上げ専門のプロが常駐サポートして実際の立ち上げまで支援

↔

認知B（Aをやらないという選択肢）

外部に発注すると高いお金が発生するため、社内のメンバーだけで新規事業を立ち上げる

ステップ2

A採用のポジ材料

立ち上げ専門のプロが3か月間常駐

A採用のネガ材料

フィーが500万円で、少し高いと感じる

A採用のネガ材料対策

新規事業が実際に立ち上がるまで支援するので、立ち上がりの収益で500万円は1～2か月で回収

B採用のポジ材料

外部の会社に発注しないのでコストがかからない

B採用のポジ材料対策

実質的に相当の人件費がかかっているし、仮に立ち上がらなければそれが無駄になってしまう

B採用のネガ材料

社内のメンバーの経験が不足している

ステップ3

お客様が当社を選ぶ（Aを採用する）理由

当社に対する採用理由	「社内のメンバーだけでは経験が不足しており、新規事業が立ち上がらないという事態を避けたいので、立ち上げ専門のプロにサポートしてもらいたい」
競合に対して断る際の理由	（今回は無し）
担当者の上司に対する報告	「社内人材だけでは経験不足で、実際に立ち上がらない可能性が高いため、専門のプロに常駐サポートしてもらいたい。いざ事業が立ち上がれば1 ～ 2か月でフィーは回収できる」
担当者の独り言	「もし仮に、この新規事業が立ち上がらなかったら大変なことになる。そのリスクを自分一人で抱え込むのは不安なので、専門家のプロに力を借りられた方が気が楽だ」

料」「当社のネガ材料への対策」「内製したときのポジ材料への対策」「内製したときのネガ材料」が出そろいます。

ステップ3では、これら4つの内容を組み合わせながら、「当社に対する採用理由」「担当者の上司に対して採用を決定した旨の報告」「担当者自身が自分の心のなかで納得するための独り言」の3つをそれぞれまとめれば、「内製ではなく、コストをかけてでも外部(当社)に発注する理由」が完成します(図表6-12)。

上流で活躍するのは「要件整理」、下流が「対立ロジック」

さて、提案ロジック構築力では、重要な概念として「要件整理」と「対立ロジック」をご紹介してきました。

両者の位置づけですが、要件整理は、主に提案活動の上流部分(案件が発生する手前段階から、仮提案をするまでの間)で力を発揮します(図表6-13)。

お客さまが本格的に案件を検討する前に、一緒にディスカッションしながら要件整理

【図表6-13】上流で活躍するのは「要件整理」、下流で活躍するのが「対立ロジック」

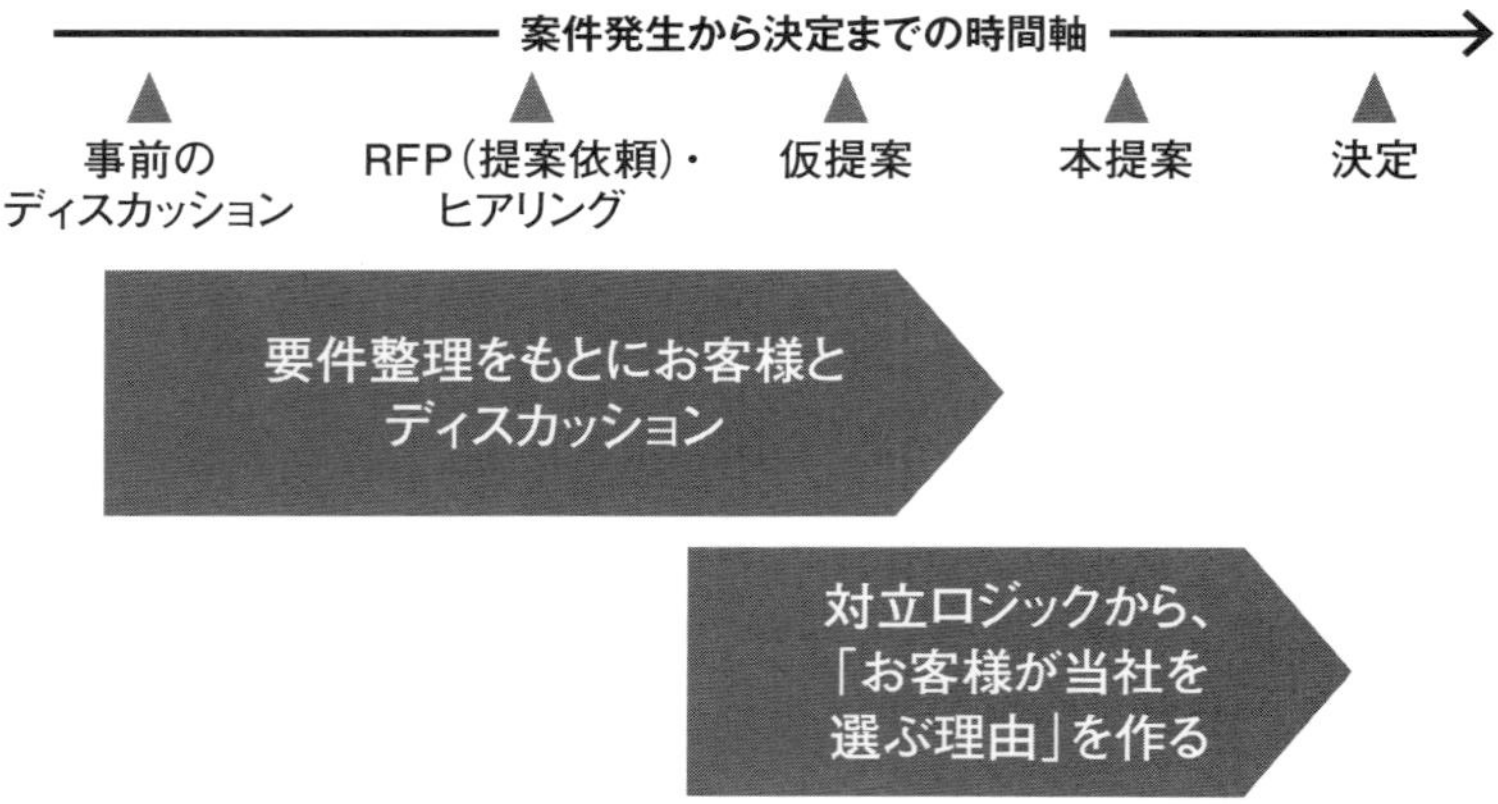
案件発生から決定までの時間軸
事前のディスカッション
RFP(提案依頼)・ヒアリング
仮提案
本提案
決定
要件整理をもとにお客様とディスカッション
対立ロジックから、「お客様が当社を選ぶ理由」を作る

をする。RFP(Request for Proposal：お客さまからの提案依頼)や提案前のヒアリングにおいて、要件整理をしながら、お客さまと確認していく。それを提案にまとめていく段階で、お客さまの課題と自社の提案がズレないように要件整理を活用する。このように、要件整理があるだけで、提案が進みやすくなります。場合によっては、要件整理が秀逸であれば、その時点で、お客さまが決めてくださることもあります。

一方で、そう易々とは決まらない難易度の高い案件においては、下流部分(仮提案を出してからクロージングするまでの間)で対立ロジックが活躍します。お客さまが迷って決めきれない場合、何と何で迷っているのかを「見える化」し、「お客さまが当社を選ぶ理由」が明確になるまで考え抜く。それをお客さまに対する提案やコミュニケーションへと落としていくことで、提案が成就する確率が大きく高まります。

先日、50人ぐらいの営業組織で受注率が上昇中のK社を訪問して、チームリーダーの方に要因を伺ったところ、

- ●接戦とみなされた案件については、要件整理をMustで作成する。
- ●他のメンバーにとって参考になりそうな要件整理は、組織内で共有する。
- ●際どいコンペは、対立ロジックの図を上司と部下で一緒に書いて考える。

という3つを実行されていました。

ここでのポイントは、「すべての案件」ではなく、「接戦」や「際どいコンペ」のように、条件をつけていることです。

よく、「営業の型を作りたい」とのことで、すべての案件について共通アクションを定めようとする事業トップの方がいらっしゃいますが、「すべての案件について共通」は膨大な

コストがかかるのでお勧めしません。

何かを「型」にするなら、接戦を対象にするのが効果的です。

第6章のまとめ

- ✓ 提案を成就させるための思考力が「提案ロジック構築力」。提案書を書く際に気をつけたいポイントとしては、「要件への合致度」「課題や状況に対する理解度」「費用対効果」「懸念や不安への対応」が特に重要。
- ✓ 提案がズレる原因は、「営業担当者とお客さまの思惑が噛み合わない」「お客さまの考えがまとまっていないうちに提案を出してしまう」のいずれかである。
- ✓ お客さまの悩みや課題に寄り添った提案をするための、基本的な提案ロジック構築力を活用した商談は四段階。

❶「引き出すヒアリング」→質問力と価値訴求力のキャッチボールによって、お客さまの悩みを引き出していく。

❷「まとめるヒアリング」→お客さまの悩みや課題、および、BANTCH情報を漏れなくヒアリングする。

❸「要件整理」→お客さまが抱えている悩みや課題をキーワード化し、「網羅感」「具体化」「優先順位」についてすり合わせる。

❹「弊社対応の提示」→お客さまの課題に対して、提案がフィットしていることを示す。

☑ 競合、保留、内製など、ほかの選択肢の力が強く、難易度の高い接戦案件では、「対立ロジック」を活用して、当社提案のマイナス要因と競合提案のプラス要因を解消する必要がある。

☑ 要件整理は、主に提案活動の上流部分（案件が発生する手前段階から、仮提案をするまでの間）で力を発揮する。一方、そう易々と決まらない難易度の高い案件においては、下流部分（仮提案を出してからクロージングするまでの間）で対立ロジックが活躍する。

第7章

お客さまと共に段取りを進める「提案行動力」

提案行動力とは何か

ここまで、「4つの力」のうち、「質問力」「価値訴求力」「提案ロジック構築力」の3つについて説明しました。

質問力では、「接戦を制する3つの質問」をさらに広げて深めつつ、お客さまにとってのパートナーとなる「課題解決質問」が応用編のキーワードでした。

価値訴求力では、価値訴求を四つの象限に分け、「労務提供・適量コミュニケーション」、「好感・共感」、「情報提供・人の紹介」、「プラスα・提言」がお客さまにとってどうインパクトをもたらすかについて、一緒に考えてきました。

提案ロジック構築力では、お客さまの要件整理をすると同時に、対立ロジックを攻略して「お客さまが自社を選ぶ理由」を作ることにより、お客さまの意思決定につなげていくプロセスを解説しました。

質問力、価値訴求力、提案ロジック構築力が組み合わさると、お客さまからどんどん情報をいただいて、そこでお役立ちの要素(価値)を提供し、さらに情報をいただいて、材料がより豊かになったところで、緻密なロジックを作ることができるようになっていきます。当然、これによって受注の確度も高まります。

一方で、せっかく、質問力、価値訴求力、提案ロジック構築力を身につけたとしても、これらに見合った動きを効果的・効率的に回せないと、結局、競合に優位な条件で持っていかれたり、時間切れで稟議が通らないというリスクがあります。

質量ともに高い水準で、どうやって「営業活動の行動サイクル」を回していくかというところが、とても重要になってくるのです。

また、質問力、価値訴求力、提案ロジック構築力を、たまたま相性が合うお取引先の一社にだけ適用できるという営業と、お客さまが変わっても、応用を利かせて、どんな会社に対しても実行できるという営業では、どちらのパフォーマンスが高くなるか、言うまでもありません。

どんなお客さまに対しても、効果的・効率的に、質問力、価値訴求力、提案ロジック構築力を発揮していく力……それが、お客さまと共に段取りを進める力、すなわち、「4つの力」の最後の一つ、「提案行動力」です。

提案行動力とは、営業における「動きの良さ」に直結する力なのですが、いったい、どうやってレベルアップさせていけばよいのでしょうか。

提案行動力は何によって左右されるか

第3章で、営業担当者に失望して発注を控えたお客さまのアンケートをご紹介しました。そのなかでも、「営業担当者の動きが悪い」を選択された方は43・7％いらっしゃいました。原因は、提案行動力の不足です。

では、「営業担当者の動きが悪い」と感じた営業に足りなかったものは、何でしょうか。この調査結果については第1章でも示しましたが、グラフを再掲させていただきます（図表7−1）。

お客さまからの質問やリクエストに対する対応（レスポンス）の重要性は先に述べた通りですが、お客さまの要望や期待との「ズレ」に対する不満の度合いは、上から回答結果を眺めていくと、非常に興味深い傾向がみられます。「連絡をしてくる頻度が少なすぎた」という不満は24・4％と、全体の4分の1近くが回答されていますが、「連絡をしてくる頻度が多すぎた」を選択された方は、わずか5・9％です。連絡をしてくる頻度が少なすぎることへの不満は、多すぎることへの不満に比べて4倍あることになります。

【図表7-1】提案行動力が不足している営業とは?

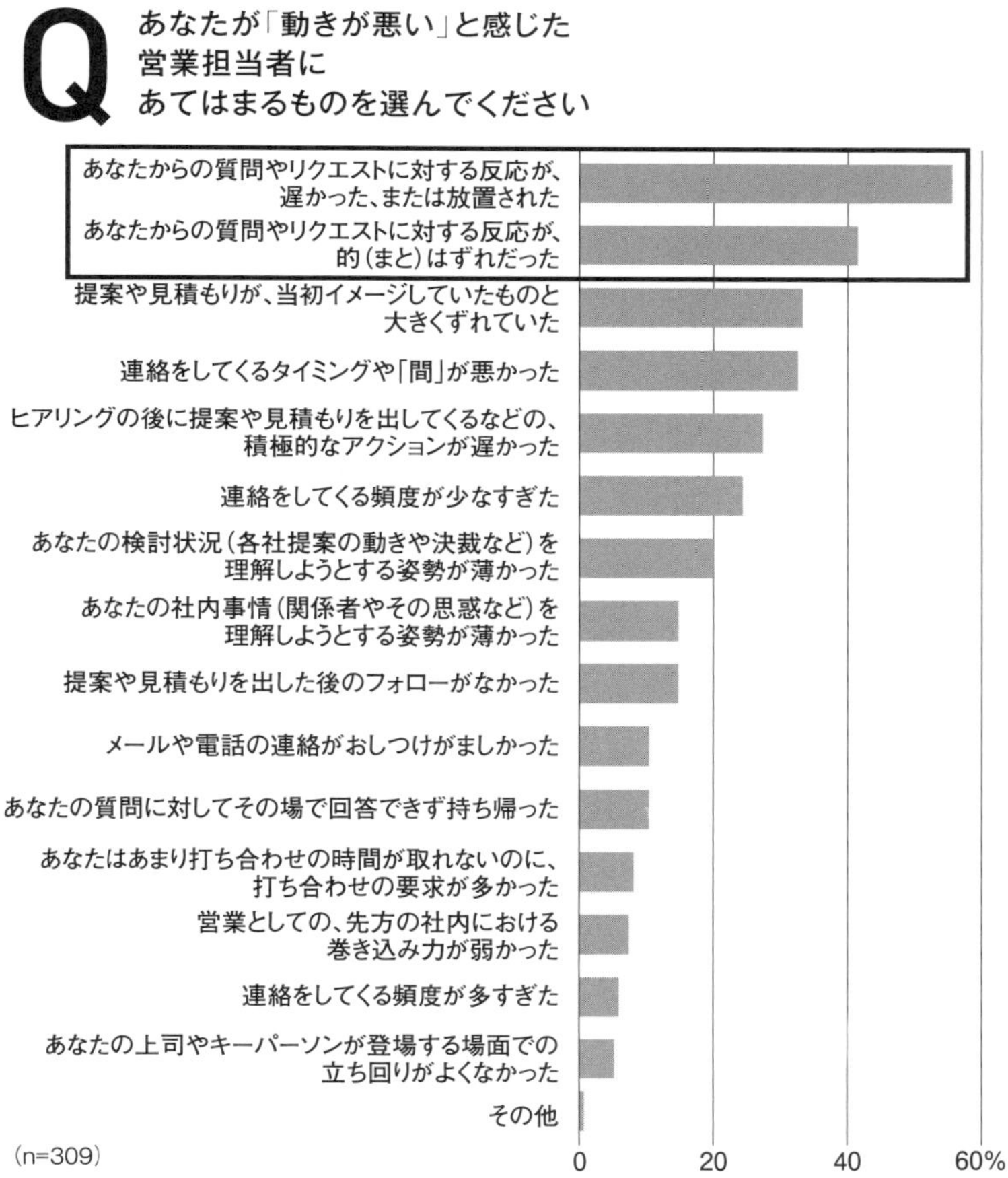

出所：マクロミルパネル利用のインターネット調査
2017年11月　TORiX調べ

この章で考えたいのは、こういったお客さまからの「営業の動き」に対する不満をどう減らし、さらにプラス要因に転換するまでレベルアップしていくか、ということです。

このテーマを検証・考察していくうえで役立つのがページをめくっていただいた先にある、「提案行動力におけるチェックポイント」を表した図(図表7-2)です。

横軸には、「案件が決着するまでの時間軸」を描き、縦軸には、「お客さまとの接点(打ち合わせ、電話、メールなど)」と「社内タスク(打ち合わせ、デスクワークなど)」を取ります。「提案行動力におけるチェックポイント」の図には、「ある営業パーソンの動きの良さ」が表現されています。

図では、「1」から順に番号がついていますが、この並びが、いわばその営業の「提案行動」を表しており、この手順やタイミング、回数といった要素が、提案行動力を左右する重要なポイントとなります。

たとえば、「電話やメールといった手段を十分に使いこなして顧客を巻き込んでいるか」について見てみましょう。

お客さまと打ち合わせの場だけで商談を進めようとすると、裏側で起こっていることがつかめない場合があります。あるいは、自社が訪れていない間に競合がお客さまの会社を訪問して、そこでお客さまの上司が競合の提案に傾いていることをずっと知らないまま、打ち合わせの場だけでコミュニケーションしていくと、知らないうちに、競合が優位に立っていた……などということもありえます。

しかし、こまめにお客さまに電話していれば、「この間、上司の方針が少し変わりまして……」といった情報をつかむことができて、「あ、そうですか。では、ちょっとその対策をしてから、次、訪問しますね」という動きができるか、できないかで、成果が分かれることもあるのです。

ある会社で、30人ぐらいの営業担当者に、ノートPCや手帳をご持参いただき、直近で思い出せる案件の一つを選んで提案行動のふり返りを作成していただきました。

そこでの発見は、たとえば、このようなものでした。

●ハイパフォーマーになればなるほど、お客さまとは商談に加えて、電話やメールで頻繁にコミュニケーションを取っている。特に、商談の直前と直後に、電話かメールのコミュニケーションがある。

●ローパフォーマーは、お客さまと対面した商談の場でしか提案活動をしておらず、商談の直前・直後における電話やメールの連絡が少ない。

●ハイパフォーマーは、資料を何回かに分けて作成し、社内やお客さまとのコミュニケ

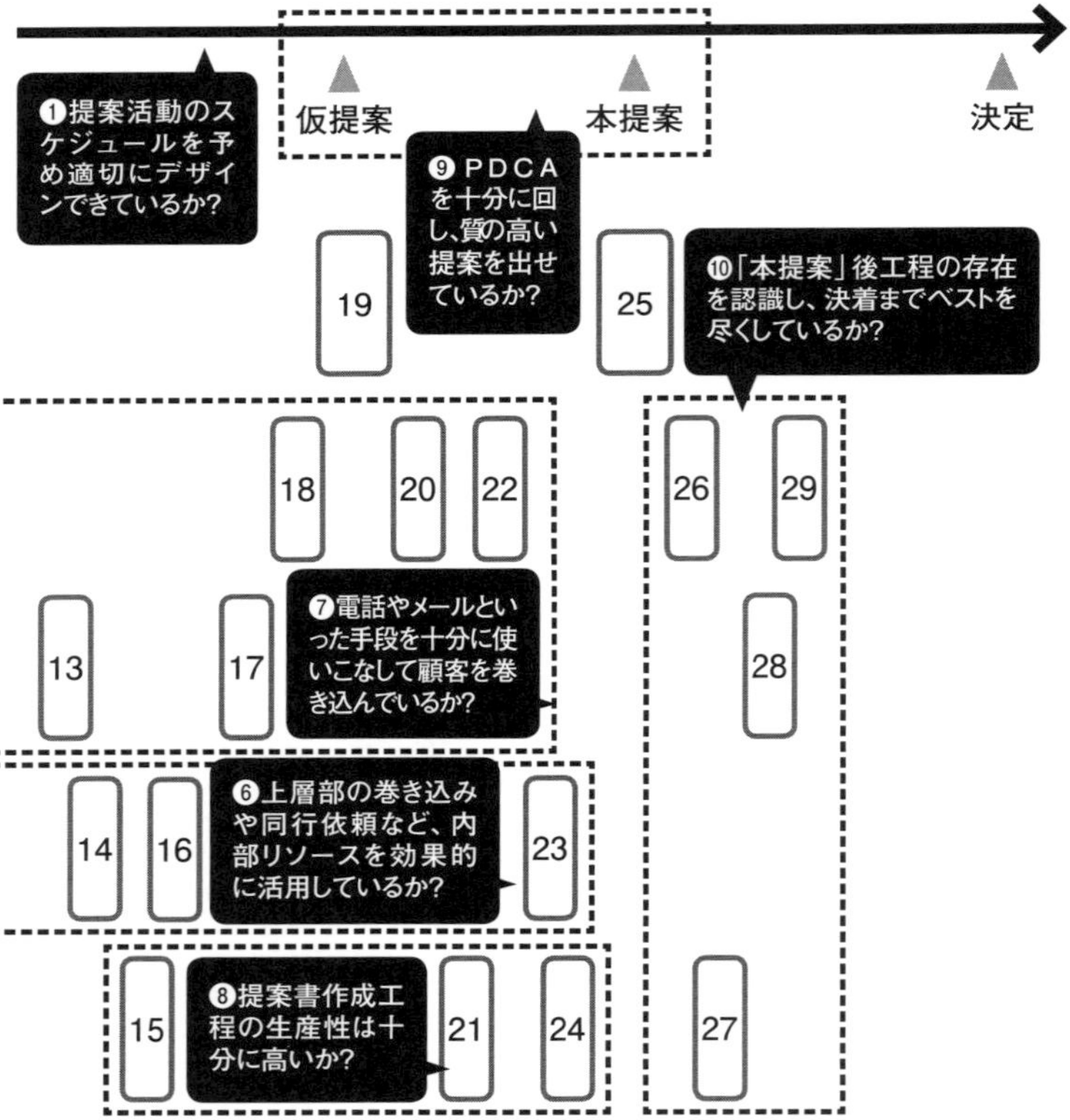

仮提案
本提案
決定
❶提案活動のスケジュールを予め適切にデザインできているか?
❾PDCAを十分に回し、質の高い提案を出せているか?
❿「本提案」後工程の存在を認識し、決着までベストを尽くしているか?
19
25
18
20
22
26
29
13
17
❼電話やメールといった手段を十分に使いこなして顧客を巻き込んでいるか?
28
14
16
❻上層部の巻き込みや同行依頼など、内部リソースを効果的に活用しているか?
23
15
❽提案書作成工程の生産性は十分に高いか?
21
24
27

【図表7-2】提案行動力におけるチェックポイントの例

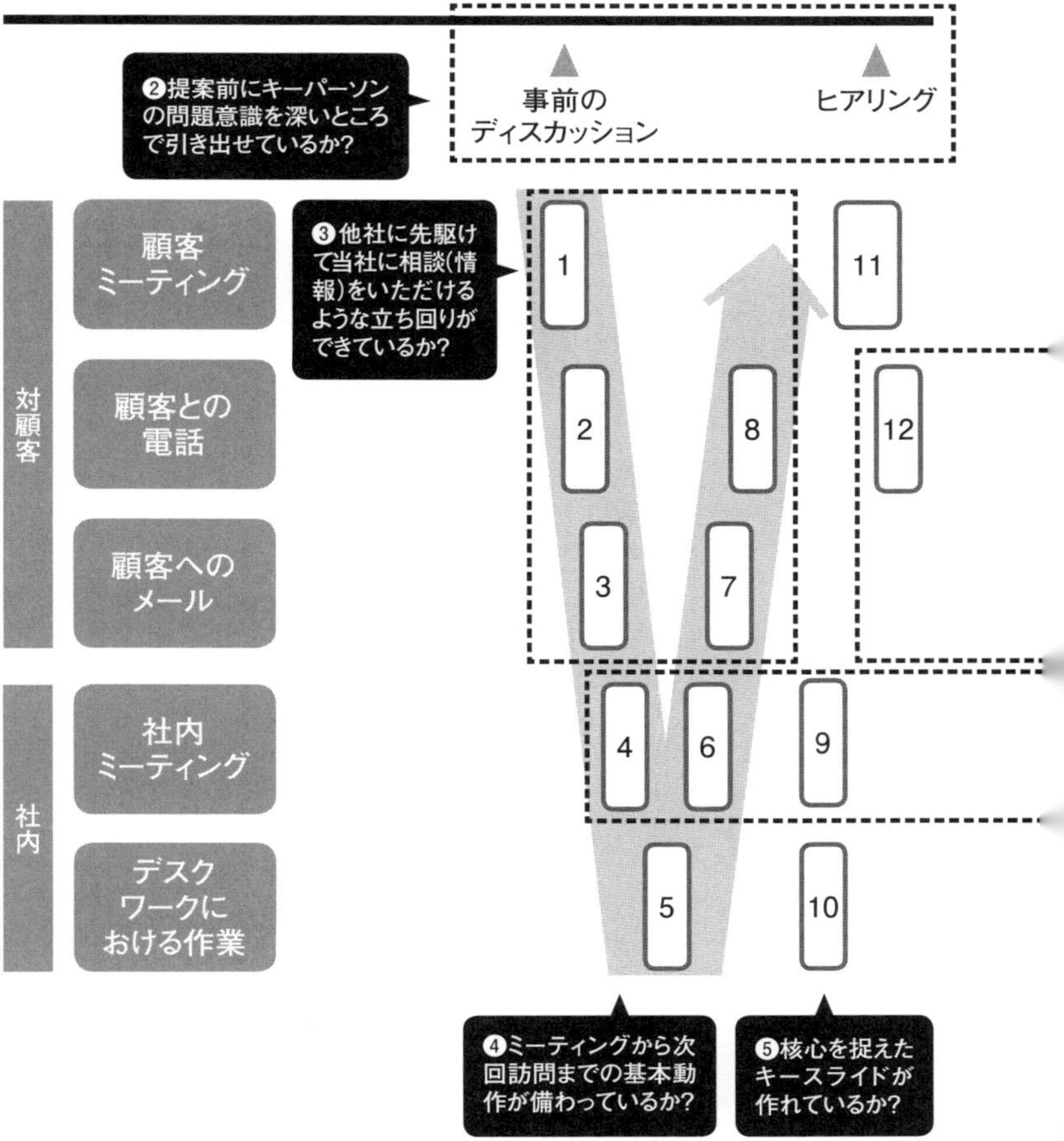

ーションをはさみながら、徐々に完成度を上げている。

●ローパフォーマーの提案書作成は、「どこかのタイミングで、一気に全部まとめて作成する」というパターンが多い。

●ハイパフォーマーになればなるほど、社内を巻き込むタイミングが早い。

普段、営業組織のなかでも「あの人は動きが良い」「進め方が上手」といったケースがあると思いますが、このように「見える化」してみると、たくさんの気づきがあります。

「提案行動力」を活用した商談(コンペ型)の進め方

提案行動力を活用した商談の進め方については、お客さまが競合と迷っているのか(コンペ型)、それとも、保留や内製と迷っているのか(稟議型)で分けていきます。

まずは、コンペ型について考えていきましょう(図表7−3)。

一見すると、提案ロジックの応用編と似ているように感じられるかもしれません。一部

【図表7-3】提案行動力（コンペ型）：スキルの全体像
"コンペにおいて、接戦を勝ち切るための行動を組み立てる"

目的	競合と同列あるいはビハインドの状況にあるコンペにおいて、顧客の課題を整理し、競合に勝ち切ることができるようになる			
フェーズ	❶要件ヒアリング	❷提案内容の構築	❸プレゼンテーション	❹クロージング
ポイント	**質問力の実践** □ 質問力を実践することによって、顧客に不快感を与えずに情報収集できる **課題のキーワード化** □ ヒアリング内容について、キーワードの網羅性・具体感・優先順位を確認して整理できる	**要件整理** □ 要件整理した内容を顧客に提示し、課題と提案内容について認識をすりあわせられる **提案資料作成** □ 顧客とすり合わせた課題及び提案内容を、わかりやすく資料に落とし込むことができる	**プレゼンテーション** □ 顧客側に初対面の上司が同席しても、わかりやすく、気づきを促すようなプレゼンができる **接戦状況の確認** □ 提案への感触や競合状況、内部検討状況を漏れなく聞き、次のタスクを明確にできる	**逆転の価値訴求** □「当社提案のマイナス要因」「他社提案のプラス要素」に対処する行動をやり続けられる **単独受注のネック解消** □ BANTCHに照らして、意思決定のためのネックを洗い出してクロージングできている
よくある失敗	□ 顧客の感情や認識を確認せず一方的な質問攻めをすることで不快感を与えてしまう □ ヒアリングした内容をキーワードで確認せずに発散したり、確認項目が抜けてしまう	□ 要件整理した内容を整理しないままに提示して、顧客認識とのずれが発生してしまう	□ 顧客に対するプレゼンがわかりづらく、一方的な説明になってしまう □ 提案への感触や競合状況、内部検討状況を確認せず、次のタスクが決まらない	□「当社提案のマイナス要因」「他社提案のプラス要素」への対処を放置してしまう □ BANTCH情報に沿ったネック洗い出しがなく、1位になるまで行動を続けられていない

重なるところはありますが、提案ロジック構築力は「受注のためのロジックを作る」ところにフォーカスしたものであり、提案行動力は「案件発生からクロージングまでの段取りを適切に組む」ところに焦点を当てたものです。

最初のフェーズの「要件ヒアリング」では、質問力を駆使してヒアリングした課題をキーワード化していきます。

次の「提案内容の構築」のフェーズでは、要件整理をしながら、提案資料を作成していくことになります。

ここでのポイントは、要件整理をするだけでなく、資料作成の時間を確保したり、段取りを工夫することで、お客さまからのリアクションをドキュメントに反映していく必要があることです。

業界やビジネスモデルによっては、「凝った提案書は作成しない」という場合もありますが、それでも、お客さまの要件をしっかりと踏まえた「費用対効果の高い提案」にするためには、メールのやり取りなどで、言語化しておくことをおすすめします。

「提案内容の構築」フェーズで陥りがちな落とし穴は、ヒアリングした内容を十分に提案資料に反映しきれないことです。

三番目の「プレゼンテーション」のフェーズでは、作成した資料をもとに、プレゼンを行います。ただし、プレゼンして結果を待つだけではいけません。特に接戦においては、どちらに転ぶか、最後までわからないので、粘り強く「接戦状況を問う質問」を続けていく必要があります。

最後のフェーズの「クロージング」では、作成した提案ロジックをもとに、お客さまに対する価値訴求を行っていきます。この価値訴求は、当社提案に対するマイナス要因を解消したり、競合提案のプラス要因に対して、当社も同様の価値貢献ができることを示すのが望ましいです。

そして、単独受注が見えてきたら、BANTCHに照らして、正式決定のためのネックを解消していきます。

コンペ案件で、お客さまにとって決め手になるもの

「複数の会社から提案を受けて、一社に絞った」(＝コンペを実施した)という経験のあるお客さまに聞いたアンケートが次のグラフ(図表7-4)です。一社に絞るためには、ほかの会

【図表7-4】コンペ案件で、お客さまにとって決め手になるもの

Q 提案を受けたが発注には至らなかった会社について、あなたが断った本当の理由はなんでしたか？

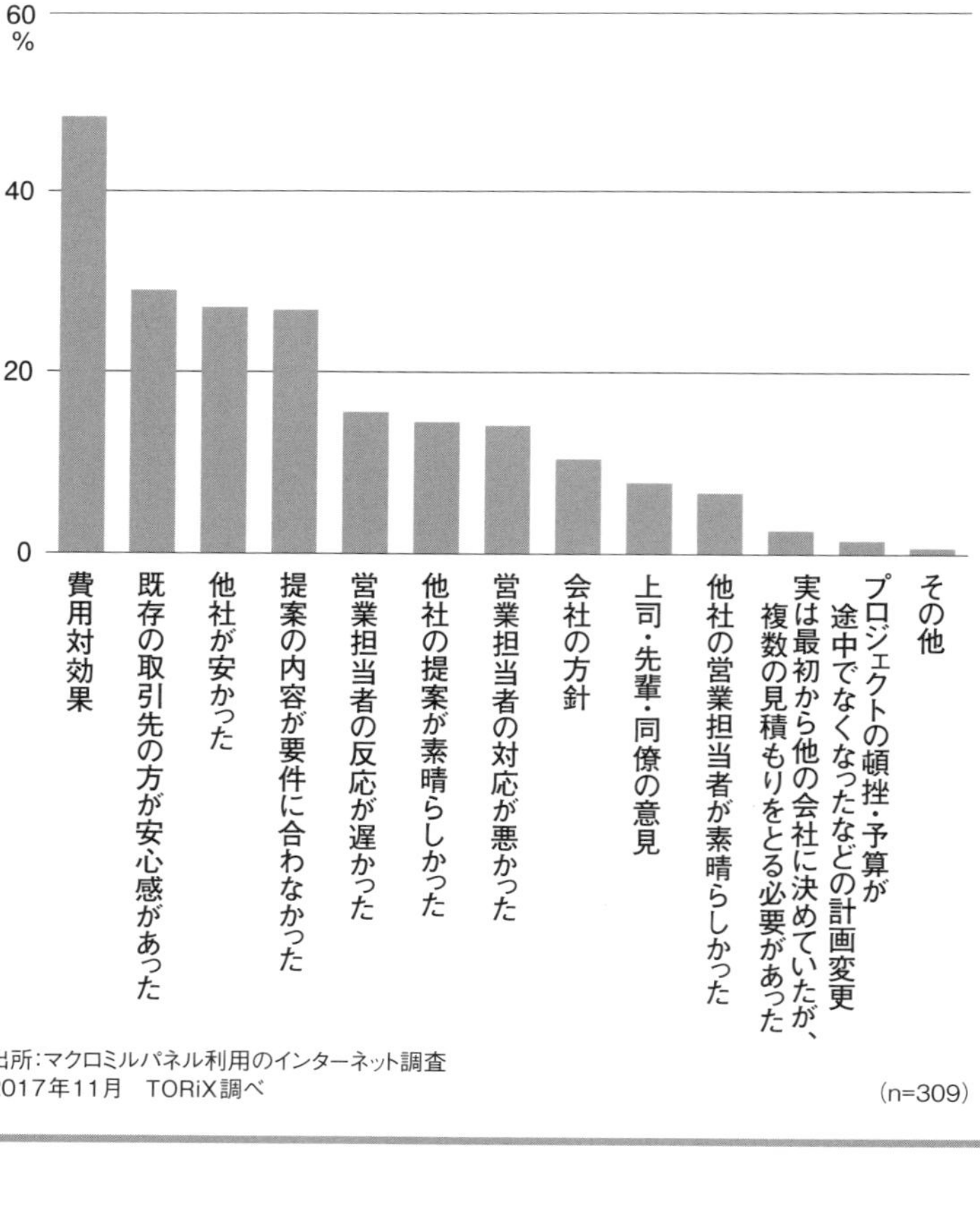

出所：マクロミルパネル利用のインターネット調査
2017年11月　TORiX調べ

(n=309)

社を断る必要がありますが、それはいったい何が本当の理由だったのでしょうか。

本書でくり返しお伝えしているように、「費用対効果」がダントツの一番(48・3％)ではありますが、二番目と三番目にも注目です。

二番目を見ると、「安心感」という要素が大きい(29・0％)ことがわかります。すでに競合と取引のあるお客さまに対してリプレイス(切り替え受注)を狙う場合、新規に取引をしていただくためには、ここをどうひっくり返せるかというのが肝になります。

前章の提案ロジック構築力(応用)でもお伝えしましたが、「他社に対して感じるプラス要因が自社でも満たせる」ということを示すためには、当社としての実績や経験、あるいはリスク対策が万全である旨の訴求が必要でしょう。

また、費用対効果に比べると20ポイント以上の差がついていますが、「他社が安かった」が三番目にきています(27・1％)。

「他社より提示価格がある程度高い」ことがわかっている場合は、受注を獲得するために「費用対効果が高く」かつ「お客さまの要件に合っている」点をお客さまに強調する必要があります。お客さまが必要としない要素で高くなっていたとすれば、それは単なるオーバースペックで、お客さまが求める費用対効果ではありません。

また、「営業担当者の反応が遅かった」(15・6％)と「営業担当者の対応が悪かった」(14・

1％）の項目は、「他社の営業担当者が素晴らしかった」（6・7％）より倍以上も大きなポイントです。すなわち、動きの良さ・悪さについては、ネガティブな要因が目につきやすいということです。第3章でも説明しましたが、6人に5人のズレた営業担当者を想定して、お客さまは予防線を張るため、地雷に敏感なのです。

そして、「他社の提案が素晴らしかった」（14・5％）というのは、全体でいうと、ちょうど真ん中くらいの位置につけています。提案内容の良さというよりも、費用対効果や価格の安さといった方が、お客さまの目には留まりやすいということです。

「会社の方針」（10・4％）、「上司・先輩・同僚の意見」（7・8％）というのは、意外にも、かなり低いスコアです。お客さまがこの台詞を持ち出して断ってきた際には、本音をおっしゃっていない可能性が高いと考えられます。

本書においてくり返しお伝えしている「接戦の重要性」を裏付けるのは、「実は、最初から他の会社に決めていたが、複数の見積もりをとる必要があった」が2・6％しかないというデータです。複数の会社から提案をもらっていても、最初から依頼する会社が決まっていたのは「40件に1件」ということになります。

ちなみに、ご参考まで。2社以上から見積もりをとられているケースは全体において9割弱というデータもあります（図表7–5）。

【図表7-5】お客さまは何社から提案をもらっているか

Q 発注先の決定にあたって、何社から具体的な提案をもらいましたか？複数の発注経験がある場合は平均的な数値を選んでください

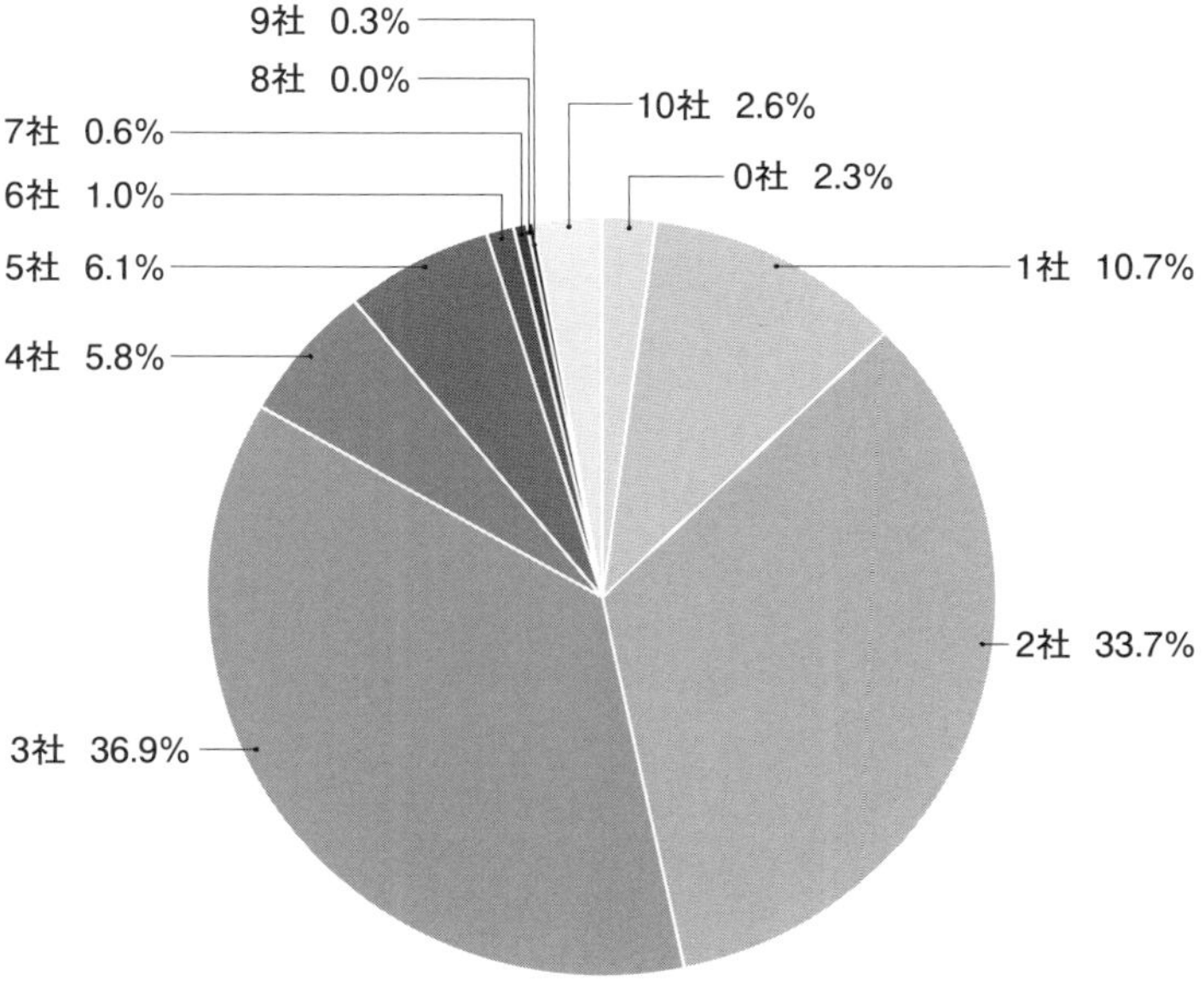
9社 0.3%
8社 0.0%
10社 2.6%
7社 0.6%
0社 2.3%
6社 1.0%
5社 6.1%
1社 10.7%
4社 5.8%
2社 33.7%
3社 36.9%

（n=309）
出所：TORiX調査

コンペで選ばれる提案書とは

「コンペ案件を左右する要因として、どんなポイントを強調すべきか」は、ずいぶん明確になってきました。本書をお読みの皆さまであれば、「ニーズや課題を解決するための要件に合致している」「費用対効果が高い」「他社に比べた安心感」をしっかりと強調されることでしょう。

かねてお伝えしているように、「他社より価格は高いですが、そのぶん、当社のサービスには独自の強みがあるんです！」といったアピールは、断りやすい提案書の典型的なパターンの一つなので、注意が必要です。

これを提案書に落とし込む際には、具体的にどういう構成で作っていくのが良いのでしょうか。

前章の提案ロジック構築力では、基本編で要件整理の重要性について、応用編で対立ロジックから「選ばれる理由」を構築するプロセスについて、お伝えしました。

いざ提案書に落とし込む際には、要件整理を最初の方に持ってくるのがお勧めです。

ニーズや課題解決のための要件を網羅感・具体感・優先順位の面から精度高く理解したうえで、その要件に当社の提案が合致していれば、お客さまは、「この営業はわかってくれているな」と感じてから、提案の内容を見てくださいます。

注意点としては、提案書を作成する際、「単なる背景の確認」と「要件整理」を同一視してしまうことです。

背景の確認は、「御社の状況は……のようになっていると伺っております」という形で、お客さまから提案依頼時に示されている情報をそのまま記載するものです。

一方、要件整理は、お客さまのご要望やお悩み、課題などをキーワードの形にし、網羅感や具体感、優先順位まで確認したうえで、弊社提案骨子と対応させています。

次に、「お客さまが当社を選ぶ理由」として費用対効果や安心感を訴求する順番ですが、これらをどのように見せるかについては、一通りの正解など存在せず、ある程度はケースバイケースになります。

ただし、あらかじめ「競合の価格よりも高く出している」とわかっているときは、費用の見積もり数字がすぐに見やすい位置にこないよう、別紙にしておくというのも、戦略的なアプローチとしては有効です。

私は以前40人近くの営業をマネジメントしていたとき、新規開拓の提案や、既存顧客でも大型のコンペについては、「要件整理を提案書の2ページ目に記載すること」「金額の話をするのは、お客さまから内容について好感触を得てからにすること」をルール化していました。マネジャーが、それぞれ抱えているメンバーの提案書を細かくレビューするのは、いったんやりだすと膨大な時間がかかってしまいます。そのなかで、組織単位での提案クオリティを担保するには、接戦案件について、一定の「型」があると望ましいです。

特に、新卒など若手のうちは、とかく提案書作成に時間をかけがちなので、提案書のなかでも肝となる部分は、共通言語があると便利です。

プレゼンはクロージングからの逆算方式で考える

提案ロジックを提案書にしっかりと反映させたら、いよいよプレゼンテーションです。プレゼンにおいては、クロージングから逆算して考えます（図表7-6）。

最初に、「もし、このプレゼンがうまくいったなら、どなたから、どういう台詞が出てくるはずなのか」というゴールを描きます。

【図表7-6】お客さまからいただくべき台詞を具体化し、想定問答を準備して臨む

準備するときはこの順番 ↓

誰のどういう台詞?	お客さま企業の○○課長「今回は、初めてのおつきあいだけど、費用対効果でみても他の会社より良いし、他社での実績もあって安心だから御社にお願いしますよ」
予想される疑問・反論と対策	□ 費用対効果は? ▶効果は○○万円～○○万円の経費削減効果、導入にかかるコストは月額○○万円で、他社より良い水準 □ 実績は? ▶同業でより規模の大きいA社とB社で採用されており、継続導入されている □ 初取引のリスクは? ▶最悪の事態が起こったとしても○○が予想されるくらいで、実質的には損害にならない
プレゼンの流れ	❶ニーズの確認（全体像と優先順位）：前回ヒアリングした内容に変化が起こっていないか確認 ❷提案内容のポイントを1分で説明、反応を見る ❸提案内容の詳細を説明（特に、費用対効果部分を最初に） ❹当社への安心感醸成（実績の提示、リスク要因と対応策説明） ❺当社が1位かどうか確認し、仮に今1位でないとすると、「何が足りていないか」への対応をタスクに落とし込んで次のアポを取る

実行するときはこの順番 ↑

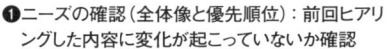

「御社にお願いしますよ」くらいのアバウトなレベルではなく、「どういう理由で選ばれるのか」も具体化しておくことがポイントです。

次は、この台詞をキーマンからいただくにはどうしたらいいのかを考えて、「予想される疑問・反論と対策」へ落とし込みます。

何より乗り越えなければいけないのは、お客さまの頭のなかに浮かぶであろう疑問・反論です。これに対して十分な準備ができていないと、いざ質問や反論をされたときに行き詰まってしまいます。この、「予想される疑問・反論と対策」は、可能なかぎり広く洗い出せている状態が望ましいです。

ここまでしっかりと準備してから、プレゼンの流れを考えます。決して、考える準備なしに資料作成ソフトを立ち上げて作り始めてはいけません。

ゴールとネックを描き、そこから逆算して、「どうやったら、ネックに引っかからず、目指すゴールを実現できるのか」を設計するのです。ここで、「プレゼンの段取り」や「説明の順序」、「資料では、どこを強調するか」といったことを細かく考えます。

この流れを一枚のシートにして、大事なプレゼン前には、上司にチェックしてもらうのもいいでしょう。

十分な準備ができたら、いざ、プレゼンとクロージングの実行です。

想定してきたプレゼンの流れはありますが、当日は、何が起こるかわかりません。

事前に準備してきた疑問・反論以外のネックが発生したら、それは「事前の準備が甘かった」ということです。こうならないよう、入念に準備を重ねておきましょう。

そして、ネックを乗り越えて、想定していた「キーマンからの台詞」がいただけるようにプレゼンを進めます。

このやり方でプレゼンの準備・実行を進めていくと、プレゼンが終わったあと、自分で「答え合わせ」ができます。

お客さまから「ほしい台詞」がいただけたか、想定外のネックはなかったか、段取りはどうだったか……プレゼンは、慣れていないと難易度が非常に高いものとなりますので、一回行うごとに改善を重ねていきましょう。

「提案行動力」を活用した商談(稟議型)の進め方

ここまでコンペ型の提案行動力について解説しましたが、続いて、お客さまが保留や内製と迷っている稟議型の案件について考えていきます(図表7-7)。

一般的に、社内の稟議では、お金を使う必要性が発生したとき、果たして、その支払い金額が適正なのか、しっかり説明することが求められます。記載される項目としては、主に「お金を使う目的」「検討された選択肢(発注候補にあがった会社)」「選択肢に対する評価」があり、経営に対する意思決定が現場からリクエストされます。

もちろん、コンペのときにも社内稟議書は作成されますが、コンペのときには「対競合」を意識し、しっかりと競合に勝ちきれれば、あとは、お客さまが味方となって、通りやすい稟議書を作成してくださいます。

一方で、お客さまが保留や内製と迷っている場合は、現場の担当者をいくら味方につけても、経営陣に上げた稟議がなかなか通らない、ということがあります。そこで、本書では、保留や内製と迷われているケースを「稟議型」として、どうやって社内の意思決定・合意までつなげていくのかについて解説します。

商談の進め方について、前半は「コンペ型」と同じですが、後半が異なっています。

三番目の「プレゼンテーション」のフェーズでは、「対競合」というより「社内の稟議に通りやすいか」を考えながら、資料作成・伝達する必要があります。

接戦状況の確認では、「決まらないとすると、何がネックなのか」を突き止めていきまし

【図表7-7】提案行動力（稟議型）：スキルの全体像
“社内で稟議をあげていただき、高難易度案件の意思決定を支援する”

目的：顧客が容易に稟議を通せない案件について、課題を整理し、当社提案への社内合意形成を側方支援できるようになる

フェーズ	❶要件ヒアリング	❷提案内容の構築	❸プレゼンテーション	❹クロージング
ポイント	**質問力の実践** □ 質問力を実践することによって、顧客に不快感を与えずに情報収集できる **課題のキーワード化** □ ヒアリング内容について、キーワードの網羅性・具体感・優先順位を確認して整理できる	**要件整理** □ 要件整理した内容を顧客に提示し、課題と提案内容について認識をすり合わせられる **提案資料作成** □ 顧客とすり合わせた課題及び提案内容を、わかりやすく資料に落とし込むことができる	**プレゼンテーション** □ 顧客が社内で説明しやすいような、双方向プレゼンができる **接戦状況の確認** □ 提案への感触や内部検討状況を漏れなく聞き、顧客内で稟議を通すためのネックと次のタスクを明確にできる	**社内検討の側方支援** □ 社内推進や巻き込みが苦手な担当者を支援して、社内検討プロセスを進められる **稟議のネック解消** □ 顧客が社内で稟議を通す上でネックとなる要因を解消する行動をやり続けられる
よくある失敗	□ 顧客の感情や認識を確認せず一方的な質問攻めをすることで不快感を与えてしまう □ ヒアリングした内容をキーワードで確認せずに発散したり、確認項目が抜けてしまう	□ 要件整理した内容を整理しないまま提示して、顧客認識とのズレが発生してしまう	□ 顧客に対するプレゼンがわかりづらく、社内でどう説明したらいいか迷ってしまう □ 提案への感触や内部検討状況を確認せず、顧客内で稟議を通すためのネックが不明	□ 担当者へ任せっきりになってしまい、担当者の能力不足で社内検討プロセスが進まない □ 顧客が社内で稟議を通す上でネックとなる要因を放置してしまう

ょう。

最終局面となる「クロージング」のフェーズでは、社内検討を側方支援しながら、稟議のネックを解消していきます。

稟議型案件におけるクロージングの際には、社内に、どなたか自社の味方となる人物がいらっしゃるはずです。多くの場合、検討のご担当者となりますが、その方をしっかりと支援しきらないと、受注まで至らないのが稟議型案件の難しいところです。

稟議型案件では、提案を出すまでのプロセスよりも、提案を出したあとのフォローに工数がかかることもしばしばです。お客さまが「あとは社内で検討しますので、結果をお待ちください」のようにおっしゃっても、そこでフォローのアクションを止めてしまうと、いつの間にか案件が消えていた……ということもありえます。

お客さまは提案書を社内稟議でどう説明しているか

「購買担当者が社内稟議でどこを強調するか」という点について質問した結果を表す次の

ページのグラフ（図表7-8）からは、興味深い傾向が見えてきます。

くり返し申し上げている「費用対効果」（57・6％）と「サービス・商材が要件にあっている」（55・3％）が、過半数でトップ2にきています。

三番目が「企業としての実績・信頼」（41・4％）となっています。

続いて、「他社の提案と比べての価格優位性」（30・4％）が四番目であることを考えると、稟議型の案件で、実質的には自社一社のみで検討を進めていただいているケースであっても、「ほかの会社と比べて高いのか、安いのか」については、話題にのぼる可能性があるということです。

五番目にくるのが「営業担当の反応が良い」（23・6％）です。たとえば提案書のなかに「要件整理」や「お客さまが抱かれるであろう懸念や不安に対する対応策」がきっちり記載されていると、お客さまは、社内でも「この会社の営業担当者は優秀なので……」と説明しやすくなります。

「他社の提案と比べたサービス・商材の優位性」（22・7％）は、この選択肢のなかで、かなり低い方に位置しています。これは、いわゆる「当て馬」だったり、検討の最終局面に至る前に落ちてしまった他社の提案なども入っているのでしょう。

もちろん、稟議にあがる提案書のなかには、「サービスや商材が、同業他社とどのように

【図表7-8】お客さまは提案書を社内稟議でどう説明しているか

Q 取引先の選定にあたって社内承認を得る必要がある場合、あなたはどんな点を強調しますか？強調するものを3つまで選んでください。

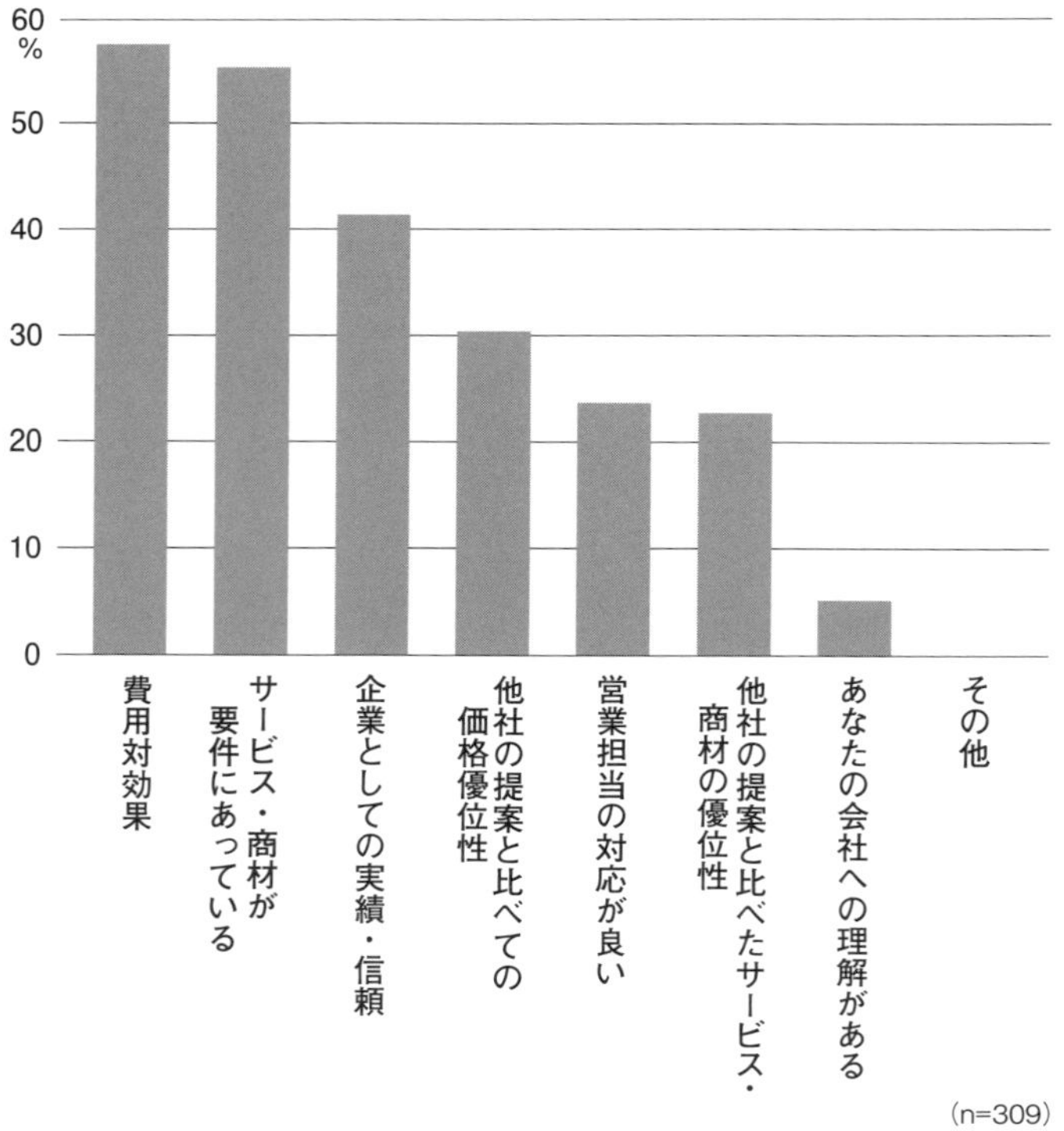

出所：マクロミルパネル利用のインターネット調査
2017年11月　TORiX調べ

違うのか」を念のため記載しておくに越したことはありません。

さて、「あなたの会社への理解がある」のポイントが5・2％と低いのは、どういうことでしょうか。会社に対する理解度は、いわば「あって当然、ないと即座に落とす」というたぐいのもので、提案書に表現する際には、「会社の課題を具体的に理解していて、それにフィットした提案である」「御社のお悩みや課題については、特に豊富な実績がある」といったレベルまで書いておく必要があることを指しています。

また、本設問においては、「その他」が0・0％であることも見逃せません。

お客さまには複数回答で答えていただいているので、それでも「回答が0」ということは、「回答にあがっている項目以外に、稟議で強調される要素はない」ということになります。

最後に重ねて強調いたしますが、提案書において一番伝えるべきことは「今回の要件に対して合致した提案であり、費用対効果も良い」というメッセージです。

稟議型案件におけるクロージング

法人営業の定石として「意思決定者を押さえるべし」ということがよく言われます。

もちろん、意思決定者へのアポが取れるに越したことはありません(意思決定者に会うための具体的な行動としては、第5章の価値訴求力の解説をご参照ください)。

ただし、「どんなに頑張っても意思決定者に会えない」ということも、実際の営業現場では見かけられます。そのようなケースでは、どのようにアプローチすればよいのかについて、整理したのが左の図です(図表7-9)。

ときどき、意思決定者に会おうという気持ちが強すぎるあまり、目の前の担当者を敵に回してしまう方がいらっしゃいます。非常にもったいないことです。まずは、目の前の担当者にしっかりと価値訴求して、惹きつけましょう。その後は、担当者の巻き込みスキルを慎重に見定めながらフォローしていきます。

担当者の巻き込みスキルについて、こちらのサポートが必要な場合は、資料作成や、場合によっては、巻き込み用のメールテンプレートまで必要になることもあります。

担当者が社内を巻き込む動きの進捗状況を見て、思うように進まない場合は、継続的な側面支援を行います。この場合、「応えなくても怒られない宿題」をもらっておくと、ここでのつまずきを減らせます。

「応えなくても怒られない宿題をもらう」というのは、稟議型案件におけるキーアクション

【図表7-9】なかなか意思決定者に会えない稟議系案件の受注プロセスにおけるクロージング

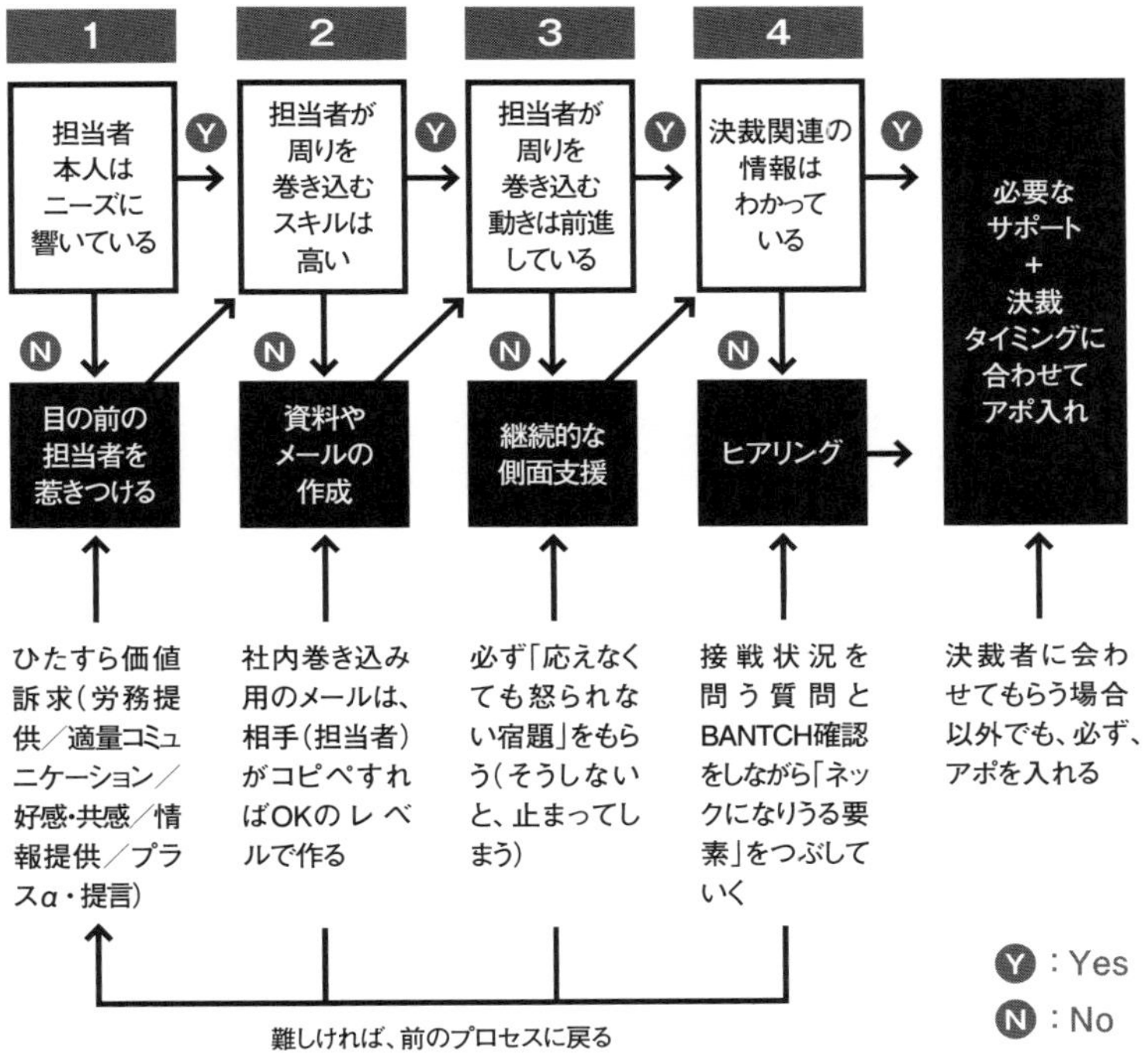

ですので、少し補足させていただきます。

たとえば、商談の終わり際に、さらっと、「あ、先ほど○○さんがおっしゃった件について、私も社内の人間にちょっとあたってみますね。もし、何かあったらご連絡します」と言ってみます。

「ちょっとあたってみます」「もし、何かあったら、ご連絡します」というトーンで期待値を下げてお伝えしておくと、もし、やらなかったとしても、お客さまがそこまで気を悪くすることはありません。一方で、実際にやったら、プラスになります。

この場合、こちらがタスクを受け持つこと自体に意味があるのではなく、お客さまに連絡する口実がちゃんとできていることが大事なのです。

連絡する口実を常に持っておきながら、お客さまとの接点において「接戦状況を問う質問」をくり返していきます。

すなわち、価値訴求力と質問力のキャッチボールです。

そして、決裁関連の情報がつかめたところで、決めに行きましょう。ここまでお客さまの動きがつかめていれば、受注率を相当高めることができます。

稟議型案件で怖い「なしのつぶて状態」をどうするか

先ほど、「応えなくても怒られない宿題」の重要性についてお伝えしましたが、稟議型案件では「連絡が途切れてしまう」というのが、一番のリスク要因です。

お客さまが忙しくなって優先度が落ちてしまったり、あるいは、自分の知らないところで背景事情が変わってしまったり……こういったところで大事な提案がストップしてしまわないよう、「こちら側が何かやれる余地」を残しておくと、状況の打開がしやすくなります。

そのとき、どういったメール文面でお送りするのがよいかについて、サンプルをご用意しました（図表7-10）。

このメールのポイントは、「ご検討状況はいかがでしょうか」などと急かしていないことです。人は誰でも、急かされることにプラスの感情は抱かないもの。ですから、「ご検討状況はいかがでしょうか」とくり返されてしまうと、「こちらからご連絡しますので」といったように、営業担当者をシャットアウトしにかかります。

【図表7-10】情報提供における具体的なメール文面の例

お世話になっております。 A株式会社のXです。

以前お会いした際におっしゃられていた**「研修の品質担保が難しい」件**について、ちょうど先日、私が担当しているお客さまとのディスカッションで似たような論点が出ましたので、そのときの**資料の一部**をお送りします。

御社にも関連しそうなポイントとしましては、

(1)講師による介入のタイミングとフィードバックの言い回しを工夫
(2)対象者のレベルに差がある場合、追加知識をどのタイミングでインプットするか
(3)事前コミュニケーションにおける意欲アップ

あたりと思われます(詳細は添付ご参照ください)。

不明点やリクエストなどおありでしたら気軽にご連絡くださいませ。
多少なりとも、お役に立てれば幸いです。

引き続き、どうぞよろしくお願い致します。

ぴったりなキーワードでなくとも、「何かしら関係ありそう」であればOK

資料が難しければ、「参考になりそうな書籍の紹介」や「Web記事のURL」でも可

この表現は、メールの返信率を様子見ながら、書き方をブラッシュアップしていく(なるべく興味を惹くように)

相手が圧迫感や不快感を覚えない文末表現に(返信しなくてもOKな雰囲気を作りつつ、何かあれば連絡してきやすいように)

ですので、このメールはあくまでも「お役立ち」という趣旨にとどめておくのがよいでしょう。ただ、どこのお客さまにもお送りしているテンプレートのメールを送っていると思われないよう、「以前おっしゃっていた○○の件につきまして……」のように、お客さまとの具体的な会話を押さえておくことが重要です。

お客さまに「わかってくれている」と感じていただき、こちらが過度に急かさなければ、このたぐいのメールは、相手にとって不愉快なものになりません。

もし、どうしても早めに返事がほしい（でないと支障が出る）という場合は、「XX日までにお返事をいただければ、●●が可能です／●●が難しくなってしまいますので、ご無理のない範囲で、ご検討いただけますと幸いです」のように、期日を設ける理由をセットでお伝えするのがスマートです。

お客さまとのズレを解消する「4つの力」が備わった状態

ここまで、「質問力」「価値訴求力」「提案ロジック構築力」「提案行動力」という「4つの力」

を説明しました。

これら「4つの力」は、それぞれ単体でも、営業において相当な力を発揮しますが、4つそろえば、営業力が飛躍的に向上します(図表7-11)。

お客さまからどんどん情報をいただいて、そこでお役立ちの要素(価値)を提供し、さらに情報をいただいて、材料がより豊かになったところで緻密なロジックを作り、そのロジックに従って、競合に差をつける提案行動をスムーズに展開できるようになるわけです。

常にベースになるのは質問力です。質問力によって、お客さまと営業の間にある情報ギャップを埋めることができます。

しかし、接戦においては、簡単にお客さまから情報を引き出せないこともあるため、価値訴求力で「お客さまに対して当社が価値を実現できる」という根拠を示せば、得られる情報の質・量が上がります。

「質問力 + 価値訴求力」のキャッチボールをくり返していくと、情報が増え、関係もよくなり、結果として、お客さまへの提供価値もさらに高まります。

そのような状況をつくることができれば、提案ロジック構築力で、お客さまの意思決定プロセスが描けます。

「質問力 + 価値訴求力 + 提案ロジック構築力」により、お客さまの社内で「当社を選ぶ理

【図表7-11】顧客との「ズレ」を起こさない営業に必要な四本柱モデル

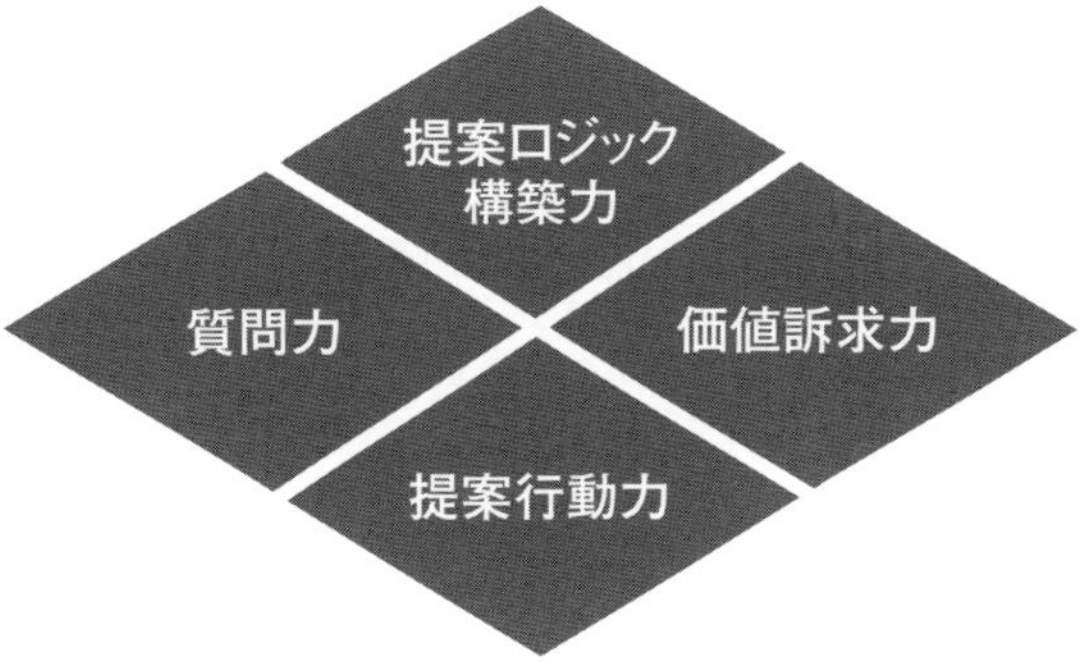

由」が合意形成されやすくなるのです。

それらの一連の動きについて、「提案行動力」で価値を実現するために、質・量とも高い水準で行動サイクルを回していきます。提案行動の生産性や再現性が高まっていくと、よりたくさんのお客さまに対して、質の高い行動ができるようになります。

「4つの力」をフル活用した一つの活用例として、「10ミニッツ営業」というものをご紹介します。

一つひとつのアクションは10分もかかりませんが、お客さまとの情報ギャップを解消し、ズレをなくして「選ばれる理由」を作る活動サイクルになっています（図表7-12）。

まず、第5章（価値訴求力）で、お客さま

【図表7-12】“10ミニッツ営業”

	内容	言い回しの例	
1 電話商談（価値訴求力）	「いつだったら電話可能か」をお客さまに確認しておき、電話における接触も「1アポ」のように活用し、コミュニケーションの量や頻度を担保する	「いつ頃ですとお席にいらっしゃいますか?そのあたりのお時間に電話させていただいてもよろしいでしょうか?」	
2 課題発見質問（質問力）	数分程度の会話で、お客さまの「やりたくてもできないこと」（悩みや課題）を聞き出し、深掘りをする	「今おっしゃった、○○できていないということについて、もう少し詳しく伺えますか?」	10分（2〜3）
3 要件整理（提案ロジック構築力）	悩みや課題をいくつか聞き出した後、「漏れがないか」「優先順位はどうなるか」について、キーワードにして手元で整理する	「今お伺いしたキーワードとして、XXとXXがありますが、他にはありますか?」「優先順位はどのようになりますか?」	
4 お役立ちメール（提案行動力）	聞き出したキーワードに対して、お役に立てそうな情報をすぐにメールで送り、すり合わせをする	「伺ったXXというキーワードについて、ご参考になるかもと思う情報をお送りします」	10分

（1→2→3→4、4から1へ戻る）

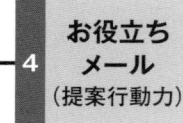

が「適量コミュニケーション」を求めていらっしゃることを確認しました。そこでお勧めなのが、電話によるコミュニケーションも一件のアポのように活用する「電話商談」です。

今でこそ、訪問せずに電話でアプローチするインサイドセールスという言葉が普及してきましたが、実は、フィールドセールス（訪問してお客さまに提案を行う役割）にとっても、電話商談は有効です。

私は以前から、自社内では「電話商談」を推奨しており、当社のお客さまにもお勧めしています。ただ、この「10ミニッツ営業」における電話商談は、いわゆる対面での打ち合わせと同じレベルでの商談を電話でやりましょうということではありません。時間にしたら数分（長くても10分程度）の電話コミュニケーションにおいて、意味のあるやり取りをすることで、実態としては商談であるようなヒアリングや議論に近づけましょう、という趣旨のものです。

もちろん、営業上、「対面でお会いした方がいい場面」というのは、確かに存在します。「顔を実際に合わせないと買う気にならない」というお客さまもいらっしゃいます。そのようなときは、きちんと訪問した方がよいでしょう。

一方で、皆さんにとって、営業活動の時間は限られています。打ち合わせでしかお客さまと双方向のやり取りをしていないと、どうしても情報ギャップが埋まりづらいのです。

10分程度の電話でも、やり方を工夫することで、商談と同様に密度の濃いやり取りができ、結果として活動の生産性が大きく上がります。

実際、この第7章の冒頭で、ハイパフォーマーは「商談の直前・直後に電話やメールのやり取りをしていた」というお話もしました。

では、一件の電話でも密度を濃くするには、どうしたらよいでしょうか。

そこで鍵になるのが、課題解決質問と要件整理です。

電話における会話のなかでも、課題解決質問や要件整理の流れが頭にしっかりと入っていれば、10分程度の時間でも、意味のある会話ができます。このとき、お客さまがデスクでPCを閲覧できる環境であれば、参照いただきたい資料などもあわせてお送りしておくと効果的です。

やり取りした内容は、電話後すぐにまとめてメールでお送りします。長文でかしこまったメールをお送りする必要はなく、10分程度で書いて送信できるような箇条書きのメモでかまいません。それだけでも十分な「お役立ちメール」になります。

お役立ちメールは、単なる議事録的なものにとどまらず、電話口でお聞きした「課題やお悩み」に対して、必ず、何かしらのレスポンスを書いておくのがポイントです。第1章と本章で、お客さまの不満として「レスポンス」の順位が高いことはお伝えしましたが、それこそ「分単位」でレスポンスを返すわけです。電話しながら同時にメモを取っていれば、10分ほどでメールも送れるでしょう。

少しでも時間を節約するため、電話商談はハンズフリーでPCを操作できる状態にして行うのがお勧めです。紙に手書きでメモを取っていると、アクションに時間がかかってしまいます。

こういった一連の動きは、最初は難しいかもしれませんが、慣れてくるとスムーズに行えるようになります。

以前、メディアにもよく出てくるスタートアップが提供されているサービスについて、利用のための問い合わせをしたところ、その場で10分ほど、営業担当者の方と電話でお話しする機会がありました。そのとき、電話を切ってからちょうど10分後にメモがメールで送られてきたので、強く印象に残りました。あとからお伺いすると、某証券会社でエースだった営業の方が、そのスタートアップに転職してこられたとのことで、前職でも似たようなやり方で営業をされていたというお話でした。

さて、ここまで、お客さまとのズレを解消する「4つの力」について解説してきましたが、読者の皆さんのなかには、こういう疑問をお感じになった方もいらっしゃるかもしれません。

「営業のベストプラクティスというのは、商材やビジネスモデルによって、多少、変わってくるのでは？」

まさにおっしゃる通りです。

これを次の章で解説してまいります。

第7章のまとめ

- ✓ お客さまと共に段取りを進める「提案行動力」を高めるうえで、「営業担当者の動きが悪い」と感じられないよう、お客さまからの質問やリクエストに対する対応（レスポンス）や連絡頻度には特に気を配る。
- ✓ ハイパフォーマーの提案行動は、「商談に加えて、商談の直前と直後に、電話かメールのコミュニケーションを頻繁に取っている」「社内を巻き込むタイミングが早く、社内やお客さまとのコミュニケーションをはさみながら、徐々に提案の完成度を上げている」ことが特徴。

- 商談（コンペ型）の提案においては、「費用対効果」がダントツで重要。次にくるのは「安心感」「他社との価格差」。「他社より提示価格がある程度高い」ことがわかっている場合、「当社のサービスには独自の強みがあるんです！」といったアピールは、断られやすいので注意が必要。
- プレゼンにおいては、クロージングから逆算して考える。それによって、プレゼンが終わったあと、自分で「答え合わせ」ができる。
- 稟議型案件でお客さまが経営層に強調されることとして、「費用対効果」「要件への合致度」が、過半数でトップ2にきていることを理解しておく。三番目が「企業としての実績・信頼」。
- 稟議型案件におけるクロージングでは、「応えなくても怒られない宿題」があると有利。「こちら側が何かやれる余地」を残しておくと、その先の展開が変わってくる。
- 「質問力」「価値訴求力」「提案ロジック構築力」「提案行動力」という「4つの力」が身についていると、営業の生産性が飛躍的に上がる。その一例が「10ミニッツ営業」（10分の電話コミュニケーション＋10分で書けるお役立ちメール）。

第8章

「ルート型」「アカウント型」で4つの力を発揮する

営業モデルをリストの数で2つに分類する

「質問力」「価値訴求力」「提案ロジック構築力」「提案行動力」という4つの力を組織全体でレベルアップしていくと、接戦における勝ちパターンの再現性が高まります。

しかし、この4つのスキルがどのように発揮されるかは、営業モデルの種類によって、それぞれ異なってきます。

たとえば、一人の営業担当者が数百件のリストを抱えて、テレアポや飛び込みをしていくような営業と、一人の営業担当者が数社の大口顧客を深掘りしていくような営業とでは、「4つの力」の発揮される〝ツボ〟が違います。

そこで、営業モデルを2パターンに分類し、2つの営業モデルの違いと、その違いに応じて「4つの力」がどのように使われていくのかについて、解説していきましょう。

ある営業の方が持っている担当リスト数(既存取引先とこれからアプローチする先を、全て足し合わせたときの件数)について、考えてみましょう(図表8-1)。

担当リスト数が100件以上という業界は、テレアポや飛び込み営業のような方たちで、

【図表8-1】営業モデルをリストの数で2つに分類する

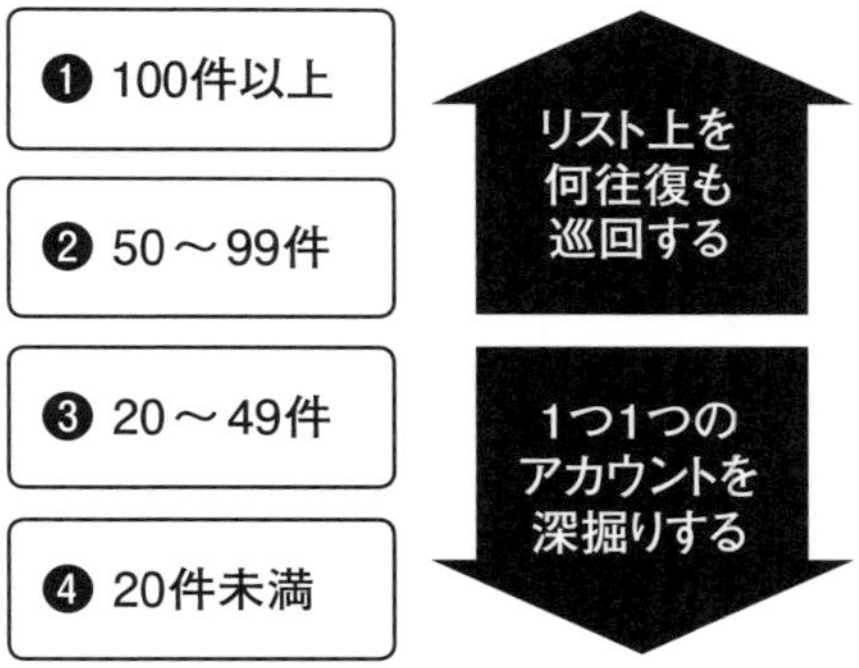
❶ 100件以上
❷ 50〜99件
❸ 20〜49件
❹ 20件未満
リスト上を何往復も巡回する
1つ1つのアカウントを深掘りする

たくさんのお客さまに当たっていくことが多くなります。

一方、20件未満のお客さまを担当している方、常に顔が見えているお客さまに絞り込んで当たっている営業担当者もいらっしゃいます。

上の図をご覧ください。

上半分は、リストにしたがって何往復も巡回するタイプの営業行動をします。こちらを「ルート型営業」と定義します。

一方で、下に行けば行くほど、一社あたりのアカウントを深掘りするタイプの営業行動になります。こちらは「アカウント型営業」と定義します。

このように、営業モデルは、大きく分けると「ルート型営業」と「アカウント型営業」の2つに整理できます。

書店に行くと「営業」に関する本はたくさん並んでいますが、多くは「ルート型営業」に関するものです。営業の人口としては「ルート型」の割合が大きいからです。

一方、「提案型営業」、「ソリューション営業」といった言葉がタイトルに含まれている本は「アカウント型営業」に関するものです。

ですから、本を購入する前に、どちらの書籍が自分の仕事に合うのか、よく考える必要があります。2つの営業モデルのうち、どちらが今の自分に当てはまるかによって、営業時に求められる行動が変わるからです。

「ルート型」「アカウント型」それぞれの特徴

それでは、「ルート型営業」と「アカウント型営業」の違いを検証していきましょう（図表8－2）。

ルート型営業では、一人の営業担当者がたくさんのリストを抱えて営業活動しています。

【図表8-2】営業モデルの構造を2パターンに分けて整理

	ルート型営業	アカウント型営業
業界の例	個人向け商材、店舗向け媒体広告、企業向け汎用部品等	ITシステム、アウトソーシング、代理店向け営業等
商談のリードタイム（顧客の検討期間）	短い	長い
一人の営業ができる提案数	多い	少ない
顧客側の意思決定プロセス	関係者が少なく、シンプル	関係者が多く、複雑
提案において営業担当が創意工夫できる余地	小さい	大きい
1商品あたりの単価	個人向けは高額だが、法人向けは少額であることが多い	エントリー商品以外は高額であることが多い
ハイパフォーマーの特徴	顧客数、商談数などの「量」が多い（即決案件の受注が多い）	提案行動の「質」が高い（確度の高い見込みが多い）

商談のリードタイムは短く、一人の営業担当者の提案数は多く、複雑な承認プロセスを経ずに受注が決まりやすいという特徴があります。

ルート型の営業担当者としては、資料などは極力作り込まず、会社から配られたパンフレットや営業ツールを活用することにより、なるべくたくさんの商談数をこなしていく提案パターンです。一件あたりの単価はそれほど大きくならないため、ハイパフォーマーは短期間でどんどんクロージングをかけていき、商談のリードタイムをいかに短くし、短期間でどれほど多くの即決案件を獲得できるかがポイントになります。

一方で、アカウント型営業は「お客さま一社が持つ大きな予算のなかで、どれくらい自社シェアを上げられるか」が問われます。

一案件の金額が大きくなるため、意思決定に絡む関係者の数が多く、お客さまの複雑な意思決定構造を把握しながら、時間をかけて丁寧にアプローチする必要があります。

もちろん、商談のリードタイムも長くなるので、一人の営業担当者が対応できる提案数は必然的に少なくなります。ただ、一社に対して金額の大きな提案をしかけていくため、さまざまな創意工夫をこらせるところに、営業担当者としての醍醐味があります。

アカウント型営業におけるハイパフォーマーは、受注確度が高そうな提案中の案件を多く抱えることで、良質の見込み案件がたくさん積まれていることが特徴です。

難しいのは、ルート型営業とアカウント型営業というのは、必ずしも「この会社の営業組織はルート型である」「この会社の営業組織はアカウント型だ」と、会社単位で白黒はっきり分かれるものではないということです。

たとえば、一つの組織のなかで、既存取引先をリテンションするアカウント型営業チームと、膨大なリストに対して新規開拓するルート型営業チームの2つに分かれている場合があります。

また、同じ営業チームのなかでも、「開拓ばっかりやっています」というルート型のメンバーもいれば、「超重要顧客を数社だけ回しています」というアカウント型のメンバーがいることも珍しくありません。

あるいは、一人の営業の方が、若手の頃はルート型営業でキャリアをスタートさせて、成長していく過程で大口のお客さまが増えていき、だんだんとアカウント型に近づいて、今ではアカウント型の仕事しかしていないということも起こります。

多くの会社では、ルート型の世界観とアカウント型の世界観が、入り交じっているのです。

では、なぜ、ここで2つの営業モデルを持ち出しているかというと、「営業モデルによって勝ちパターンが異なる」ことを認識した上で、4つの力の活用法が異なる部分を押さえておく必要があるからです。

勝ちパターンは営業モデルごとに異なる

ルート型営業とアカウント型営業とでは、勝ちパターンが異なります。成果をあげるためには、それぞれに合わせたやり方を実行すべきです(図表8-3)。

ルート型では、「お客さまとの接点や担当エリア内でのシェアをどれだけ増やせるか」ということが重要になります。そのためには「訪問すべきお客さまに適切なタイミングで会っているか」というのが勝負の分かれ目です。

そうするとまずは行動の「量」を増やしてから、行動の「質」を高めていく、というのが王道の勝ちパターンになります。

お客さまのリストが数多くあると、そのなかには、「今まさに購買タイミング」というお客さまもいれば、「今は検討時期でない」のように、タイミングが来ていないお客さまもいらっしゃいます。商談のリードタイムの短さがルート型営業の特徴ですから、常にお客さ

【図表8-3】営業モデルごとの勝ちパターン

ルート型営業	アカウント型営業

いかに**お客さまとの接点**を増やし、**エリア内シェア**を高めるか? が肝	いかに**受注率と単価**を上げ、**顧客内シェア**を高めるか? が肝
↓	↓
行くべきお客さまに**行くべきタイミング**に行けるか? が勝負の分かれ目	**お客さまの情報を深く広く収集**し、**圧倒的な説得力**を生み出せるか? が勝負の分かれ目
↓	↓
「**まず行動の量**を上げてから**次に行動の質**を高める」のが勝ちパターン(行動量がなければ勝負にならない)	「お客さまの**組織・事業課題を網羅的に把握**し、**ロジックに落とし込む**」のが勝ちパターン(情報がなければ勝負にならない)

まに接している状態をつくっておかないと、お客さまのちょうどよい購買タイミングと訪問タイミングがズレてしまいます。そのため、「訪問件数が大事」、「行動量が重要」というのは、このルート型に当てはまることが多いのです。

一方で、アカウント型では、「お客さまの意思決定に関わる内部情報を深く、広く収集して、圧倒的な説得力を生み出せるか」という点が、勝負の分かれ目となります。

お客さま一社の予算シェアを各社で奪い合うので、どのくらい受注率・単価をあげていくかが鍵となるわけです。そのためには、組織や事業の課題を網羅的に把握し、自社の提案が採用されるロジックに落とし込んでいく、というのが必勝パターンです。

アカウント型の営業においては、お客さま側の関係者も多岐にわたり、提案の期間も長くなります。そこで「情報不足」があると、徐々に情報ギャップから生じるズレが大きくなってしまいます。

続いて、ルート型・アカウント型ごとに、勝ちパターンに沿って、どんなハイパフォーマーのタイプがいるのか、詳しく見ていきましょう。

ルート型のハイパフォーマーとは

ここで、さらに詳しくルート型とアカウント型の違いを理解するために、「ハイパフォーマーの営業担当者は、2つの営業モデルで、どのように違うのか」について解説します。まずは、行動の「量」を増やしてから行動の「質」を高めていくという勝ちパターンのルート型ハイパフォーマーです。（図表8-4）

ルート型のハイパフォーマーは、大きく2つのタイプに分かれます。

決まったことを続けるのが得意な「ルーチン」タイプと、それができない代わりに、状況によって柔軟な対応ができる「フレキシブル」タイプです。

「ルーチン」タイプは、さらに、2つの型に分かれます。

単発動作をくり返せる「件数（時間）確保型」と、一定の段取りや仕組みを精度高くこなしていく「高品質ルーチン型」です。

「件数（時間）確保型」の方は、「いつまでも電話をかけ続けられる」「一日50件の新規開拓テレアポが苦にならない」「一日に2時間、新規開拓の飛び込みをやると決めたら必ずやる」な

【図表8-4】ルート型のハイパフォーマーとは

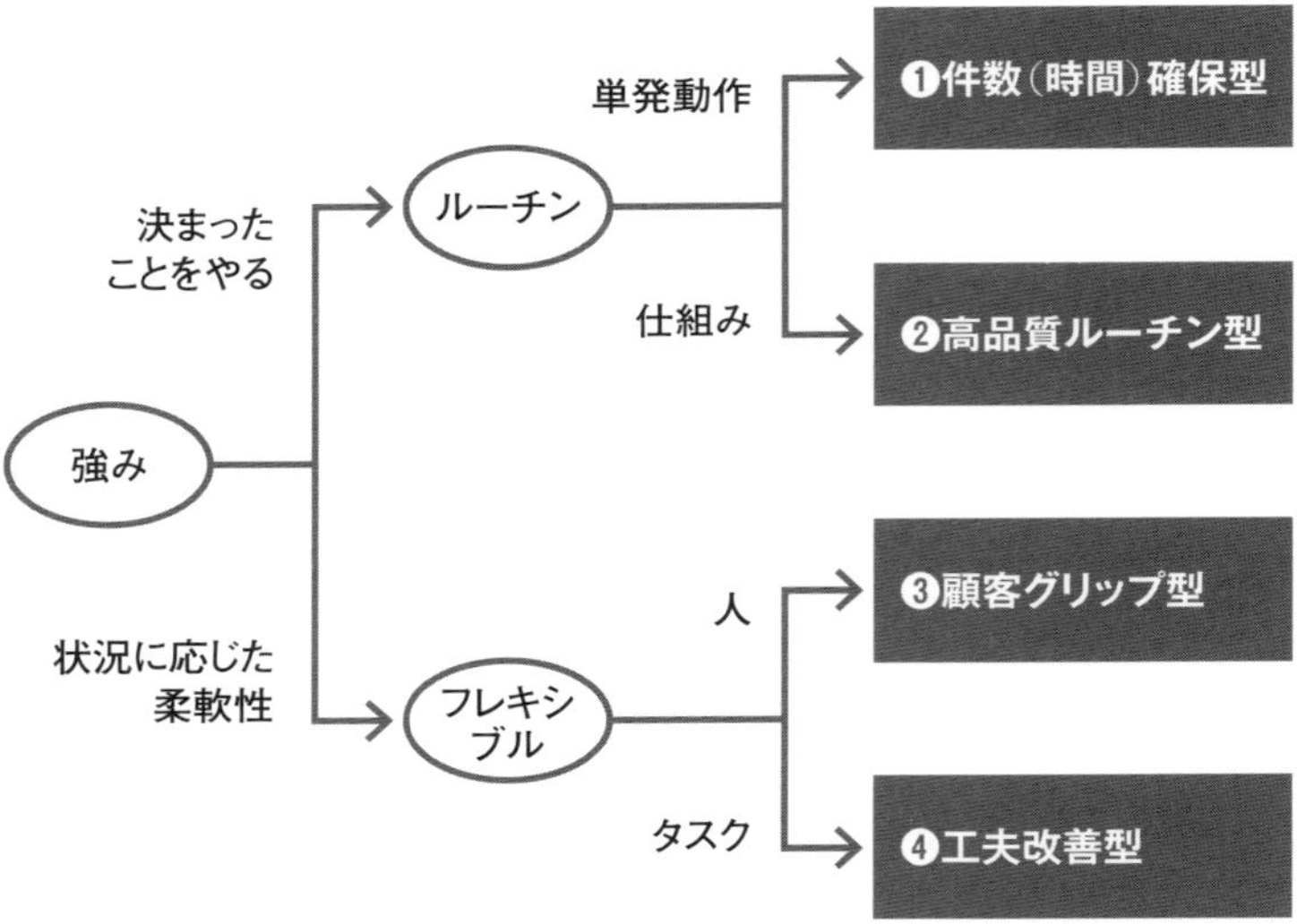

ど、同じことをやり続けるのが苦にならないタイプです。一番わかりやすいので、ルート型のハイパフォーマーとして目立つのは、こういった方のエピソードでしょう。

「高品質ルーチン型」の方は、「毎月、一週目はお客さまにこういうメールを送って、二週目はリストの上から順番に電話をかけて、三週目に提案して、四週目にクロージングする」など、精密機械のように、同じサイクルでPDCAを回し続けます。こういうタイプの方は、メールやファイルが規則的に(かつ、使いやすいように)保存されていることが多いようです。

先日お会いしたLさんは、社内表彰されるようなハイパフォーマーですが、会話の際には、わりと小さな声でぼそぼそとお話しされます。「表彰されるレベルの営業担当者」として紹介された私は、少し意外な気がしました。しかし、PC上のフォルダ構造を見て驚愕すると同時に、Lさんがハイパフォーマーである理由が納得できました。月ごとに、使用するファイルが規則的にフォルダ格納されており、まったく無駄がなかったのです。

「フレキシブル」タイプも、さらに、2つの型に分かれます。

相手の懐に入って気に入られる「顧客グリップ型」と、資料やトークに関するさまざまな工夫や改善をいとわない「工夫改善型」です。

「顧客グリップ型」の方は、人と話すのが大好きで、とにかく、お客さまに喜ばれるタイプです。ときどき、お客さまとの話が盛り上がりすぎると、一件の商談が恐ろしく長くなったりすることもあります。マネジャーが厳格な時間管理をしようとしても、比較的、気まぐれに動くことが多いようです。

「工夫改善型」の方は、一件一件のタスク改善を楽しめる方です。

エリアごとに営業担当が分かれていて、一人あたり100件のリストを持っているような会社の場合、「この○○エリアを担当することになりましたXXです」から始まって、似顔絵や写真があり、プライベートの趣味なども書かれていたりする一枚の「自己紹介資料」を使っているケースが多く見られます。

お仕事でしばしばご一緒するMさんには、自己紹介資料が4種類ありました。堅めのビジネスっぽいフォントと丸文字フォント。写真と似顔絵。仕事上の得意分野をアピールするものと、趣味や特技などで自分を売り込むもの。いくつかのパターンを使い分けて、お客さまの反応を見ながら、資料をブラッシュアップしているとのことでした。

アカウント型のハイパフォーマーとは

アカウント型のハイパフォーマーも、大きく2つのタイプに分かれます(図表8-5)。コミュニケーション力に強みを持つ「関係構築」タイプと、お客さまへの提案を考えることにエネルギーを注ぐ「提案」タイプです。

「関係構築」タイプは、さらに、2つの型に分かれます。キーマンの一本釣りで、とにかくトップを落としにかかる「トップダウン型」と、お客さまの組織のなかで、コツコツといろんな方と接点を持って、外堀をうまく埋める「人脈構築型」です。

「トップダウン型」の方は、「意思決定者に会わないと意味がない」という考えの持ち主であることが多く、また、実際に組織トップのキーマンと深く関係を築くことによって、「上から落としてもらう営業」ができる方です。ルート型の「顧客グリップ型」のハイパフォーマーと共通点が多く見られます。

「人脈構築型」の方は、どちらかというと組織内の人間関係を押さえて、複数の人物と会いながら、徐々に外堀を埋めていく営業アプローチです。このタイプの方は、お客さまの社内事情に詳しく、「社外の方にこういうことを相談するのも何なのですが……」といった具合に、組織内の政治問題などを相談されることもあります。

「提案」タイプも、さらに、2つの型に分かれます。

【図表8-5】アカウント型のハイパフォーマーとは

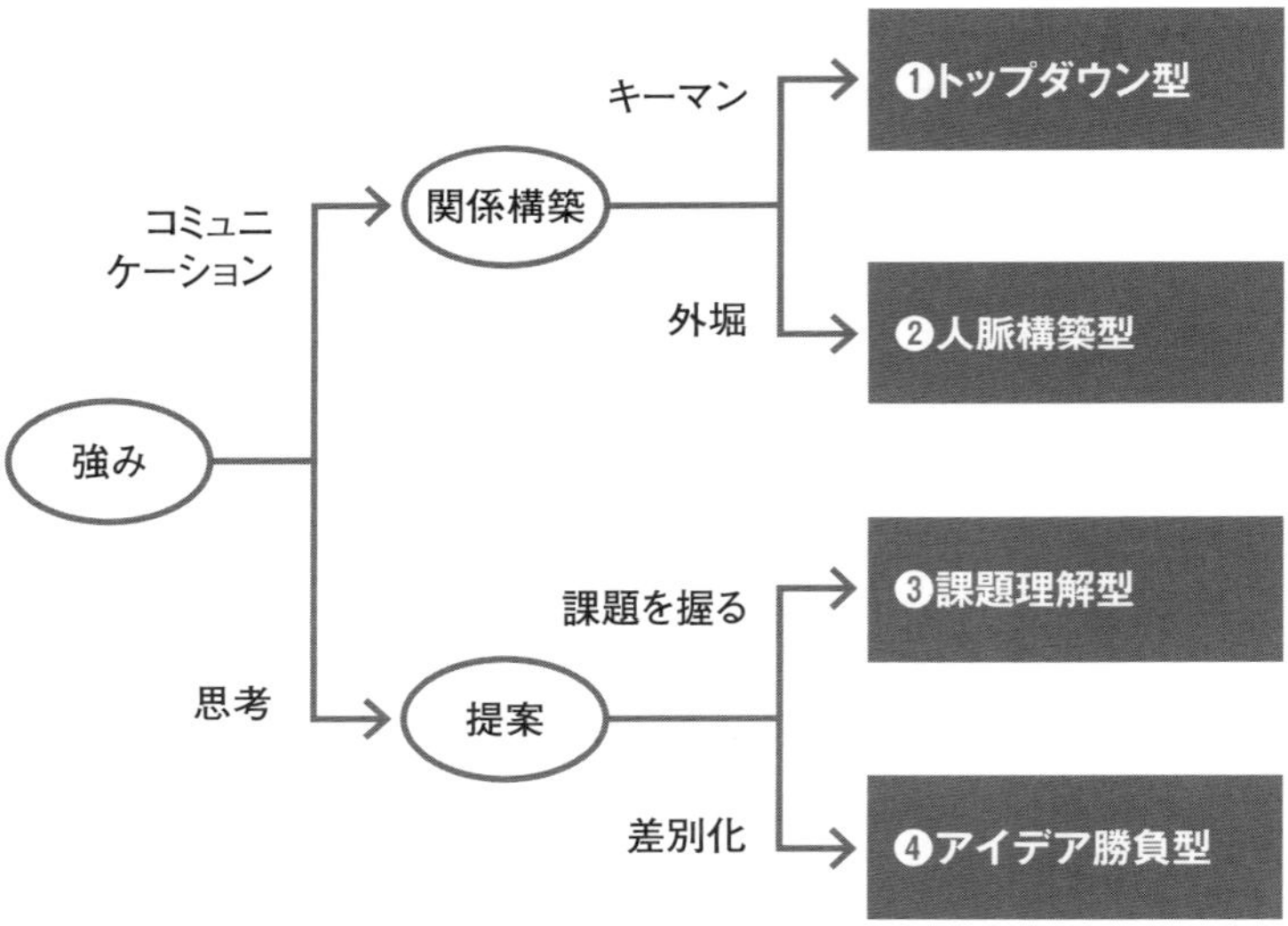

お客さまの課題をしっかり握って、理解することで受注を目指す「課題理解型」と、ユニークなアイデアを出して、「その人ならでは」の企画で競合と差別化する「アイデア勝負型」です。

「課題理解型」の方は、本書でお伝えするところの課題解決質問や要件整理をかなり精度高く行うことができて、それ自体を武器にするレベルの方です。ある意味では、「再現性高く組織内に増やしやすい」とも言えるでしょう。特に、素直な性格の方が多い営業組織のハイパフォーマーを探していくと、このタイプにたくさん突き当たります。

「アイデア勝負型」の方は、世のなかの流行など、いろんな方面への情報感度が高く、ユニークで面白い発想ができて、それをビジネスの提案として、お客さまにぶつけられるレベルの方です。

研修でご一緒して以来、数年にわたってお付き合いのあるNさんは、提案書のアイデアがいつも非常に型破りなもので、お客さまは、そのユニークさ自体を楽しみにされているということでした。私も、Nさんの提案書を拝見して、びっくりしました。資料の左上や右上の隅っこに会社ロゴのある提案書は多いと思いますが、Nさんの提案書の各ページには、会社ロゴの代わりに、ご自分の写真アイコンがありました。それ自体が、「個人としてコミットし、勝負します！」という決意表明の表れなのだと思われますが、実際に正式な提案書でやってのけるというのは、かなりの強者（つわもの）と言えるでしょう。

このように、ルート型、アカウント型をそれぞれ4つの「型」に分類して、「営業としてのご自身の〝強み〟が、どの『型』に合っているか」を確認しておけば、ハイパフォーマーを目指していく際、大いに役立ちます。

どんな会社にも、伝説化した営業担当者がいます。すると、営業部では「〇〇さんみたいになろう」「いや、私は、あの人みたいになれない」など、ハイパフォーマーのイメージが、特定の人物像に固定されてしまうことも少なくありません。

それでは、ハイパフォーマーへの道が〝狭き門〟になってしまいます。

タイプが異なるハイパフォーマーをロールモデルにするより、ご自身の〝強み（型）〟が活かせるハイパフォーマーを目指した方が、成長スピードも上がります。

ルート型・アカウント型によって「4つの力」の回し方が変わる

「4つの力」の一つひとつに求められるウエートが、ルート型か、アカウント型かによって異なることについては、先に触れました。

実は、それぞれの力の関わり方、言い換えれば〝「4つの力」の回し方〟も、ルート型か、アカウント型かによって、微妙な違いがあるのです。

ルート型、アカウント型ともに、質問力、価値訴求力が大切であることに変わりはありません。

お客さまから情報を引き出す質問力、そして、お客さまに対して自社が価値を実現できる根拠を示す価値訴求力。この二つがお互いに機能し合うことによって、お客さまから情報を引き出せるようになり、自社が価値提供できるポイントを明確にすることで、提案の質も向上します。その結果、「お客さまの役に立ち、さらに情報がいただける」というサイクルが回り始めます。

このサイクルによって営業に好循環が生まれることとは、ルート型でも、アカウント型でも、同じです。

しかし、そこから先も「勝ち続ける」ために必要な活動は、ルート型か、アカウント型かによって、大きく異なります。

まずは、ルート型について説明しましょう。なお、文章中出てくる番号①、②、③は、次の図（図表8-6）の番号①、②、③に対応しています。

【図表8-6】「ルート型」のスキル構造

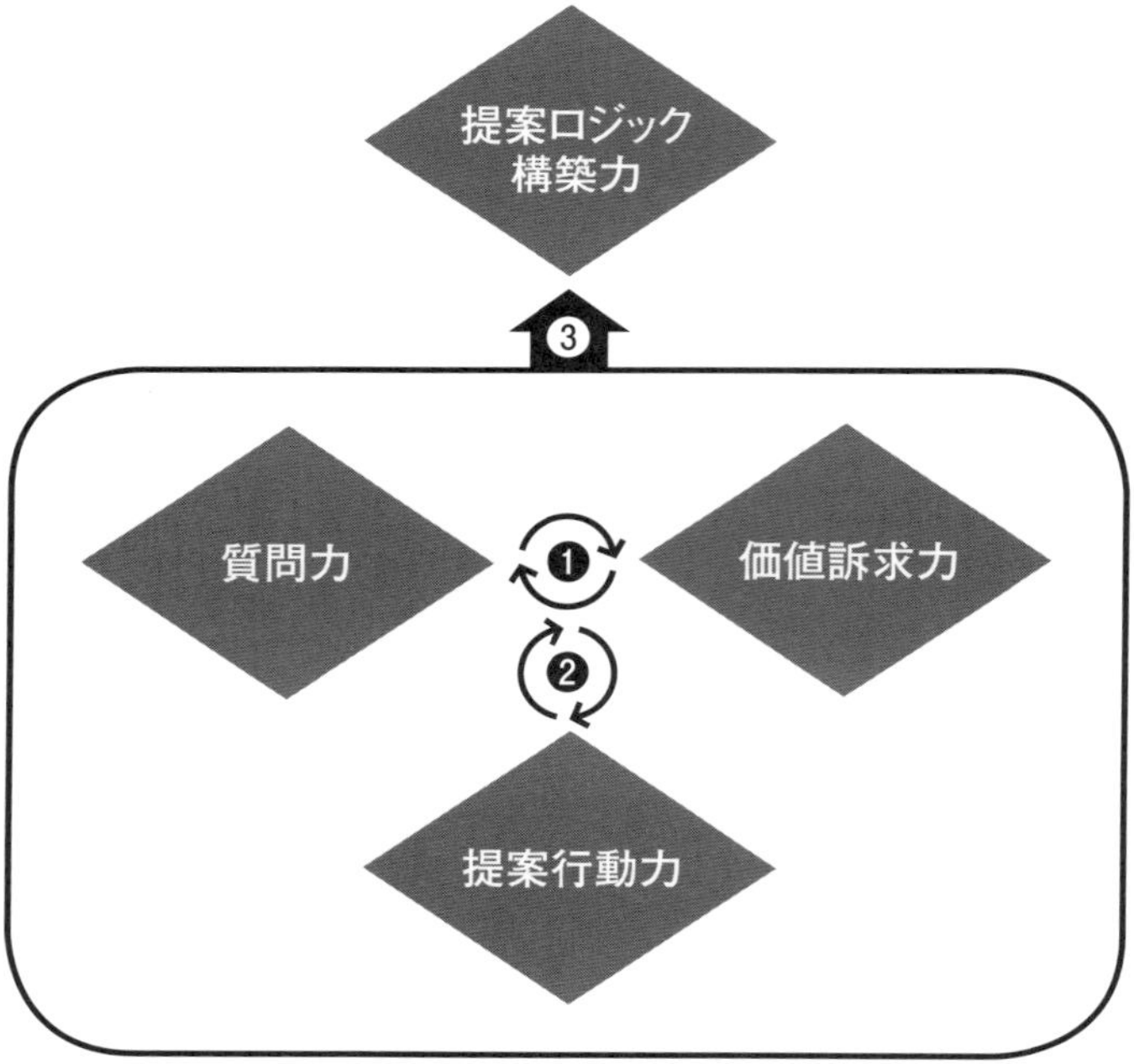

ルート型の場合、質問力と価値訴求力のキャッチボール(①)がどんどん回っていくなかで、お客さまに対して「こんにちは。何か、お困りごとはありますか」などから始まる〟ちょっとした会話〟で、お客さまにお役立ちできる情報を得てきます。

①が抜けた状態でたくさん訪問しようとすると、お客さまとの関係が築けないので、ただの辛い新規開拓です。しかし、①がしっかり回った状態であれば、お客さまとの関係が深まってくるので、営業先を回るのが楽しくなってきます。

そして、これらの活動をどうやって効率よく行うか、というところで、提案行動力が問われます(②)。たくさんのリスト数があるため、リストに対する回り方がスムーズでないと、多くのお客さまにコンタクトできないのです。ルート型にとっては、「どのくらいの生産性でこのプロセスを回すことができるか」が大事になってきます。

そして、いざ、提案する機会(③)がきたとき、すでに準備が整っていて、「このお客さまは、こういうふうに提案したら採用してくれるんじゃないか」ということがロジックとして整理されている状態で提案することができると、受注率が高くなります。

ルート型の場合は、「4つの力」の図の下側にある「質問力」「価値訴求力」「提案行動力」の3つの力が中心となって営業活動が進み、その3つが「提案ロジック構築力」に効いてくるという構造を持っているのです。

「ある程度の行動力がベースとなる」というのが、ルート型の世界観です。

次に、アカウント型について説明しましょう。こちらも、文章中の番号①、②、③は、次の図（図表8-7）の番号①、②、③に対応しています。

アカウント型の場合、「行動」よりも「論理性」が強く問われます。質問力と価値訴求力をグルグル回す（①）のはルート型と同じですが、アカウント型の場合、そもそも、訪問する社数が、あまり多くありません。

ですので、お客さまとの質問と価値訴求のキャッチボール（①）は「情報戦」の方に活かして、「お客さまが困っていることに対して、こんな風にお役立ちができたら、当社に受注していただけるんじゃないか」といった「勝ち筋」を、ヒアリングの中から見出していきます。この「情報戦」がアカウント型の特徴で、質問と価値訴求のキャッチボールを増やして、後々の提案ロジックに活かしていく（②）のがアカウント型に求められることです。

アカウント型の場合は、「4つの力」の図の上側にある「質問力」「価値訴求力」「提案ロジック構築力」の3つが中心となり、それらの活動の効率性が「提案行動力」（③）として表れてくるわけです。

アカウント型営業の場合は、限られた社数に対してアプローチするため、ロジックやストーリーをどれほど緻密に描いて、戦略的に提案できるかが重要になります。

【図表8-7】「アカウント型」のスキル構造

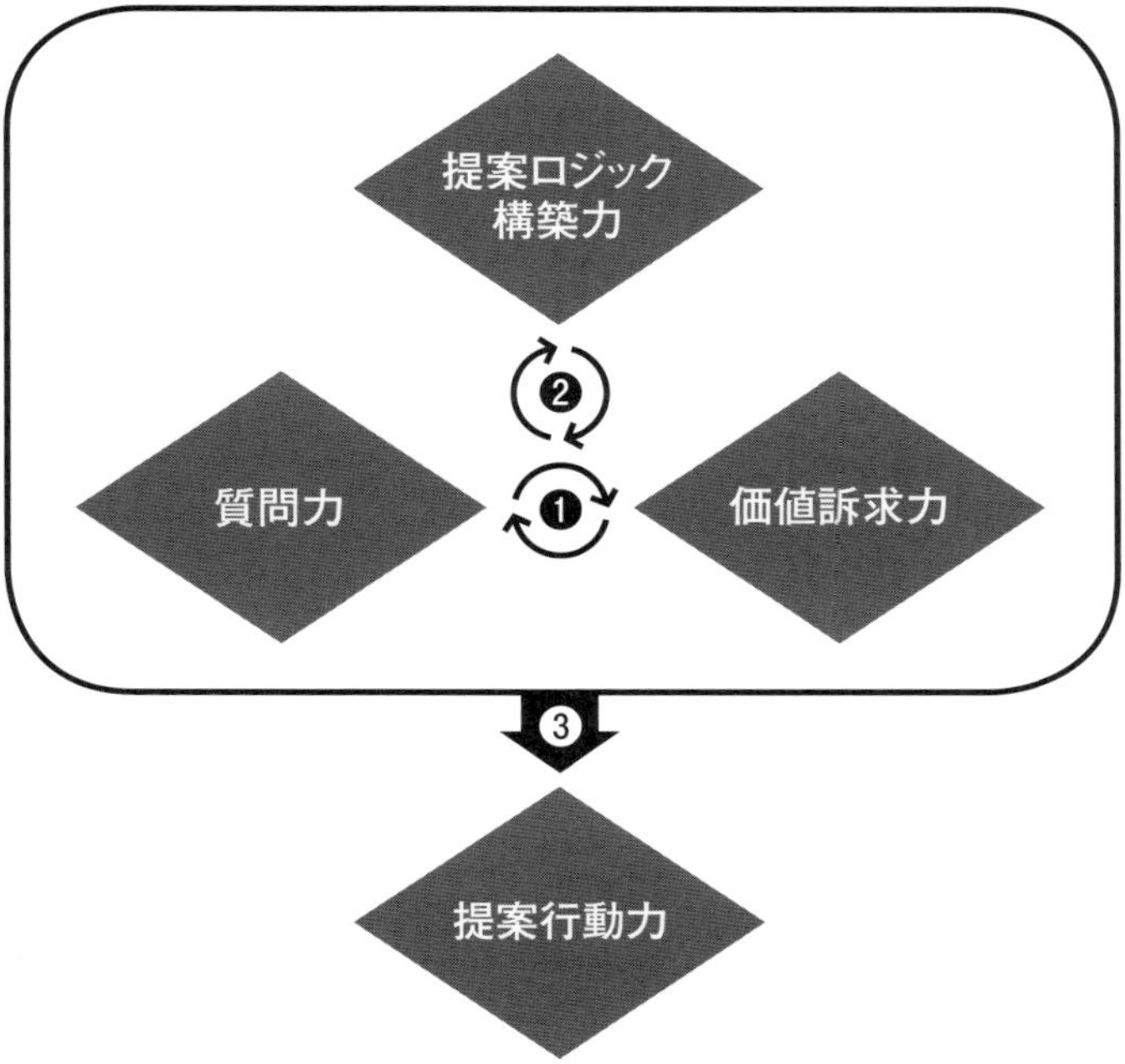

お客さまの数がある程度決まっているなかで、受注率、単価、顧客内シェアを上げていくためには、情報をどれだけもらうか、そこからどれだけ説得力を生み出せるかで、受注できるかどうかが決まります。

このように、「4つの力」を駆使しながら営業活動を進めていくとき、「ルート型は〝行動〟寄り、アカウント型は〝ロジック〟寄り」という傾向があるのです。

もちろん、ルート型であっても「提案ロジック」は重要ですし、アカウント型であってもある程度の「行動量」は必要です。

ここでお伝えしたいことは、ルート型とアカウント型とでは、勝ち続けるために必要な「ロジック」と「行動」のウエートが変わってくるということです。もちろん、ベースとなるのは、本書でくり返しお伝えしてきた、「4つの力」です。

第8章のまとめ

- 営業モデルをリストの数で2つに分類する。リスト数が多く、ルートを巡回するように営業するのが「ルート型営業」。リスト数が限られ、一社あたりのアカウントを深掘りするのが「アカウント型営業」。

☑ ルート型営業では、一人の営業担当者がたくさんのリストを抱えて営業活動しており、「お客さまとの接点を増やし、会うべきお客さまとタイミングよく接触できるか」ということが重要。「4つの力」でいえば、「質問力」「価値訴求力」「提案行動力」の3つの力が中心となって営業活動が進み、その3つが「提案ロジック構築力」に効いてくる。

☑ アカウント型営業は「お客さま一社が持つ大きな予算のなかで、どれくらい自社シェアを上げられるか」が問われるので、「お客さまの意思決定に関わる内部情報を深く、広く収集して、圧倒的な説得力を生み出せるか」という点が勝負の分かれ目。「質問力」「価値訴求力」「提案ロジック構築力」の3つが中心となり、それらの活動の効率性が「提案行動力」として表れてくる。

☑ 自分の〝強み（型）〟が活かせるハイパフォーマーを目指せるよう、ルート型、アカウント型、それぞれにおいて分類する。ルート型は「件数（時間）確保型」「高品質ルーチン型」「顧客グリップ型」「工夫改善型」。アカウント型は「トップダウン型」「人脈構築型」「課題理解型」「アイデア勝負型」。

おわりに

もともと対人恐怖症を克服するために始めた飛び込み営業やテレアポのアルバイトが、いつの間にか、ビジネスに必要な「数をこなすことの大事さ」や「工夫と改善の楽しさ」を教えてくれました。私は、今でも極度の人見知りであると自覚していますが、それでも、「営業」という仕事のおかげで、人と話すこと自体への恐怖は、驚くほど小さくなっていきました。

大学を卒業してコンサルティングの会社に入ると、今度は「とことん考えることの厳しさと楽しさ」を感じさせてくれる上司や先輩、同僚に恵まれました。

そこでは、「構造化」という言葉が一日中、飛び交っていました。

成果をあげ続ける会社やパフォーマンスが高いビジネスパーソンには、成功するための仕組みが備わっており、それゆえに再現性が高まります。

逆に、なかなか苦境を脱せられない企業や人には、苦しくなってしまう要因が絡み合う構造があり、それが解きほぐせないと、なかなか状況は変わりません。

表に見えている出来事や台詞の裏側にある「構造」が、とても重要な意味を持っているのだと、私は実感しました。

その後、25歳のときに起業を経験することになりましたが、実績も商品もまったくないなかで、お客さまをゼロから開拓しなければならず、一日100件のテレアポと、朝・昼・晩の会食をする毎日が始まりました。

今から15年以上も前、スマホもSNSもない時代に独立起業して、お客さまをゼロから獲得していくのは大変なことでしたが、新規開拓に苦戦するなか、学生時代のアルバイト経験や新卒で入った会社で学んだことが蘇ってきたのです。

「そもそも、名も知らない会社に発注するお客さまの心理とは?」を考えながら、試行錯誤を重ねていくことで、一部上場企業のお客さまが取引先に増えていき、新卒で入社したメンバーでも成果をあげられるようになっていきました。

初めて起業したアルー株式会社で、私は6年間、創業メンバーとして役員を務めていました。創業直後は気合のオーラで新規開拓をしていましたが、組織の拡大につれ、取締役副社長として会社の全体を見ながら、営業未経験のメンバーも採用・育成して、組織全体で売れる仕組みを作りました。売れる仕組みができてくると、経営者は現場に行かない方が業績はむしろ伸びる、ということを体感しました。

その会社は、私が役員を退任してから数年後、さらなる成長を遂げて、上場を果たしました。先日、社長に「おめでとうございます」とメッセージをお送りしたところ、今も「高橋語録」なるものが根強く残っていることを聞き、とても嬉しく思いました。

商品も実績もないところから会社を起ち上げ、最初は自ら大企業の新規取引をトップセールスとして次々と開拓し、そして、「誰でも売れる仕組み」を作るところまで経験できたのは、本当にありがたいことです。

前職のメンバーと、支えてくださったお客さまやビジネスパートナーの皆さまには、いくら感謝してもしきれません。

子供の頃から極度の人見知りで、10年以上悩んでいた自分が、何とか自分なりに仕事をできるようになっていく過程で、「営業」という仕事は、自分の人生を大きく変えてくれました。

今、世のなかでは、「AIの普及に伴って、営業という仕事はなくなるのでは?」と言われたり、営業になりたくない若手ビジネスパーソンが多いということを伺ったりします。

これには大きな誤解が関係していると、私は考えています。

営業を専門とする「営業職」は、確かに、AIの普及に伴って減少していくかもしれません。しかし、これから〝個の時代〟という風潮が強くなっていくと、人に動いてもらうための「営業力」というのは、逆に、必要性が大きく高まってくるはずです。

組織が個人を守ってくれる時代はとうに終わりを告げ、一人ひとりのサバイバル力が問われてくるなかで、個人にとっての「営業力」は、心強い武器になります。

そして、どんなに苦手意識を持った方でも、きちんとした体系と考え方に基づいて実践していけば、「営業力」は大きく伸びます。

かつて人と話をする毎日が恐怖だった私は、営業力が上がる体験を通して、人生観も変わりましたし、人生の選択肢も大きく広がりました。

私が本書を書いた目的は、ただ一つです。

営業力が上がり、お客さまから選ばれる喜びをできるだけ多くの方にお届けし、そして、読者の皆さまにとって、人生の選択肢が広がるきっかけを作りたい。

その想いをこうやって書籍の形にまとめる過程では、本当に多くの方々にお世話になりました。


まずは、いつもそばにいて私を支え続けてくれている妻へ。仕事にエネルギーを注げる毎日の裏には、私を勇気づけ、元気にしてくれる家族の存在があります。大切な家族がいてくれるからこその人生です。ほんとうにありがとう。

ＴＯＲｉＸ株式会社のメンバー、そして、ビジネスパートナーの皆さまも、大切なお客さまへの仕事に全力投球をしていただいているおかげで、当社が素晴らしいお客さまや仕事に恵まれています。とてもありがたく思っています。

お客さまとしても、サッポロビール株式会社さま、ディップ株式会社さまなどをはじめとし、日本を代表する企業の皆さまと、より良い未来を創るための真剣勝負をご一緒させていただいており、心より感謝申し上げます。

そして、本書の原稿執筆にあたっては、西川ジョニー雄介さんにＷｅｂでの連載をサポートしていただいたり、細江チャーリー啓太さんにディスカッションを企画していただいたりと、伊藤豊社長率いるスローガン株式会社の皆さまにはいろいろとお世話になりました。

原稿をまとめるにあたっては、赤司真希子さん、山田晃義さんには本書の内容を通して読み込んでいただき、貴重なフィードバックをいただきました。また、こちらには書ききれませんが、多くの知人・友人にも、内容の企画など、たくさんのお力ぞえをいただきました。

本書執筆にあたっては、株式会社日経ＢＰの石塚健一朗さま、草野文彰さまから「日経ビジネス課長塾〝ＴＨＥ 営業力〟」にて、大きなきっかけをいただき、酒井耕一さま、戸田顕司さまとは、日経ビジネスオンライン（現日経ビジネス電子版）における連載でサポートをいただきました。そして、なにより、執筆のプロセスをずっとともにしてくださった、谷口徹也さま、および原稿内容をともに検討・議論してくださった株式会社SAMIYAの佐保圭さまにも、心よりお礼申し上げます。

最後に、大切な読者の皆さまへ。

本書をお手に取っていただき、本当にありがとうございます。

この本が、皆さまにとって、人生が変わるきっかけになりますように。

高橋浩一

高橋浩一（たかはし・こういち）

TORiX株式会社 代表取締役

東京大学経済学部卒業。外資系戦略コンサルティング会社を経て25歳で起業、企業研修のアルー株式会社へ創業参画（取締役副社長）。1日100件のテレアポ新規開拓や数十人の営業組織をゼロから作り、同社上場に向けた足がかりを作る。2011年にTORiX株式会社を設立し、代表に就任（現職）。これまでの経験をベースとして、上場企業を中心に50業種3万人以上の営業強化を支援。行動変容を促す構造的アプローチに基づき、年間200本の研修、800件のコンサルティングを実施。日経ビジネス課長塾“THE 営業力”でもメイン講師を務める。8年間、自らがプレゼンしたコンペの勝率は100%を誇る。

無敗営業 「3つの質問」と「4つの力」

2019年10月15日　初版第1刷発行
2023年 4月17日　初版第14刷発行

著　者　高橋浩一
編　集　佐保 圭
発行者　北方雅人
発　行　株式会社日経BP
発　売　株式会社日経BPマーケティング
〒105-8308
東京都港区虎ノ門4-3-12
装丁・本文デザイン　エステム
印刷・製本　大日本印刷株式会社

本書籍に関するお問い合わせ、ご連絡は下記にて承ります。
https://nkbp.jp/booksQA

ISBN978-4-296-10367-6